国家社科基金
后期资助项目

中国式农业机械化道路

资源禀赋、制度变革和技术溢出

方师乐 著

社会科学文献出版社
SOCIAL SCIENCES ACADEMIC PRESS (CHINA)

图书在版编目(CIP)数据

中国式农业机械化道路：资源禀赋、制度变革和技术溢出 / 方师乐著. --北京：社会科学文献出版社，2024.12. --ISBN 978-7-5228-4318-6

Ⅰ. F323.3

中国国家版本馆 CIP 数据核字第 2024WL1737 号

国家社科基金后期资助项目

中国式农业机械化道路
——资源禀赋、制度变革和技术溢出

著　　者 / 方师乐

出 版 人 / 冀祥德
组稿编辑 / 高　雁
责任编辑 / 颜林柯
责任印制 / 王京美

出　　版 / 社会科学文献出版社·经济与管理分社（010）59367226
　　　　　地址：北京市北三环中路甲 29 号院华龙大厦　邮编：100029
　　　　　网址：www.ssap.com.cn
发　　行 / 社会科学文献出版社（010）59367028
印　　装 / 三河市龙林印务有限公司

规　　格 / 开　本：787mm×1092mm　1/16
　　　　　印　张：19.75　字　数：309 千字
版　　次 / 2024 年 12 月第 1 版　2024 年 12 月第 1 次印刷
书　　号 / ISBN 978-7-5228-4318-6
定　　价 / 148.00 元

读者服务电话：4008918866

版权所有 翻印必究

国家社科基金后期资助项目
出版说明

后期资助项目是国家社科基金设立的一类重要项目，旨在鼓励广大社科研究者潜心治学，支持基础研究多出优秀成果。它是经过严格评审，从接近完成的科研成果中遴选立项的。为扩大后期资助项目的影响，更好地推动学术发展，促进成果转化，全国哲学社会科学工作办公室按照"统一设计、统一标识、统一版式、形成系列"的总体要求，组织出版国家社科基金后期资助项目成果。

全国哲学社会科学工作办公室

序

在探寻中国农业现代化进程的众多路径中，农业机械化无疑是一条充满挑战与希望的大道。这条道路不仅承载着提升农业生产效率、转变农业发展方式的重任，更深刻反映了一个国家农业经济学理论的创新与实践。当这样一条道路与"中国特色"相结合时，它所展现的独特魅力和深远影响，便成为学术界和实践界共同关注的焦点。

《中国式农业机械化道路——资源禀赋、制度变革和技术溢出》一书，正是对这一焦点问题的深入剖析和全面阐述。作为一位长期关注农业经济学发展的学者，我深感此书的出版不仅是对中国特色农业机械化道路理论研究的重要贡献，更是对中国式现代化进程中农业现代化发展战略的深刻反思与前瞻。

首先，本书从理论层面深刻揭示了中国特色农业机械化道路的内涵与意蕴。农业机械化并非简单的技术替代或装备更新，而是一场涉及农业生产方式、组织结构、资源配置等多个方面的深刻变革。在中国式现代化的大背景下，农业机械化的发展不仅要遵循农业现代化的普遍规律，更要与中国的国情、农情相结合，走出一条符合中国实际的道路。书中对这一道路的理论基础、发展历程、核心特征等进行了系统梳理和深入阐述，为我们全面理解中国式农业机械化道路提供了坚实的理论支撑。任何科学研究，理论创新都是基础，也是最难能可贵的，本书对中国式农业机械化的理论阐释为这一研究领域开辟了新的视角，提供了新的研究维度，这也是本书的核心价值所在。

其次，本书利用科学的实证研究范式和大量数据深入探讨了中国特色农业机械化道路的动力机制。任何事物的发展都有其内在的动力和外在的推动力量，对于农业机械化而言，其动力机制同样复杂多元。本书围绕城镇化这一主线，从宏观和微观两个层面对此进行深入研究，全面分析了推动中国式农业机械化发展的各种力量及其相互作用机制，特别是对市场机制和制度变革在中国式农业机械化发展中的作用进行了深入剖析，提出了许多新颖而深刻的见解。可以说，本书将农业机械化问题置于更一般化的工农城乡关系范畴予以展开，体现了更广阔的研究视角和更深厚的研究功底。

再次，本书对中国特色农业机械化道路的空间溢出效应进行了深入研究。以农业机械跨区服务为主要表现形式的中国式农业机械化道路不仅孕育了理论创新，而且也为实证创新提供了摇篮，作者巧妙地捕捉到农业机械跨区服务会产生空间技术涟漪这一特征事实，进而借助空间计量经济学的研究方法对这一现象进行实证分析，这也构成了本书的一大亮点。

值得一提的是，本书不仅注重理论分析，还结合了大量实证研究。作者深入田间地头，与农民、农机手、各类新型农业经营主体和政府部门等进行了广泛而深入的交流，收集了大量第一手资料。这些实证研究不仅验证了理论分析的正确性，更为我们提供了生动、鲜活的案例，对在实践中的具体应用和未来发展进行了前瞻性的思考。无论是对于农业经济学的研究者，还是对农业机械化的实践者，本书都具有重要的参考价值和指导意义。

展望未来，中国农业机械化仍然面临诸多挑战和机遇。随着人口增长、耕地减少、水资源短缺等问题的日益严峻，如何进一步提高农业机械化水平，实现农业的高效、可持续发展，是我们必须面对和解决的重大问题。我相信，本书的出版，将为我们提供有力的学术借鉴和行动参考，助力我们在这条道路上走得更远、更稳。

最后，我要对本书的作者表示衷心的祝贺。方师乐是浙江大学农经系的优秀毕业生，他自读博开始一直在研究中国如何实现农业机械化，苦心经营十余载，形成了一些颇具影响力的学术成果。他的坚持不懈和执着探索，为我们呈现了一部内容丰富、观点新颖、论证严谨的学术佳作。我相信，这本书的出版将对中国农业机械化研究和实践产生深远的理论影响。

是为序。

浙江大学启真湖畔

2024 年 8 月

摘 要

发生在中国近30年的农业机械化过程与美国19世纪初至20世纪中叶农业机械化过程类似。但是，在传统的关于农业技术进步的文献中，对中国农业机械化的理解依然是表面化和模式化的。本书通过对农业机械跨区服务这一现象的深入剖析，结合中国特有的农业资源禀赋、城镇化和农村产权制度的发展与变迁历史，从理论和实证上回答了有关中国农业机械化发展过程中的如下3个关键性问题：①在人多地少、土地极度细碎化的农业资源禀赋约束下，中国为何能够发展农业机械化？②中国的农业机械化分别走过了农业机械小型化阶段和农业机械大型化阶段，是什么因素引致了这种发展模式的变迁？③中国的农业机械跨区服务是否会导致农业机械化水平对粮食产出的空间外溢性，这种外溢性的空间分布规律如何，而这种规律又怎样和中国特殊的农业生产条件、地理特征和产权制度安排相统一？简而言之，就是回答农业机械化为什么会发生（Why），为什么现在发生（Why Now），以何种方式实现（How），以及有何影响（Impact）？

对上述问题的回答形成了本书的主要结论。

（1）关于农业机械化为什么会发生和为什么现在发生的问题，本书的基本观点是，农业机械化是在更广的经济发展大背景——城镇化和农村产权制度改革的引导下发生。宏观层面的实证结果表明，资源的稀缺性决定了短期内城镇化和农业机械化之间是竞争关系，但从长期来看，农业机械化所释放的大量剩余劳动力会促进城镇化发展，而城镇化进程中对农业劳动力的吸收从客观上要求农业实现机械化，二者是正相关关系。微观层面的实证结果表明，非农就业总体上增加了农户的农业机械服务支出。与此同时，以新一轮农地确权为代表的农村产权制度改革提升了资源配置效率，不仅促进了农业机械化，而且推进了农业机械社会化服务的发展。

（2）关于以何种方式实现的问题，本书在俱乐部理论的框架下指出，农业机械跨区服务这一现象的本质其实是生产性农业机械在中国已经成为俱乐部产品。中国幅员辽阔，不同地区同一农作物的同一生产环节时间跨度大，为农业机械跨区作业赢得了时间差，保障了"俱乐部"成员的充足，而中国的道路等基础设施建设完善，这又降低了"俱乐部"成员的边际成本。世界上很难再找到像中国一样幅员辽阔、基建完善、耕地极度细碎的国家，这也是中国的农业机械化发展模式很难在其他发展中国家推行的原因。

（3）关于有何影响的问题，本书认为，农业机械跨区服务这种中国特色的农业机械化发展路径已经深刻改变了粮食生产方式，这种特殊的社会化服务主体的存在是农业分工和专业化的体现。进一步，本书提出，大规模的农业机械跨区服务必然导致农业机械化水平在空间上的溢出效应，这种效应表现为农业机械化水平不仅作用于本地的粮食生产，也对周边地区产生辐射效应，形成技术涟漪，本书运用空间计量经济学的研究方法验证了这一假说。

总体而言，本书从实际现象出发，运用主流经济学和社会学分析工具将现实问题理论化、模型化，最后又通过实证分析将理论与现实统一，从而加深了对实际现象的认知，其中可能的创新体现如下。

首先，在研究视角方面，通常认为非农就业是工业化、城镇化进程中的客观现象，而本书认为，农民的非农就业不仅导致了农业与非农部门之间的分工，更促进了农业产业内部分工，在中国家庭联产承包的制度安排下，这种分工表现为形成了专业化的农业机械化服务市场，而这是过去20年中国农业机械化快速发展的主要原因。本书从农业机械跨区服务这样一个现象切入，认为这种现象必然导致农业机械化水平在空间上具有溢出效应，并试图采用科学的研究方法测算这种效应的显著性和规模。已有文献对农业机械跨区服务的研究只是停留在表面化和模式化的描述阶段，本书试图通过主流经济学理论解释这一现象的内在机制，分析小农户和大机械同时存在的缘由，并指出这是在中国现有的制度安排和资源禀赋条件下的必然现象。

其次，在研究方法和数据方面，本书遵循"历史回溯—理论分析—计量经济学分析—多案例研究"的思路，采用理论与实证相结合、定性与定量相结合的研究框架，通过多种研究方法的组合，力求在核心问题的讨论上循序渐进、相互验证。基于农业机械跨区服务的客观存在，本书运用空间计量经济学的方法来研究农业机械化水平对谷物产量的空间溢出效应，这在有关农业机械化的研究中是较早的。本书在实证研究中采用了来源广泛的数据，包括公开微观面板数据、一手调研数据和宏观数据，数据类型的多样性不仅增强了本书研究结论的客观性和可信性，而且可以从不同视角探究中国式农业机械化道路的本质，为挖掘宏观经济现象背后的微观行为奠定基础。

目 录

绪 论 ··· 1
    一 问题的提出 ··· 2
    二 研究目标和研究内容 ··· 12
    三 研究方法、数据来源和技术路线 ·· 17
    四 学术价值和创新之处 ··· 20
    五 结构安排 ··· 24

第一章 中国式农业机械化道路的历史研究 ································ 27
    一 中国式农业机械化发展的历史 ·· 27
    二 中国城镇化和人口流动的历史 ·· 42
    三 中国农业机械跨区服务发展的历史 ···································· 47
    四 中国农地产权制度演变历史 ·· 55
    五 农业机械化的影响因素：历史视角 ···································· 68

第二章 理论基础与文献综述 ·· 74
    一 核心概念界定 ··· 74
    二 理论基础 ··· 78
    三 文献综述 ··· 96

第三章 中国式农业机械化道路的理论内涵 ································ 116
    一 理论背景 ·· 116
    二 农户使用农业机械服务的俱乐部模型 ································ 119
    三 农业机械在中国成为俱乐部产品的可行性分析 ···················· 124

四　俱乐部视角下中国式农业机械化的路径分析 …………… 126
五　本章小结 ………………………………………………… 130

第四章　中国式农业机械化道路的动力机制：城镇化的视角 …… 132
一　宏观视角下中国农业机械化发展的动力机制 …………… 132
二　城镇化和农业机械化互动的文献回顾 …………………… 134
三　由城镇化到农业机械化：拉尼斯-费景汉模型的应用 …… 135
四　城镇化拉动农业机械化的实证研究策略 ………………… 141
五　计量检验与结果分析 ……………………………………… 144
六　本章小结 …………………………………………………… 150

第五章　中国式农业机械化道路的动力机制：非农就业的视角 … 152
一　微观视角下中国农业机械化发展的动力机制 …………… 152
二　非农就业影响农业机械化路径的文献综述 ……………… 153
三　由非农就业到农业机械使用：农户模型的应用 ………… 155
四　非农就业、农业机械投资和农业机械服务利用的
　　实证策略 ………………………………………………… 158
五　回归结果和讨论 …………………………………………… 162
六　本章小结 …………………………………………………… 171

第六章　中国式农业机械化道路的动力机制：农地制度的视角 … 173
一　农地制度改革和共享式农业机械化发展 ………………… 173
二　文献综述 …………………………………………………… 176
三　理论分析与研究假设 ……………………………………… 179
四　农地产权稳定性影响农业机械社会化服务的
　　实证研究策略 …………………………………………… 182
五　实证结果分析 ……………………………………………… 186
六　本章小结 …………………………………………………… 196

第七章 中国式农业机械化道路的技术溢出：农业机械跨区服务的视角 ………… 198
一 农业机械跨区服务发展及其理论含义 ………… 198
二 农业机械化空间溢出效应的文献综述 ………… 200
三 农业机械化空间溢出效应的统计分析 ………… 202
四 计量分析：来自全国数据和省级数据的矛盾 ………… 207
五 空间计量分析 ………… 211
六 本章小结 ………… 220

第八章 中国式农业机械化的发展模式：多案例研究 ………… 222
一 江苏沛县农业机械跨区机收产业集群 ………… 222
二 宁夏银川农业机械社会化服务组织 ………… 230
三 浙江德清"先锋农机"农业机械服务专业合作社 ………… 235
四 河南漯河"农地整合+全程农业机械化"社会化服务 ………… 240
五 海南热带农业机械产学研综合实验区 ………… 244

第九章 结论和政策启示 ………… 250
一 主要结论 ………… 250
二 政策启示 ………… 253

参考文献 ………… 256

后　记 ………… 300

绪　论

　　发生在中国近30年的农业机械化过程与美国19世纪初至20世纪中叶的农业机械化过程有着非常相似的路径（World Bank，2017），尤其是2004年以来农用大中型机械迅速崛起，并由此产生横跨中国大江南北的农业机械服务，成为中国实现农业机械化的一道独特风景线。但是，在传统的有关农业技术进步和农业生产方式变革的文献中，对中国式农业机械化道路的理解依然是表面化和模式化的。如下几个关于中国农业机械化萌芽和发展过程中的关键性问题抑或未取得学界的共识，抑或是研究的空白领域：①在人多地少、土地极度细碎化的农业资源禀赋约束下，中国为何能够步入农业机械化发展的中高级阶段？②中国的农业机械化分别走过了农业机械小型化阶段和农业机械大型化阶段，是什么外在社会经济条件和内在自然资源禀赋引致了这种发展模式的变化？农业机械化本身是不是这些外部变化的推动力？③农业机械社会化服务让小农户和以农业机械化为代表的现代农业发展有机衔接，这种极富中国特色的发展模式对主要农作物生产产生了哪些深远影响，是否导致了农业机械化的空间溢出效应，这种外溢性在空间和时间上的分布规律如何，而这种规律又如何与中国特殊的农业生产条件、产权制度、地理特征和经济发展阶段相统一？

　　本书旨在通过对中国农业机械化发展历程的详尽梳理，尤其是农业机械跨区服务这一中国式农业机械化道路的深入剖析，结合同一时期中国快速城镇化、就业非农化和农村产权制度改革的发展背景，利用主流经济学、社会学等学科的理论分析方法和基于大型宏观、微观数据的实证研究，多角度、全方位对上述几个关键性问题给出较有新意和深度的解答。

一 问题的提出

(一) 中国式农业机械化道路中的六组学术问题

分工是经济增长的源泉。农业生产若能跳出家庭小规模经营的束缚，实现生产各个环节的社会化分工，生产效率将会极大提升。近年来，随着乡村振兴和农业农村现代化逐步走向深入，党和国家的一系列重要文件连续强调，要创新农业产业组织模式，促进小农户和现代农业有机衔接，支持多种类型的新型农业服务主体开展代耕代种、联耕联种、土地托管等专业化、规模化服务。例如，2022年中央一号文件指出，加快发展农业社会化服务，支持农业服务公司、农民合作社、农村集体经济组织、基层供销合作社等各类主体大力发展单环节、多环节、全程生产托管服务。党的二十大报告也强调，发展新型农业经营主体和社会化服务，发展农业适度规模经营。2024年中央一号文件提出，加强农业社会化服务平台和标准体系建设，聚焦农业生产关键薄弱环节和小农户，拓展服务领域和模式，支持农村集体经济组织提供生产、劳务等居间服务。党的二十届三中全会审议通过的《中共中央关于进一步全面深化改革推进中国式现代化的决定》指出，要健全便捷高效的农业社会化服务体系。

关于农业分工和专业化的设想是与古典经济学家的理论相背离的。斯密在《国富论》中谈道："农业由于它的性质，不能有像制造业那样细密的分工，各种工作，不能像制造业那样判然分立……农业上种种劳动，随季节推移而巡回，要指定一个人只从事一种劳动，事实上绝不可能。所以，农业上劳动生产力的增进，总跟不上制造业上劳动生产力的增进的主要原因，也许就是农业不能采用完全的分工制度。"同时他认为，农业生产效率总也赶不上工业的最大原因就在于农业内部的各个生产环节没有办法实现如同工业那样流水线式的分工。穆勒在《政治经济学原理》一书中指出，工厂式规模化经营的生产方式在农业中的优越性并不明显，农业无法像工业那样从劳动分工中得到好处。对于一个毫无生气、无所事事的雇佣工人来说，土地公有制状态下的集体劳动或许富有活力，但集体农场上的农民劳动积极性远远比不上土地所有者。而马歇尔在《经济学原理》中强调,在农业中,没有大量的劳动分工,也没有生产的规模经济。即使那些所谓的"大农场"也没有像工业企业那样雇用大量的劳动力。这主要归因于农业的自然属性,其工序随季节变化而变化,劳动力无法在一个地方长期从事同一项生产工序。同时,农业生产无法实现劳动分工还源于各种土地制度的约束。

到了近现代,主流农业经济学家继承了上述思想,始终主张将家庭作为最基本的农业生产单元,认为建立在分工和专业化基础之上的工业流水线式生产模式无法在农业领域复制。例如,林毅夫(Lin, 1988)认为,由于农业分工之后监督成本极高,个人的努力和贡献并不能完全体现为最后的回报,导致"合作社"中农民的劳动积极性不高,这也是以"工分制"为基础的生产队式的农业生产模式瓦解的原因。而家庭联产承包责任制将农业生产的"剩余索取权"赋予农民,激发了农民的生产积极性,成为1979~1983年中国农业大幅增产的主要原因(Lin, 1992; McMillan et al., 1989)。虽然这一大胆的土地改革尝试在当时收效明显,并由此拉开了中国对内改革、对外开放的序幕,但由此所造成的农村土地细碎化和农业规模过小化问题,长期以来困扰着中国农业生产规模化和专业化的推进。"大国小农"是中国农业的基本国情,而小农生产的一个明显特征就是缺少劳动分工,家庭成员往往参与农业生产的各个环节,很难形成具有专业技能的劳动力蓄水池或者服务公司,也培育不出相应的专业技能市场。

所以,本书提出的第一组问题是:在"大国小农"的基本国情下,在特殊的资源禀赋约束下,在经典经济学理论秉持农业不可分工的背景下,党和国家的一系列重要文件和政策均将发展农业社会化服务作为乡村振兴的重要抓手,那么中国政府所推行的以农业机械跨区服务为代表的专业化、社会化服务发展模式是基于怎样的现实考虑?中国的农业是否能够实现分工和专业化?

改革开放以来,为了促进国民经济的恢复,中国将经济发展放在优先位置,努力推进城镇化和农业现代化(方师乐等,2024a)。城镇化是中国式现代化的推动力,也是经济高质量发展的内在要求。通过城镇化促进人口集聚、提升资源配置效率、改善现代产业结构、提高公共服务效能,是中国经济在高速增长中成功转型的重要基石。党的十九大以来,乡村振兴和实现共同富裕逐步成为党和国家工作的重要目标（陈锡文，2024）。

为了在推进快速城镇化的过程中缓解农村劳动力流失对农业生产的负面影响，中国逐渐推行农业机械化发展战略。2016年政府工作报告强调无论是新农村建设，还是农业现代化建设，都与农业机械化的发展密不可分。现代农业的发展要求用现代物质条件装备农业，用现代科学技术改造农业，目的是提高农业劳动生产率，促进农民增收，并释放农村劳动力参与新型工业化建设，提高新型城镇化水平。2017年中央一号文件明确指出推进主要农作物全程机械化作业。2022年中央一号文件要求重点支持高端农业机械制造业发展，并开展农机研发制造推广应用一体化试点。2024年中央一号文件提出大力实施农机装备补短板行动，完善农机购置与应用补贴政策，开辟急需适用农机鉴定"绿色通道"。

但是正如前文所述，由于家庭联产承包制的实行及其长期稳定的制度安排，农业规模经营水平较低。2013年，中国农户户均耕地面积仅为0.5公顷（卢华和胡浩，2015），远远低于世界银行设定的小农户标准上限（2公顷），中国属于典型的人多地少型国家。由家庭联产承包责任制引发的小规模与分散化问题，使部分学者将家庭经营视为阻碍规模经营的瓶颈，而推进农地的流转与集中成为实现农业机械化并最终实现农业现代化的必经之路。一些学者预计耕地细碎化和数量庞大的农村劳动力存量会对农业机械化产生不利影响（Yamauchi，2016；黄祖辉等，2014）。以拉坦（Ruttan，2001）为代表的经济学家认为，在中国这样人多地少、土地细碎化的国家发展农业机械存在规模不经济的问题，即使农民使用机器生产，也不可能存在相应的专业化劳动力细分市场，在小农生产的基础上发展农业机械化是不可能的。

据此，本书提出的第二组问题是：在人多地少、土地细碎化的农业资源禀赋约束下，中国提出的农业机械化愿景能够顺利实现吗？当传统理论和现实状况出现矛盾时，二者又以何种方式实现统一？

在回答上述两组问题之前，先来看看改革开放以来中国农业机械化发展的几个历史事实。图0.1呈现了1978~2020年中国农业机械总动力的增长趋势，由此可知，中国农业机械总动力一直呈现上升态势，2020年农业机械总动力达到10.6亿千瓦，是1978年的8.98倍。截至2020年底，全国小麦耕种收综合机械化率稳定在95%以上；水稻、玉米耕种收综合机械化率分别超85%、90%，较2019年均提升2个百分点左右；全国农作物耕种收机械化率达到71%，较2019年提升1个百分点[①]。中国机械化发展早已从初级阶段跨越到中级阶段（农业部，2008），如今正朝着中高级阶段迈进。在农业劳动力流失和农村人口老龄化的背景下，农业机械广泛参与到主要农作物生产的各个环节，缓解了农业劳动力流失对粮食安全的威胁，成为日益重要的生产要素。

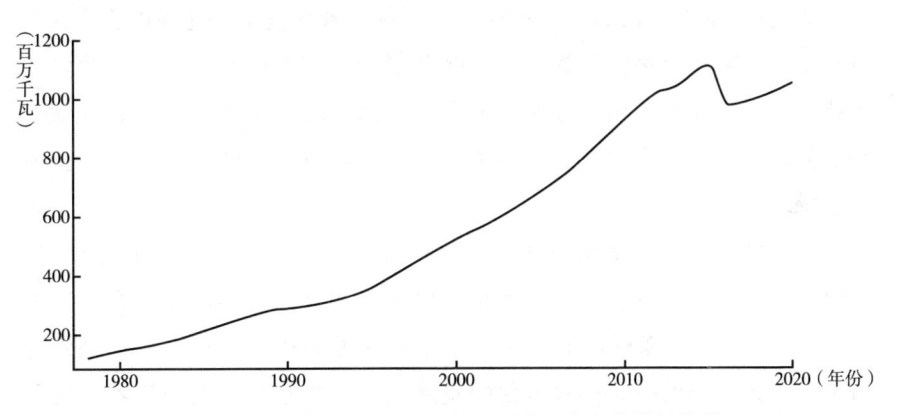

图0.1　1978~2020年中国农业机械总动力的增长趋势

注：2016年中国农业机械总动力统计值出现回落，原因是统计口径发生变化，而并非农业机械化水平下降。

此外，农业机械跨区服务的规模也越来越大。杨进（2015）在四川农村的调研中发现，来自江苏的专业化农业机械服务团队横跨数千千米在农忙时节为当地的农民提供水稻收割的机械化服务。而同样的农业机械服务市场也存在于湖南、河北、黑龙江等10多个省份。

以上两个事实表明，中国的农业机械化发展态势良好，虽然"大国小农"的基本国情限制了土地规模化，但以农业机械跨区服务为代表的社会化服务新模式实现了服务规模化对土地规模化的替代，成为中国实现农业规模化生产的主要表现形式（曹光乔、吴萍，2023）。与此同时，农业机械跨区服务的出现形成了专门从事某一特定生产环节的农业机械服务组织，这是农业分工和专业化的雏形。接下来的问题是：为什

---

① 数据来自《中国农业机械化年鉴（2021）》。

么是现在？为什么是中国？这种跨区服务的存在对农业生产有何深远的影响？

关于为什么是"现在"的问题，现有研究普遍达成的共识是，农业机械化是在更广的经济发展大背景——城镇化的引导下发生、发展的。在政策层面，2017年政府工作报告指出，推动农业现代化与新型城镇化互促共进，加快培育农业农村发展新动能。2022年党的二十大报告指出，坚持城乡融合发展，畅通城乡要素流动。在理论层面，速水佑次郎和拉坦（Hayami and Ruttan，1970）提出的诱致性技术变迁理论认为，一国农业技术变迁的路径与其资源禀赋及要素的相对价格有关。随着农业劳动力的流失和工业部门劳动生产率的提高，城市工资率的上升推动了种粮劳动力影子价格的上升，中国的农业生产技术会朝着资本密集型方向发展。

在经典城乡二元理论的框架下（Ranis and Fei，1961；方师乐等，2018a），工农城乡关系是一个既相互促进又相互约束的整体。在经济发展初期，在资源有限性的制约下，一个地区面临优先发展工业还是农业的矛盾抉择，如果倾向于城镇化的发展战略，势必会降低用于农业现代化发展的要素投入。纵观中国改革开放以来40余年的历史，虽然改革发端于农业部门，但是工业化和城镇化一直是拉动经济增长的引擎，以工业化和城镇化带动农业现代化发展不仅是中国经济的现实路径，也是世界各国在实现现代化道路上的普遍规律。改革开放以来，增加城市工业部门投资、基础设施建设和公共品供给是城市工作的重心，从而吸引了农村劳动力向城市的转移，大量的青壮年农村劳动力被城市工业、服务业部门吸收，留守农村的人口呈现老龄化和女性化趋势（何凌霄等，2016）。由于优质农业生产要素流失，"谁来种粮"成为中国经济发展过程中不得不面对的现实问题。政府偏向城镇化的发展战略扩大了产业间发展的不平衡，农业现代化长期滞后于工业化和城镇化（黄祖辉等，2013），农业的供给侧结构性改革变得迫在眉睫。

基于以上分析，本书提出的第三组问题是：在宏观层面，中国的农业机械化和城镇化究竟是怎样的互动关系？是相互竞争关系，还是相互促进关系？这种关系在短期和长期是否存在差异？在微观层面，当农户的非农就业比例增加后，会提升其农业生产过程中农业机械化的投入吗？

中国农业机械化的发展从总量上看一直保持平稳增长态势,但其内部结构和发展模式经历了从小型化到大型化的演变。1978~2000年,中国的农业机械化是由小型农业机械主导的,小型拖拉机动力值在这一时期保持平稳增长,年均增长率达到10%;而大中型农业机械增长则相对滞后,农用大中型拖拉机动力值年均增长率仅为1.4%,并且在个别年份出现了负增长。2000年后,大中型农业机械高速增长,成为中国农业机械化发展的新动力。2001~2016年,农用大中型拖拉机动力值年均增长率高达12.9%①,反观小型农业机械在这一时期增长缓慢,且自2013年开始出现了负增长。2014年,中国农用大中型拖拉机总动力第一次超过了小型拖拉机动力,成为最主要的农业机械。由图0.2可以看出,农用大中型拖拉机数量在2000年前后呈现明显的指数型增长趋势②,而小型拖拉机数量在2011年之前保持平稳增速,但2011年之后开始回落。

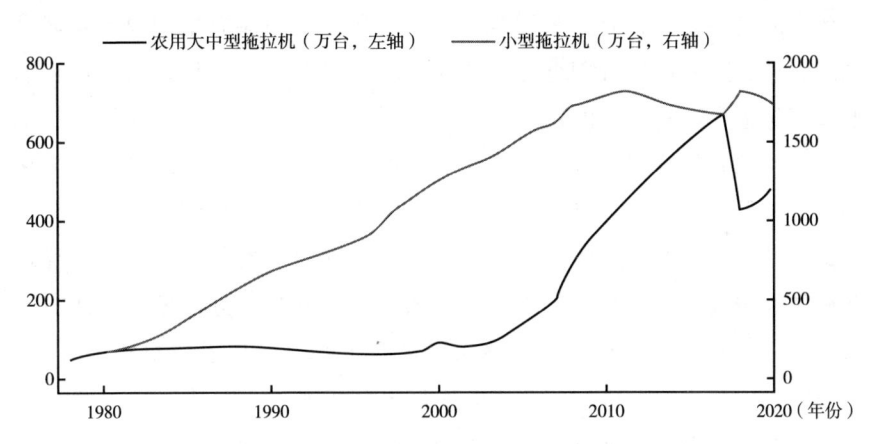

图 0.2　1978~2020 年中国农用大中型拖拉机和小型拖拉机数量

在这一背景下,本书提出的第四组问题是:为什么中国的农业机械化经历了从小型化到大型化的发展模式转变?为什么中国不仅顺利实现

---

① 关于年均增长率的计算采用复式计算法则,期初和期末的原始数据分别来自《新中国60年统计资料汇编》和《中国农业机械化年鉴(2015)》。

② 从2016年开始,统计部门更改了农用大中型拖拉机和小型拖拉机的分类标准(详见第一章第一节),2016年农用大中型拖拉机数量明显下降,而小型拖拉机数量不降反升,但统计口径的改变不影响整体趋势。

了农业机械化水平的提升，而且以大中型农业机械为主导？为什么中国的小农户可以和大农机并存？其背后的经济学逻辑是什么？

在中国式农业机械化道路的研究中，农地产权制度改革是不可忽略的重要因素，其中农地产权制度改革是核心内容。在中国，"三权"分置的农地产权制度降低了地权稳定性。地方政府不可预期的征地和土地调整行为是造成产权不稳定的主要原因，中央政府出台了多项政策致力于缓解该问题。随着2008年《中共中央关于推进农村改革发展若干重大问题的决定》的出台，中央开启了新一轮的农地确权工作，并挑选成都作为"全国统筹城乡综合配套改革试验区"，率先开展农村产权制度改革，成功实践了农地确权颁证。该轮农地确权颁证工作进一步强调了所有权、承包权和经营权的分离，通过对地块的精确测绘完善了上几轮确权中存在的土地"四至不清，面积不准"的问题。农地产权制度改革主要是通过重构农地的占有、使用、收益、处分等各项财产权利，实现更有效率的制度安排，充分激发微观主体的积极性，促进生产要素在城乡之间以及农业内部的合理分配。作为一项重要的顶层设计，农地产权制度改革是整个农村改革的核心所在。

新一轮农地确权政策的施策初衷是通过产权制度改革激发要素主体的活力，促进各类要素自由有序流动，实现资源的优化配置。有研究表明，这一政策降低了纵向分工的交易费用，进而使农户更倾向于选择农业机械外包服务（李宁等，2019；高叙文等，2021；方师乐等，2023）。由此可见，农村产权制度的调整深刻改变了农户使用农业机械的方式，从而成为中国式农业机械化道路的重要动力机制。

在此背景下，本书提出的第五组问题是：从微观上看，以产权制度改革为代表的农村制度变革如何影响农户对农业机械要素的投入？在新一轮农地确权政策增强农地产权稳定性的背景下，农户对农业机械的使用方式将发生何种改变？从宏观上看，农村产权制度改革如何成为中国式农业机械化道路的重要动力机制？而其对土地、劳动力等其他生产要素的配置和效率又会产生何种影响？在产权制度改革的主线下，资本、土地和劳动力是否实现了自主有序流动的政策预期？

最后，来看中国农业机械化的技术替代和技术溢出问题。2003~2021年，中国粮食年产量增势明显，由43070万吨上升至68285万吨，其中2003~2015年实现了"十二连增"①，2016年以来，各级政府克服农业生产的诸多不利因素，粮食产量稳中有升（见图0.3）。国内外学术界主流观点认为，在中国快速城镇化过程中，农业机械化发展战略有效缓解了劳动力短缺对农业生产的负面影响（Yang et al.，2013）。

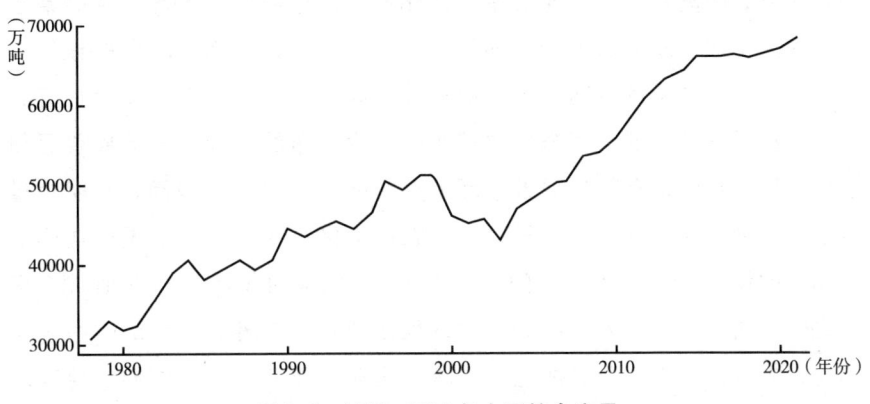

图0.3　1978~2021年中国粮食产量

在中国的农业机械化发展过程中，农业机械跨区服务的兴起是独具中国特色的亮点，这种特殊的农业机械化实现模式决定了一个地区的农业机械化发展水平对粮食产量的影响并不局限于本地，而是具有空间溢出效应。也就是说，一个地区农业机械化水平的提高会辐射到周边地区，增加其相邻地区的粮食产出（伍骏骞等，2017；方师乐等，2017；张露、罗必良，2018）。但是，由于研究视角和研究方法的欠缺，已有文献并不能很好地解释和回答中国的农业机械化和粮食生产之间更深层次的问题：广泛存在的大规模农业机械跨区服务如何定义了中国粮食生产的空间布局，而其所引致的空间外溢效应又如何形成了对粮食生产的技术涟漪？

在回答农业机械跨区服务对粮食生产有何深远影响之前，首先要回答的是农业机械跨区服务为何会在中国发生？一方面，这当然与中国特殊的农业资源禀赋相关，这是问题二所要回答的；另一方面，中国广袤的国土所形成的地区间的农业生产的"时间差"也为农业机械跨区服务

---

① 2016年全年粮食产量为61624万吨，比2015年减少520万吨，为2003年以来的首次下降，粮食减产的主要原因是播种面积的下降（降幅为0.3%）、农业劳动力减少和自然灾害。

提供了可能性。所以，中国的农业机械化发展水平对粮食产量的空间溢出效应有着其特殊的分布规律。首先，地理学第一定律认为任何事物之间均相关，离得较近的事物总比离得较远的事物的相关性要高。实际上，由于运输费用或交易费用的存在，农业机械作业也存在空间溢出效应的强弱之分，距离越远，农业机械跨区作业的成本越大、不确定性因素越多，农业机械化发展水平的空间溢出效应就越弱。其次，农业机械化发展水平对粮食产量的空间溢出效应在经度和纬度上的分布规律也具有异质性，沿经度分布的空间溢出效应比沿纬度分布的空间溢出效应要更加显著。原因在于粮食生产的各个环节对时间点的要求都很高，不能错过耕地、播种、收割的最佳时机，所以农业机械跨区作业要求不同地区之间相同的作业环节要有一定的"时间差"。农业机械跨区作业通常由南向北纵向而行，因为处于同一纬度的地区耕地、播种、收割的时间大体相同，农业机械无法分身两地进行跨区作业，而纬度上有差异的地区之间粮食生产的时令有"时间差"，农业机械在对一地进行完作业后，有充足时间转移至另一地。

基于以上两点分析，本书提出的第六组问题是：农业机械化对粮食产出的空间技术溢出效应在统计上显著吗？大中型和小型农业机械的空间技术溢出效应有何差异？这种空间技术溢出性有何分布规律？这种规律又如何同中国特有的自然资源禀赋和农业机械跨区服务现实相统一？

（二）上述问题之间的逻辑关系

以上六组看似不相关的问题实际上是紧密相连的。首先，它们的核心都是解释中国式农业机械化道路的形成机制及其深远影响。研究目标都是回答中国为什么走上了农业机械大型化的道路，以及中国的农业机械跨区服务怎样依托于社会经济发展和农业资源禀赋而存在。至于农业专业化和空间溢出性的问题，都是中国特殊的农业机械化路径所引致的结果。问题一、问题二侧重理论层面，问题三至问题六侧重实证层面。

其次，它们在逻辑上是相互关联的，这体现在以下五点。第一，回答农业机械化为何形成本质上就是在回答农业分工和专业化何以构建的问题，因为农业机械化就是农业分工和专业化实现的方式。由于农业生产中的"迂回化"程度远低于工业生产（Shi and Yang，1995），农业分工的深化必须借助工业部门，即将机器引入农业生产，所以农业机械化的本质其实就是农业部门从工业部门引入分工经济来促进劳动效率的提高，农业分工和专业化不断深化的体现就是农业机械化水平的不断提升。从这层意义上来说，问题一和问题二是相互统一的整体。

第二，回答中国为什么走上农业机械大型化的发展道路以及农业机械跨区服务为什么在中国广泛存在的问题也就是回答农业分工和专业化可能性的问题，因为只有大中型农业机械才有跨区服务的客观条件，家家户户都拥有小型农业机械就不会形成大范围、大规模的农业机械跨区服务，而农业机械跨区服务形成的只从事某一生产环节的专业化人力资本正是农业分工和专业化的源泉和表现形式之一。所以从这一层面来说，对问题四的深入分析为回答问题一提供了思路指导、理论基础和实证案例。

第三，农业专业化和农业机械化面临同样的瓶颈。农业部门内部要想实现分工与专业化，就要求出现生产有序、分工明确的社会化服务系统，在这一系统内拥有一批具有专业化技能的农业生产性服务人员，这必然要求农业生产的规模化经营，只有产生规模经济才能实现这一生产组织模式的可持续发展。而农业机械化本质上就是在农业生产领域引入机械替代农业劳动力，在人多地少的资源禀赋条件下，农业劳动力（影子）价格低廉，劳动力本就不是稀缺资源，农业机械化发展不具备经济上的可行性，所以，20世纪90年代以来的快速城镇化进程对大量农业优质劳动力的吸纳为农业机械化创造了客观条件。可见，无论是农业专业化还是农业机械化，都不是简单的农业部门内部的演化过程，而是与生产性服务行业以及工业部门的发展密不可分。所以，讨论农业专业化和农业机械化的问题都离不开城镇化这个大背景，也离不开浩浩荡荡的人口流动和产业变迁对农业生产方式的深刻影响。由此可以看出，问题一、问题二和问题三在这一层面实现了统一。

第四，任何领域的组织形态和组织模式均受到组织内部产权界定和产权安排的影响，农业领域更是如此。从经典的制度经济学分析范式来看，农业本不具备内部分工和专业化的客观条件，所以必须通过产权制度的调整和创新安排对产权主体的行为进行引导，促进各类资源的有序流动和合理配置，并在此基础上产生协作分工的生产组织模式。农业机械化的实现，尤其是大中型农业机械服务模式的产生，必然同微观经营主体的选择行为有着密不可分的联系。从这一层面来说，对问题五的回答为问题一、问题二和问题四的理解提供了思路。

第五，为了从更深层次阐述农业机械化发展路径中的中国特色，必须对为什么中国走上了农业机械大型化道路这个问题有深刻的理解。本书创新性地将空间计量经济学模型引入实证分析方法中，研究大中型农业机械跨区服务产生的农业生产技术的空间溢出效应，所以问题二、问题四和问题六在逻辑上是依次推进的。

传统的农业发展理论和研究框架对于以上六组问题的解释是片面化、模式化的，尽管大范围的农业机械跨区服务在中国兴起，但这一广泛存在的农业机械化的发展模式却被现有的农业经济学研究所忽视，由此所引致的农业机械化的空间溢出效应也尚未在计量经济学领域被系统定量地研究。所以本书试图从中国经济发展过程中的历史维度、要素禀赋和制度安排入手，借鉴经典经济学、社会学理论思想的精髓理解中国式农业机械化发展道路的理论意蕴，并将其放在城镇化和农村产权制度改革的大背景下，研究中国式农业机械化发展道路的动力机制，最后构建空间计量经济学模型，在实证层面探讨中国式农业机械化发展道路中的技术外溢效应。

二 研究目标和研究内容

（一）研究目标

本书的核心研究目标围绕解答上述研究问题展开，总目标为在城镇化引致大量农村劳动力非农就业和农村产权制度改革不断深化的背景下，在主流经济学和社会学理论的研究框架下，研究中国特色农业机械化发展道路的理论意蕴、动力机制和空间溢出效应。在错综复杂的社会经济现象中，厘清城镇化、农村产权制度和农业机械化的内在逻辑关系，分析农业机械跨区服务的形成机制，并定量测算由其所引致的农业机械化水平的空间溢出效应。简而言之，就是回答农业机械化为什么会发生（Why），为什么现在发生（Why Now），以何种方式实现（How），以及有何影响（Impact）？具体来说分为以下六个方面的目标。

第一，运用习近平新时代中国特色社会主义思想研究中国农业机械化道路，构建中国农业机械供需的俱乐部理论模型，分析中国的经济发展背景、农业资源禀赋、农业制度安排和农业机械化发展模式的内在联系，通过农业机械跨区服务的视角重新审视农业分工以及农业专业化的问题，将中国特色农业机械化道路的认知上升到理论高度，并提炼理论意蕴。在此理论框架下，通过静态均衡研究法，分析现实的经济、政策、制度、自然条件等一系列外部冲击对农业机械跨区服务演化路径的影响机制，用理论讲好中国故事。

第二，在实证上，本书侧重从需求端即种粮农户对农业机械服务的需求视角研究农业机械跨区服务的形成，这又可以分为宏观和微观两个层面。具体来说，首先，结合发展经济学中的城乡二元经济理论，研究城镇化和农业机械跨区服务的关系，从宏观层面回答农业机械跨区服务为什么会发生的问题。其次，通过全国固定观察点和大规模调研数据的计量分析，研究在土地细碎化、农业经营规模过小的条件下，农户非农就业和农户使用农业机械之间的关系，试图从微观层面解释之前所揭示的宏观现象，用实证讲好中国故事。

第三，将新一轮农地确权政策作为拟自然实验，依托大样本微观面板数据研究农村产权制度改革对农户使用农业机械的行为模式以及最终实现农业机械化方式的影响，从产权变迁的视角阐述中国式农业机械化道路的动力机制。

第四，构建空间计量经济学模型，研究农业机械跨区服务这一现象造成的农业机械化发展水平对粮食生产的空间溢出效应，并探究这种溢出效应在空间上的分布规律，并以此讨论农业机械跨区服务对我国粮食生产所造成的深层次的影响。

第五，总结中国式农业机械化发展路径下的几种典型案例，利用案例研究的方法阐述中国劳动人民如何在农业生产实践中结合当地经济发展条件和自然资源禀赋发展富有地方特色的农业机械化组织模式和实现路径。

第六，在前期理论研究和实证研究的基础上，指出已有政策体系的不足之处和可以改进的空间，通过政策研究寻求未来中国农业机械化水平进一步提升的可行之路。

(二) 研究内容

本书首先回顾中国农业机械化、农业机械跨区服务和以人口流动为标志的城镇化的发展历史，从历史的脉络中梳理出农业机械跨区发展的外在动因和内在机制，思考农业机械化的真正内涵及其对粮食生产方式的深刻影响，并将思想理论化、模型化，通过收集宏观、微观数据，建立计量经济学模型验证研究假说，最后基于研究结论提出推进中国农业机械化持续深入发展的政策建议。结合研究目标，本书的研究内容可以分为以下 8 个部分。

（1）历史研究：总结中国农业机械跨区服务和城镇化、就业非农化以及农地产权制度发展的历史进程，讨论在快速城镇化、农民就业非农化和农村产权制度深化改革的背景下，农业机械跨区服务的演进规律，试图从历史发展的视角厘清其内在的逻辑关系。主要分为 5 个方面：①通过对已有文献的梳理和各类统计数据的收集，总结新中国成立以来农业机械化的发展历史和路径变迁；②通过对各类统计数据的汇总、分类、对比，将 20 世纪末兴起的农业机械跨区服务分为几个不同的发展阶段，总结每个阶段的发展特点，结合经济社会背景探讨发展路径转变的机制；③通过对新中国成立以来国家出台的各类城镇化政策的梳理、相关指标的横纵向对比以及文献的整理归纳，勾画中国城镇化的发展阶段及每一阶段的发展特色；④回顾新中国成立以来历次农地产权制度改革的社会背景、发展过程，分析其发生的内在动力机制，并结合文献分析农地产权制度改革对资源配置的影响以及由此造成的社会福利效应损益；⑤从历史发展的视角研究非农就业、城镇化、农村产权制度改革和农业机械化发展的历史趋同性，为后面的理论分析和实证分析等研究内容提供历史证据。

（2）理论研究：俱乐部理论视角下中国农业机械跨区服务的形成机制分析。该部分研究内容对应前文中的目标一。正如前文所述，农业机械跨区服务的本质是农业机械由私人物品向俱乐部物品的属性转变，中国特殊的经济发展条件、地理特征和制度安排决定了农业机械俱乐部从萌芽到繁荣的可行性。进一步，本书运用相对静态均衡的研究方法分析在中国经济发展进程中，农业劳动力工资上涨、大中型农业机械供给成本降低、农地流转速度加快等外部冲击如何影响中国农业机械化的发展路径，从而更加深入地揭示中国农业机械跨区服务的形成机制，为后面的实证分析打下理论基础。

（3）实证研究一：城镇化视角下中国式农业机械化的动力机制（宏观层面）。本部分研究内容对应前文中的目标二。通过前期的理论分析，笔者认为城镇化和农业机械化的关系并非绝对的正相关或负相关，且在短期和长期的影响机制不同。因此，在实证部分将利用《中国区域统计年鉴》中市、区级层面的宏观面板数据，结合 Ranis 和 Fei（1961）提出的城乡二元理论构建计量经济模型，分析城镇化和农业机械化的互动关系，从宏观层面解释农业机械跨区服务的形成机制。

（4）实证研究二：非农就业视角下中国式农业机械化的动力机制（微观层面）。本部分研究内容对应前文中的目标二。通过前期俱乐部理论模型的推导，笔者发现当农户实现非农就业后，对农业机械利用的两种方式（农业机械直接投资和购买农业机械服务）的影响机制是完全不同的，农业资源禀赋决定了本地服务和跨区服务的竞争优势具有差异性，而现有研究很少使用同一套数据、同一个计量模型对这两种农业机械利用方式同时进行研究。基于此，本书首先结合诱致性技术创新理论和农户模型构建非农就业与农业机械需求之间的计量经济学模型，其次利用全国固定观察点的微观大样本数据，分析非农就业对农户农业机械直接投资和农业机械服务利用的影响差异。

（5）实证研究三：农地产权改革视角下中国式农业机械化的动力机制。本部分研究内容对应前文中的目标三。已有研究发现，产权稳定性是影响农户投资决策的重要因素。本书利用 CLDS 2014～2018 年的微观面板数据，依据 PSM-DID 等估计策略，实证研究农地产权稳定性如何影响农户使用农业机械化的方式（直接投资还是购买社会化服务），并进行影响机制和异质性分析。

（6）实证研究四：农业机械跨区服务引致的农业机械化发展水平对粮食产量的空间溢出效应分析。本部分研究内容对应前文中的目标四。所谓空间溢出效应指的是一个地区的农业机械化发展水平通过跨区服务的形式对其他地区的粮食产量产生重要影响。为此，本书将从以下3个方面展开研究：①运用空间分析的方法，测算大中型农业机械和小型农业机械的全域 Moran 指数及其演化趋势的差异，对比大中型农业机械和粮食产量的 Moran 散点图，研究它们在空间自相关性上的关系；②在区分大中型农业机械和小型农业机械的基础上，构建空间 Durbin 模型，验证并测算农业机械化发展水平对谷物产量的空间溢出效应和产生这种效应的原因；③考虑到空间溢出效应存在时空差异（Rosenthal and Strange，2004；方师乐等，2017），进一步测算农业机械化发展水平对谷物产量空间溢出效应的空间分布规律和时间变化趋势。这一部分需要用到全国和省级层面有关粮食产量和各类生产要素的统计数据，数据从历年《中国统计年鉴》《中国农业统计年鉴》中获得，空间权重矩阵采用经济距离，即两地在 Google 地图上行车时间的倒数。

（7）案例研究：全国五地特色农业机械化发展模式的多案例分析。本部分研究内容对应前文中的目标五。笔者自 2014 年走访了浙江、宁夏等地区 20 余个具有代表性的村，通过长期蹲点、入户访谈、调研问卷、座谈会等多种形式，深入一线了解农业机械化在当地的发展历史、发展模式，了解城市化、就业非农化和农村产权制度改革对农户农业生产方式以及资源配置方式的影响，理顺了劳动力转移、农地流转、农业机械化等现象的内在逻辑关系。在充分把握一线农业生产实践的基础上，总结深化中国不同区域各具特色的农业机械化发展模式、内在动因、组织形式和经济效应。笔者将调研所得整理成案例库，通过多案例的形式来展现中国特色的农业机械化道路，分析为何在不同地区的影响具有异质性，一来让理论与实践相结合，在实践中完善理论，二来通过案例研究讲好实证故事。

（8）政策研究：要素联动视角下进一步提升我国农业机械化发展水平的对策建议。本部分研究内容对应前文中的目标六。本书有别于以往关于中国农业机械化的研究，将劳动力市场、土地市场的最新发展与改革融入研究框架，这一富有特色的研究内容有助于从要素联动的视角提出更加完善的关于未来中国农业机械化发展的对策建议。综合实证研究一、研究二、研究三的结论，可以进一步讨论城镇化、就业非农化和农地产权强化对中国实现农业机械化的影响，将政策内涵上升到乡村振兴战略和城镇化战略互动关系的高度，并结合实证研究四和案例研究的结论，为中国提升农业机械化水平、加速城镇化进程、完善农村产权制度、稳步推进农业机械跨区服务发展提供合理的政策建议。

三 研究方法、数据来源和技术路线

(一) 研究方法

本书采用实地调研与经济理论结合、实证研究与规范研究结合、空间分析与时间分析结合的方法,期望从多视角、多维度科学论证本书所要研究的假说,达到研究目标。具体来说有以下方法。

(1) 实地调研和案例研究法。当前一些经济学研究者过分依赖于理论和模型,忽略了经济现象本身,缺乏对现象的深刻理解,导致模型与现实脱节。为了避免这一错误,笔者借鉴了社会学研究的一些方法。社会学注重对研究对象的长期走访和追踪调查。为了深入探究农业机械跨区服务的内在机制,笔者自2014年开始走访了山东、安徽、江苏、四川等农业机械跨区服务大省的种植户与农业机械户,了解他们的经济行为及其内在动机,就一些新奇的经济现象同农户及政府官员进行交流,试图同时站在当事者和旁观者的视角,以启发创新性的研究灵感。笔者在山东省泗水县和五莲县现场接触了"三夏"小麦跨区机收服务的场景。通过与微观经济主体的直接对话能够找出问题的根源,笔者也在实地调研中不断调整自己的研究方案。扎实的实地调研使得笔者对农业机械跨区服务的本质有了更深刻的理解。2015年,笔者在澳大利亚访问期间,跟随当地团队深入澳大利亚悉尼市郊区的牧场,参观并了解当地的农业机械化发展历史和现状,以期通过对比分析农业资源禀赋迥然不同的两个国家农业机械化的实现路径,认清中国农业机械化的特殊发展模式。扎实的调研使得笔者对于建立在农业机械跨区服务基础上的中国农业机械化发展模式有了属于自己的见解,并且将这种见解与主流经济学理论结合,给出符合经济学范式的解释。

(2) 理论研究法。实地调研只是收集了经验上的碎片,好的研究需要将现实抽象化,挖掘内在本质并上升为理论。笔者借鉴分工理论、诱致性技术创新理论、俱乐部理论、农户模型理论和城乡二元经济理论,从不同角度解释农业机械跨区服务这一现象,并在经济学理论的大框架下,构建其与其他经济现象和经济制度之间的内在逻辑框架。本书的建模是基于一系列的前提假设,例如在第六章农户模型中对农户完全理性行为和其他约束条件的假设,个别学者对此提出了批评,认为假设过于理想化、不符合实际。但是,科学研究的精髓就在于抓住复杂事物最本质的东西,从最简单、无摩擦的理想情形着手。经济学研究的艺术也就体现在抛去现实中其他的干扰因素,通过模型聚焦重点事物之间的联系。经济模型必然不能完全反映事实的全部,但可以为更好地研究现实问题打下基础。

(3) 计量经济学研究方法。经济理论是从现实中的观察总结深化而来,最终也要回到现实中去,不能被现实验证的理论模型很难判断其价值。而检验理论假说的主要工具是计量经济学。针对本书的研究目标、研究内容以及数据的实际情况,笔者采用了普通最小二乘法、时间序列模型、面板固定效应模型、面板广义最小二乘法、EG-ADF 两步法、面板三阶段最小二乘模型、面板 Logit 模型、分位数回归法、倾向匹配得分模型、空间计量模型。本书重视结果的稳定性与稳健性,对于可能存在的异方差、自相关等问题都做了报告和处理。

(4) 空间分析法。农业机械跨区服务作为一种空间上的经济现象,会产生一些与其服务对象的自然条件和现实基础相对应的空间溢出效应。空间分析用来探索经济指标的空间相关性,目前主流的有全局和局部空间 Moran 指数、Moran 散点图、α 收敛和 β 收敛指数,通过这些分析可以研究农业机械化水平和粮食产量的空间分布规律及其相关性。

(5) 政策分析法。国内有关农业机械化的政策研究尚不成熟,政策制定与现实需求、理论溯源相脱节。虽然在国家层面制定了中长期农业机械化发展的原则、做法和标准,但具体的落实和推进并不顺利。笔者在调研过程中发现,不少地区虽然颁布了农业机械化的发展规划,但政策落地难,缺乏组织化和系统化管理,农民和农业机械服务提供者不能及时掌握国家和地方关于农业机械化的具体激励机制,或者激励措施和农民实际需求不匹配,甚至加剧了农村内部的不平等,以至于没有起到应有的政策效果。究其原因,笔者认为一方面在于现有的地方政策大多数没有经过详细的理论论证,也没有对已经颁布的政策进行科学有效的评估和系统分析,在执行过程中忽略了其他配套政策,以至于政策推进不理想;另一方面在于现有研究并未能着眼于现实所需,所用理论脱离真实情境，抑或数据未能反映现实情况，未能起到理论指导实践的作用。为此，笔者基于前述理论和实证研究后的结论，在充分入户调研和各级政府部门访谈的基础之上，运用政策研究的规范方法，提出进一步促进中国农业机械化发展的对策建议。

（二）数据来源

本书在实证研究中国式农业机械化道路这一主题时，采用了宏观、微观结合的双重视角，即从宏观现象入手并得出宏观结论，然后以微观经济主体的行为分析为所得出的宏观结论寻找微观基础。与此对应，本书所使用的数据类型十分丰富，既有长时期的全国、省级和地市级宏观时间序列数据和面板数据，也包括大型公开微观面板数据和一手调研的微观农户数据。具体来说，可以分为以下两类。

（1）微观农户数据。本书的第五章、第六章分别从农户非农就业和农地产权制度调整的微观视角讨论中国式农业机械化道路的动力机制，采用了微观农户的各类行为特征数据。首先，在第五章研究非农就业和农业机械投资、农业机械服务利用之间的关系时，使用了2009~2017年全国农村固定观察点的数据，该调查系统是1984年经中央书记处批准设立的，由农业部农村经济研究中心的"中央政策研究室"负责组织实施全国范围内除港澳台外31个省份①360个行政村左右的2万余农户。此项调查实施了家庭成员、农村住户和行政村三级问卷，其中农户问卷由"家庭成员构成情况""土地情况""固定资产情况""农户家庭生产经营情况""家庭全年收支情况"等9部分构成，较为全面地反映了中国各地区农村住户及其家庭成员的生产、消费、收入等活动。其次，笔者所在课题组于2019年深入山东省18个村做了300份玉米种植户的访谈问卷，整理出255份有效样本，作为对固定观察点数据的补充论证。最后，在本书第六章以新一轮农地确权政策作为拟自然实验研究农村产权制度改革如何影响农业机械社会化服务时，使用了中国劳动力动态调查（China Labor Dynamic Survey，CLDS）2014年、2016年和2018年三期的面板数据，该数据库由中山大学组织调研和发布，调研问卷的主体结构

---

① 本书中"省份"指中国大陆31个省级行政区划单位，包含省、自治区和直辖市。

是关于劳动力的就业、收入和人力资本等相关信息,也包括农业生产、投资等问题,最为重要的是,该数据库可以提取农户是否"领取农地确权证书"的变量,为实证研究农地产权稳定性和农业机械社会化服务提供了宝贵的微观数据支撑。

(2)宏观数据。本书的第四章和第七章从城市化和空间溢出的宏观视角研究中国的农业机械化,所使用的宏观数据可以分成如下三个层次。首先,在本书的第四章研究快速城镇化如何影响中国式农业机械化路径时,使用了2001~2020年全国约260个地级以上城市或地区的相关数据。由于观测年份内经历了数次市、县、区的重新规划、拆分和合并,本书以2020年的市、县、区行政规划为标准,对历年的数据进行了相应的加总和拆分处理。数据来源于国家统计局编写的历年《中国城市统计年鉴》,缺失数据通过各省份历年统计年鉴补齐。其次,在本书第七章研究跨省农业机械服务对粮食产出的直接效应、空间溢出效应及其空间分布规律时,使用了2001~2020年全国31个省份的相关数据。数据来源于《新中国六十年统计资料汇编》《农产品成本收益资料汇编》,以及历年《中国统计年鉴》《中国农业机械化年鉴》《中国农村统计年鉴》。最后,本书在第七章使用了1978~2020年全国层面的时间序列,用于和省级数据结果做对比,数据来源于历年《中国统计年鉴》。

(三)技术路线图

本书从有关农业机械化的传统理论与现实矛盾出发,结合中国城镇化发展的大背景和农业生产资源禀赋的变化,提出了2个互相关联的理论问题和4个实证问题,然后用主流的经济学理论和计量工具对这些问题做出定性、定量的解答。具体的技术路线见图0.4。

四 学术价值和创新之处

笔者在撰写书稿的过程中,越发体会到中国特色的农业机械化实现方式是一个极具创新的研究领域,借用经典的经济学、社会学研究方法探讨一个国际上尚未被充分研究的中国现象——农业机械跨区服务,充满挑战性,同时具有极大的创新性和研究意义。本书在城镇化渗透至社

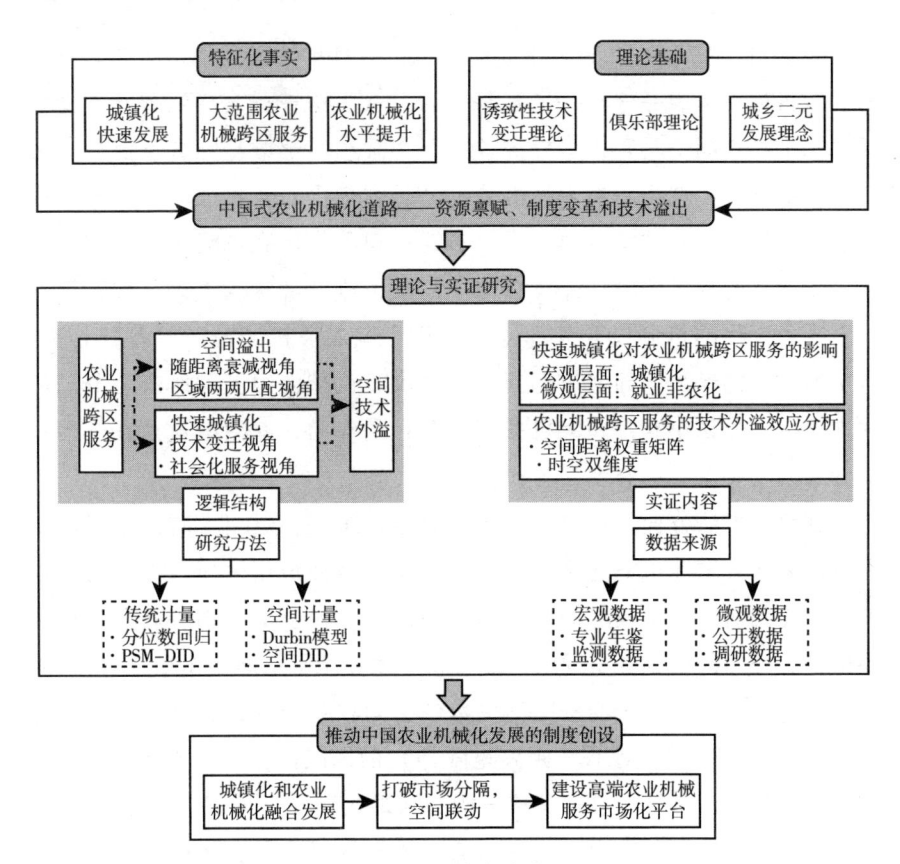

图 0.4 技术路线

会经济方方面面和农村产权制度改革进入深水期的大背景下研究农业机械化的发展及其对粮食产出的空间溢出效应，研究对象为大中型农业机械跨区服务，为中国如何依据自身资源禀赋及其变化情况，选择最优路径发展农业机械化提供现实解答，具有较强的"中国特色"和现实意义。同时，本书以中国农业机械化发展和农业机械跨区服务的出现为视角重新审视分工理论和诱致性技术变迁理论，深化了对现实现象的理解，并作为对相关文献的补充，因此对相关领域同样具有理论意义。

在研究视角方面，本书具有以下新意。第一，非农就业是工业化、城镇化进程中的客观现象，本书认为，农民的非农就业不仅导致了农业与非农部门之间的分工，更促进了农业产业内部的分工，在中国家庭联产承包的制度安排下，这种分工表现为形成了专业化的农业机械服务市场，而这是过去20年中国农业机械化快速发展的主要原因。第二，本书从农业机械跨区服务这样一个现象切入，认为这种行为必然导致农业机械化水平在空间上具有技术外溢效应，并采用科学的研究方法测算这种效应的显著性和规模。第三，虽然部分研究指出农业机械跨区服务是中国农业机械化发展的特殊模式，但对这一现象的研究也只是停留在表面化和模式化的描述阶段，并没有构建一个主流经济学的理论框架去解释这一现象发生的机制以及外部冲击如何影响农业机械跨区服务的趋势。本书通过公共经济学的俱乐部理论解释农业机械使用者和所有者分离的内在机制，分析小农户和大机械同时存在的缘由，并指出这是在中国现有的经济发展水平、制度安排和资源禀赋条件下的必然现象。

在研究方法方面，本书具有以下新意。第一，运用空间计量经济学的方法来研究农业机械化水平对粮食产量的空间溢出效应，这在有关农业机械化的研究中是较早的。本书试图以区分大中型和小型农业机械为突破口，证明跨区服务是导致农业机械化发展水平空间溢出效应的原因。此外，本书构建了基于经济距离倒数的空间权重矩阵，突破常用设定方式（如0-1矩阵和两地直线距离矩阵等）的局限性，并将数据口径统一调整至谷物生产领域，空间计量分析的结果比以往的实证研究更加精确。第二，本书利用更加微观的大样本数据研究城镇化和农业机械化之间的关系，包括全国农村固定观察点数据、中国劳动力动态调查数据和一手调研数据。结合二元经济理论，在模型的设计中考虑两者的滞后效应，将长期和短期关系分离，从而更为深刻地揭露在中国经济发展过程中城镇化对农业机械化的影响。第三，以往研究在实证部分运用的模型简单，容易造成因果关系不清、内生性和伪回归等问题，本书在进行因果关系识别时运用了基于面板数据的双重差分模型、倾向得分匹配-双重差分模型等，拟自然实验的研究设计和识别策略缓解了实证结论受到的内生性干扰。

这些创新性的学术观点和研究方法获得了相关领域学者的广泛认可，获得了较高的引用，产生了一定的学术价值，具体体现为以下方面。

（1）理论研究价值。本书从中国农业机械化发展的现实视角出发，挑战了传统经济学家关于农业难以实现生产环节的分工和专业化的论断，为中国现阶段推行的社会化、专业化的现代农业经营体系提供理论支撑。

在传统的关于农业技术进步的文献中，对中国快速农业机械化的理解依然是表面化和模式化的。本书通过对农业机械跨区服务这一现象的深入剖析，利用主流经济学理论模型，刻画了中国农业机械化发展中的两大背景——快速城镇化和农村产权制度改革如何影响中国式农业机械化的形成和演变，为相关研究提供了经济学的研究框架和理论基础，进一步为习近平新时代中国特色社会主义思想中关于"以新发展理念引领经济高质量发展"这一论断提供来自农村改革方面的证据。

（2）实证研究价值。如果将农业机械总动力作为衡量农业机械化水平的指标，但不考虑其对粮食产量的空间溢出效应，将高估农业机械化发展水平对当地粮食产出的直接影响，而低估农业机械化发展水平对粮食产出的总效应（直接影响和空间溢出效应的总和）。本书重点强调农业机械跨区作业对粮食产量的空间溢出效应，即一个地区的农业机械化发展通过跨区服务对其他地区的粮食产量产生重要影响，并进一步测算农业机械化发展水平对谷物产量空间溢出效应的空间分布和时间变化趋势，从而能够全方位、更精确地探究农业机械化对农业生产的总效应。此外，本书在研究非农就业和农业机械化的关系时，创新性地使用同一套微观大型数据区分了农业机械投资和农业机械服务购买，实证结果解释了长期以来的学术争论，即非农就业对农户农业机械投入的两种形式的影响机制是完全相反的。既有研究关于非农就业降低了农户农业机械投资的结论只是从一个方面揭示了两者之间的关系，选择非农就业的农户会倾向于降低农业机械直接投资而增加农业机械服务的支出，以替代农业劳动力的不足，这一实证结果是符合诱致性技术变迁理论预期的。

（3）政策研究价值。农业机械跨区服务是极具中国特色的农业机械化实现方式，研究这一现象能够立足中国全局，在家庭联产承包责任制的制度约束和土地细碎化的资源禀赋下，科学地制定符合中国国情的农业机械化推进战略和发展政策。

（4）社会传播价值。通过本书可以更好地理解在中国农业机械化发展过程中，中国劳动人民根据地方特色的制度安排、资源禀赋和经济发展条件探索出适合中国国情的农业现代化道路，体现了中国人民的勤劳智慧和中华民族的韧性团结。对这一内容的深刻理解可以更好地讲好中国故事，宣传党、国家和全体劳动人民在实现中国特色社会主义伟大征程中拼搏奋进、砥砺前行、开拓创新的时代精神和典型案例。

当然，由于笔者的研究水平和研究条件的限制，本书也存在一些明显的不足，主要体现在以下方面。

第一，农业机械的跨省服务广泛存在，同时省内的跨区服务也是比较常见的，但是由于研究方法和数据的限制，本书只能研究跨省的农业机械服务所导致的空间溢出效应。跨市、跨县的空间溢出效应需要更微观的数据和更复杂的空间权重矩阵，所以本书所得出的关于农业机械化空间溢出效应的结论在空间范围上是有限的。

第二，本书对谷物建立生产方程模型时，由于统计年鉴中并没有谷物相关要素投入量的省级数据，所以参考Lin（1992）的方法对可获得的数据进行了处理，这种处理是否科学，有待验证。

第三，本书建立粮食生产方程的可计量模型时，为了能够估计出农业机械化的空间溢出效应，依托的是柯布-道格拉斯（C-D）生产函数，但是已有文献（许庆等，2011）对此类生产函数的设定持怀疑态度，建议采用更加一般的超越对数生产函数，但超越对数无法应用于空间计量模型，且无法判断生产函数形式的设定对最后结论的影响。

五　结构安排

全书共分为九章。第一章为中国式农业机械化道路的历史研究。本章梳理了中国农业机械化、城镇化、中国农业机械跨区服务和农地产权制度改革的历史，包括各种政策和路径的演化，从改革开放以来中国经济发展的大视角理清农业机械化、城镇化和农地产权制度交互发展的脉络，为下文从理论上和实证上研究它们之间的关系提供历史视角。

第二章为理论基础与文献综述。本章回顾了诱致性技术变迁理论和城乡二元经济理论的相关文献，为建立城镇化和农业机械化的三阶段最小二乘模型做铺垫；回顾了农户模型理论，为建立非农就业、农地产权制度和农业机械需求的计量模型做铺垫；回顾了农业分工和专业化理论，为讨论农业机械化和农业分工做铺垫；回顾了俱乐部理论，为分析中国小农户和农业机械大型化做铺垫；综述和评论了国内外关于非农就业对工业化、城镇化及经济增长的影响，非农就业对农业机械化的影响，农业机械化对非农就业的影响,耕地细碎化和农业机械化的有关争论,以及农业机械化和粮食产出之间的关系。

第三章为中国式农业机械化道路的理论内涵。本章从俱乐部理论的视角分析中国特色农业机械化道路的理论内涵,回答本书的两个核心问题,即为什么土地极度细碎化的中国农业可以实现机械化?是什么外在动因和内部机制让中国的农业机械化实现了从小型化到大中型化的转型?本章创新性地将农业机械视为俱乐部产品,借助布坎南模型提供的理论分析框架,结合中国特殊的农业资源禀赋、经济发展模式和地理特征,将第一章所总结的中国农业机械化发展历史理论化和模型化,并在此基础上讨论"拉坦假说"在中国不成立的缘由,从而加深对历史现象的理论认知和规律把握。

第四章为中国式农业机械化道路的动力机制:城镇化的视角。本章从宏观层面实证分析城镇化对中国农业机械化发展的影响,回答本书提出的第三个问题,即城镇化和农业机械化之间的互动关系、城镇化对农业机械化的影响机制及其长短期差异。以二元经济理论和诱致性技术变迁理论为基础构建联立方程模型,并利用中国地市级面板数据,采用三阶段最小二乘法分析城镇化对农业机械化的短期效应和长期影响。

第五章为中国式农业机械化道路的动力机制:非农就业的视角。本章从微观层面实证分析非农就业对中国农业机械化发展的影响,回答的同样也是本书提出的第三个问题。通过构建农业机械需求的计量经济模型,实证研究非农就业对农户实现农业机械化方式的影响,目的是为第四章的宏观结论提供微观解释。

第六章为中国式农业机械化道路的动力机制:农地制度的视角。本章以新一轮农地确权制度改革为拟自然实验,建立双重差分模型实证研究农地产权稳定性对农户使用农业机械方式的影响。如果说第四章和第五章是从经济和要素变迁的视角探讨中国农业机械化的动力机制问题,那么此章内容是将这一问题延伸至产权变迁层面,即产权安排决定了要素配置,从而影响农业机械化的发展路径。

第七章为中国式农业机械化道路的技术溢出:农业机械跨区服务的视角。本章利用全国的省级面板数据,构建空间 Durbin 模型,检验由大中型农业机械跨区服务所引致的空间溢出效应是否显著,溢出水平有多高，在空间上呈现什么特点，从地理因素的视角研究中国的农业机械化，从而与第四章至第六章的结论互补，绘制一份完整的关于中国农业机械化发展的历史图纸。

第八章为中国式农业机械化的发展模式：多案例研究。笔者及其团队基于长期实地蹲点调研，梳理了中国各地劳动人民结合当地资源禀赋和经济发展条件形成的5种典型农业机械化组织模式和发展路径，分别为江苏沛县农业机械跨区机收产业集群、宁夏银川农业机械社会化服务组织、浙江德清"先锋农机"农业机械服务专业合作社、河南漯河"农地整合+全程农业机械化"社会化服务和海南热带农业机械产学研综合实验区。

第九章为结论和政策启示。

第一章 中国式农业机械化道路的历史研究

本章主要总结了中国农业机械化、城镇化、农业机械跨区服务和农地产权制度演变的历史进程,讨论在城镇化和非农就业不断加速、农地产权制度改革不断深化的背景下中国农业机械化的演进规律,试图从历史发展的视角厘清其内在的逻辑关系。本章主要分为5个方面:第一,梳理中国农业机械化的发展历史,通过对已有文献的梳理和各类统计数据的收集,总结新中国成立以来农业机械化的发展历史和路径变迁;第二,总结中国城镇化和人口流动的历史,通过对新中国成立以来出台的各类城镇化政策的梳理、相关指标的横纵向对比以及文献的整理归纳,阐述我国城镇化的发展阶段及每一阶段的发展特色;第三,梳理中国农业机械跨区服务的发展历史,通过各类统计数据的汇总、分类、对比,将20世纪末兴起的农业机械跨区服务分为几个不同的发展阶段,总结每个阶段的发展特点,结合经济社会背景探讨发展路径转变的机制;第四,总结中国农地产权制度演变历史,回顾新中国成立以来历次农地产权制度改革的社会背景、发生过程,分析其发生的内在动力机制,并结合文献分析农地产权制度改革对资源配置的影响,以及由此造成的社会福利效应损益。第五,从历史发展的视角研究非农就业、城镇化和农业机械化发展的历史趋同性,分析农地产权制度对农户农业机械投资的影响,为后面的理论分析和实证分析等研究内容提供历史证据。

一 中国式农业机械化发展的历史

新中国成立以来,我国一直在探索适合国情的农业机械化发展路径,形成了曲折而又独特的农业机械化发展模式。本章从现实路径和中国特色两个维度出发,以内部结构变迁为划分标准,结合中国农业经营制度和农业机械化政策发生重大转折的时间节点,将新中国成立以来的农业机械化进程划分为4个阶段,分别是农业机械大中型化起步阶段

(1949~1962年)、并驾齐驱阶段（1963~1978年）、农业机械小型化阶段（1979~2003年）、农业机械大中型化回归阶段（2004年至今）（见图1.1）。中国的农业机械化发展方向受到宏观政策的深刻影响，但宏观政策并不是政府主观臆断的，政策的出台与整体经济发展、资源禀赋和农业经营体制密不可分。

（一）农业机械大中型化起步阶段：1949~1962年

1949年新中国成立后，为了稳定农村局势，同时为了有效集聚农村劳动力资源建设大中型农业基础设施，采取了公有化的农业生产经营制度。农业机械作为大规模生产和农业基建中必不可少的投入要素，得到一定发展。在计划经济体制下，农业机械投资的主体是国家和集体，中央政府通过行政命令和各种优惠政策，在资源极度稀缺的背景下推动了农业机械化的发展。

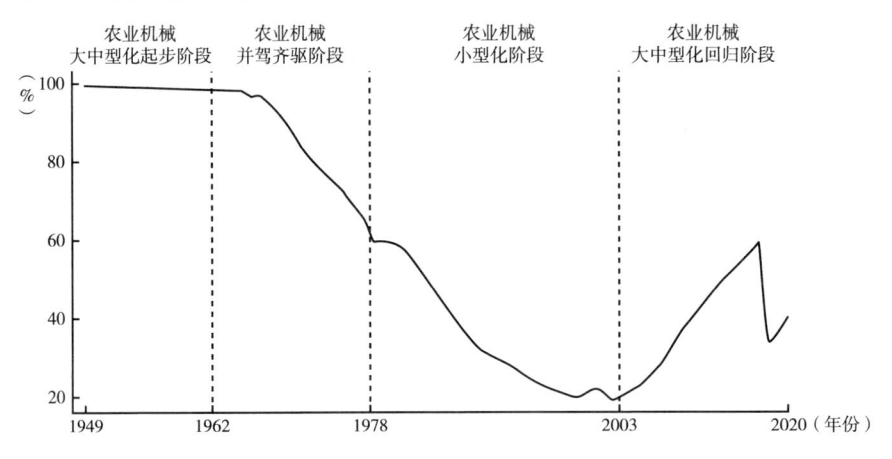

图1.1 大中型拖拉机动力值占全部拖拉机动力值的比重（1949~2020年）

注：根据《中国农业机械化年鉴》的划分标准，农用拖拉机按功率大小可分为3类。2016年之前的标准：小型拖拉机，功率在14.7千瓦以下；中型拖拉机，功率在14.7~73.5千瓦；大型拖拉机，功率在73.5千瓦以上。2016年及之后的标准：小型拖拉机，功率在22.1千瓦以下；中型拖拉机，功率在22.1~73.5千瓦；大型拖拉机，功率在73.5千瓦以上。1962~1977年的数值是根据1978年大中型拖拉机和小型拖拉机平均单台动力值之比，将一台小型拖拉机的动力值折算为0.21台大中型拖拉机的动力值得出。2017年比值出现断崖式下降的原因在于统计口径发生变化，但不影响总体趋势。1949~1961年小型拖拉机数量根据1962~1965年的数值倒推估算得出。

资料来源：1949~2004年数据来自《国内外农业机械化统计资料（1949~2004）》，2005~2020年的数据来自历年《中国农业机械化年鉴》。

新中国成立之初,全国农村普遍缺少农具,大中型拖拉机数量仅为117台,联合收割机13台,而小型拖拉机数量可忽略不计。1950年,国家在各地区建立了农具推广站。1957年,农具推广站达到591处,推广新式畜力农具511万台、播种机6.4万台、收割机1.8万台、脱粒机45.4万台。新式农业机械的引入和推广在一定程度上改善了我国农村尤其是平原干旱地区农业生产设备落后的状况,提高了劳动效率。与此同时,全国范围内建立了大型机械化农场730处,耕地1274万公顷。国有农场主要使用大中型农业机械,除了完成农场本身的田间作业外,还为周边小农户代耕代种,出现了大中型农业机械跨区服务的雏形。

1959年,毛泽东提出了"农业的根本出路在于机械化"的论断。在以农业机械化为核心发展农业现代化的指导思想下,第一个五年计划指出农业发展中的基本路线是首先实现农业集体化生产与经营,然后推进机械化和电气化,到1980年基本实现农业生产全程机械化。自此,全国范围内形成了农业机械化运动的浪潮,农业机械总动力由1949年的8.1万千瓦增长至1962年的757万千瓦(见表1.1)。但是,在计划经济体制下,农业机械投资主体单一。由于要实现美国"垦丁农场"式的规模化生产,资金主要用于大中型农业机械,生产队的组织方式也为引入大中型农业机械创造了有利条件,到1962年,大中型拖拉机数量已经上升至5.5万台,而小型拖拉机数量不足1000台(见表1.1)。

表1.1 主要年份农业机械化发展情况(1949~1962年)

年份	农业机械总动力（万千瓦）	小型拖拉机（万台）	大中型拖拉机（万台）	联合收割机（万台）	农用汽车（万台）
1949	8.1	*	0.01	*	*
1957	121.4	*	1.5	0.2	0.4
1962	757.0	0.09	5.5	0.6	0.8

注:*表示可以忽略不计。
资料来源:《农业机械统计资料(1949~1979年)》,中华人民共和国农业机械部,1989。

虽然这一时期农业机械动力和农业机械数量均有不同幅度的增长,但机械化水平总体上依然较为落后。由表1.2可以看到,1962年机耕率仅为8.1%,而机播率和机收率更低。受生产能力的制约,我国的联合收割机和大中型拖拉机基本依靠进口,国际市场上农业机械价格昂贵,而在物资匮乏的年代,大规模进口农业机械不现实,1962年全国仅有5906台联合收割机,且增速极为缓慢。

表1.2　主要年份田间作业机械化水平（1952~1962年）

单位：%

年份	机耕率	机播率	机收率	机械灌溉率
1952	0.1	*	*	**
1962	8.1	*	*	**

注：*表示可以忽略不计；**表示数据无法获得。
资料来源：《国内外农业机械化统计资料（1949~2004）》，中国农业科学技术出版社，2006。

（二）农业机械并驾齐驱阶段：1963~1978年

1962年后，我国农业经营体制开始调整，由原来的以"人民公社"为经营单位的体制转变为"三级所有、队为基础"的体制，这在客观上缩小了基本经营主体的规模。由于土地规模的减小和物资储备的落后，加上这一时期的重心不在于经济发展，农业机械化发展一度陷入瓶颈，农业机械数量长时期处于停滞状态。直到20世纪70年代中期，中央政府将农业机械化列为农业现代化的重要组成部分予以重视，并在1977年提出"1980年基本上实现农业机械化"的奋斗目标，重新将农业机械化提上发展日程。由于国营机械化农场的逐步解体，在农业机械化发展的路径上放弃了之前一味追求大型化的战略。1970~1978年，小型拖拉机数量增长了22倍，大中型拖拉机数量增长了4.5倍。

从农业机械化水平来看，这一时期机耕水平得到了大幅度提高，1978年的机耕率已经达到40.9%，但机播率和机收率分别仅为8.9%和2.1%。尽管各类拖拉机数量均有所增加，但主要用于耕地或运输，用于其他环节的农业机械匮乏。例如，1978年全国仅有1.9万台联合收割机，远远落后于同期拖拉机的数量。

回顾我国1949~1978年的农业机械化发展历程，可以看到这一时期投资主体单一，主要是国家和集体，农业生产的发展战略基本上是依据行政命令，农民参与农业生产决策的积极性较低。这种体制的优势在于能够在短时期内快速调动全国范围内的优质稀缺资源，但是这一时期国家的农业机械发展政策争议较大、政策导向不稳定、执行力度差。在政策的制定环节一味追求发展速度，而忽略了我国当时整体的经济发展水平和农业生产条件，提出了一些不符合我国实际国情的农业机械化发展计划，造成发展目标未能顺利完成。

（三）农业机械小型化阶段：1979~2003年

家庭联产承包责任制改革使农民成为农业剩余的获取者，农业生产方式由集体的统一经营变为统分结合的双层经营，微观农户逐渐成为农业生产决策的主体[①]。但在家庭联产承包责任制实行的初期，农业机械仍由集体所有和经营，农户只是使用者，这种所有权和使用权的分离导致农业机械使用效率低下，且配置效率极低。这一现象真正得到扭转是在1983年，当年的中央一号文件明确指出："农民个人或联户购置农副产品加工机具、小型拖拉机和小型机动船，从事生产和运输，对于发展农村商品生产，活跃农村经济是有利的，应当允许；大中型拖拉机和汽车，在现阶段原则上也不必禁止私人购置。"至此农户获得了自主购买、经营农业机械的权利，农业机械经营方式转变为国家、集体、农户联合经营和合作经营共存。

一方面，政府通过一系列财政政策缩减了对农业机械化的投入，1979年中央和地方农业机械化财政投入为3.7亿元，而到1983年已经下降到3.2亿元，1994年国家取消了农用平价柴油补贴政策，至此国家在计划经济体制下出台的各类农业机械化优惠政策全部取消。另一方面，我国农户经营规模小，小农户和大中型农业机械的不匹配现象十分明显，在农户小规模经营的情况下，依靠市场力量和农户个人投资发展农业机械化显然是不现实的。因此，改革开放后的10年间，我国的农业机械化事业一度停滞不前，1979~1985年机耕面积大幅下降，综合机械化率甚至出现了倒退（见表1.3）。

---

① 虽然1978年召开的十一届三中全会是中国改革开放的起点，但会议通过的《中共中央关于加快农业发展若干问题的决定（草案）》明确要求"不许分田单干。除某些副业生产的特殊需要和边远山区、交通不便的单家独户外，也不要包产到户"，直到1982年，家庭联产承包责任制才在全国范围实现（Lin，1992）。

从1995年开始，一种在全世界范围来看都极为特殊的农业机械化发展模式在中国萌芽并逐渐发展壮大，即横跨大江南北的农业机械跨区服务。农业机械跨区服务在一定程度上缓解了耕地细碎化对农业机械化的制约，属于在实践中探索出的一条具有中国特色的农业机械化发展道路[①]。值得注意的是，农业机械跨区服务在形成初期完全是市场化的产物，这一发展模式不是由政府组织构建的，而是逐利的市场经济参与主体自发形成的。由于参与跨区服务的主要是大中型农业机械，在这一新兴市场的带动下，1996年，农用大中型拖拉机达到67.1万台，比1995年增长了0.08%，这是自1988年以来的首次增长，大中型农业机械数量逐年递减的趋势终于得到扭转。与此同时，农业机械化水平出现一定幅度的提升，机播率和机收率均有所提高，但增长速度依然迟缓，2000~2003年机耕率一度倒退[②]。

表1.3　主要年份田间作业机械化水平（1979~2003年）

单位：%

年份	机耕率	机播率	机收率	综合机械化率
1979	42.4	10.4	2.6	20.9
1985	38.8	9.4	3.6	19.4
1990	51.0	15.0	7.0	27.0
1995	56.3	20.0	11.2	31.9
2000	47.8	25.8	18.3	32.4
2003	46.8	26.7	19.0	32.4

注：综合机械化率计算公式参见《中国农业机械化年鉴》的计算方法：综合机械化率=0.4×耕种机械化率+0.3×播种机械化率+0.3×收割机械化率。

资料来源：《国内外农业机械化统计资料（1949~2004）》，中国农业科学技术出版社，2006。

[①] 其实早在明清时代中国就出现了横跨数百里提供专业割麦服务的"麦客"，这种跨区收割粮食的服务模式一直持续到现代，并在1995年后逐步壮大（伍骏骞等，2017；李斯华，2004）。这种形式的跨区作业服务在国外也有案例（如加纳），但规模远不如中国，究其成因，方师乐等（2018b）做了一个理论上的分析。

[②] 1995~2000年，我国的机耕面积逐年上升。2000年，我国关于机耕率的统计口径发生调整，所以尽管2000年机耕面积比1999年增加了163千公顷，但机耕率却从65.0%断崖式下降至47.8%。2000~2003年，我国的机耕面积下降了1144千公顷，相应的机耕率进一步下降至46.8%。

在这一阶段，农业机械化发展的主要动力是小型农业机械。1979～2003年，小型拖拉机数量的年均增长率为9.2%，而大中型拖拉机数量的年均增长率仅为1.6%，在1985～1995年甚至出现了负增长（见表1.4）。大中型拖拉机动力值占比长期处于下降趋势，2002年降到了历史最低值，仅为19.5%。由于1995年后农业机械跨区服务的井喷式发展，联合收割机的数量在1995～2000年出现了年均28.2%的飙升，成为农业机械化新的增长点。截至2003年，我国的农业机械总动力已经达到6亿千瓦，是1979年的4.5倍。总体来看，国家退出了之前在农业机械化发展中的主导地位，由于民营经济和乡镇企业的兴起，农户收入水平提升，成为农业投资的主体，他们更倾向于投资小型农业机械，加之这一时期国家政策的导向，农业机械化发展呈现非常明显的小型化特征。

表1.4 主要年份主要农业机械数量和增长率（1979～2003年）

年份	农业机械总动力（万千瓦）	小型拖拉机（万台）	增长率（%）	大中型拖拉机（万台）	增长率（%）	联合收割机（万台）	增长率（%）
1979	13380	167	—	67	—	2.3	—
1985	20912	382	14.8	85	4.0	3.5	5.8
1990	28708	698	12.8	81	-1.0	3.9	2.2
1995	36118	865	4.4	67	-3.7	7.5	14.0
2000	52574	1264	7.9	97	7.7	26	28.2
2003	60386	1378	2.9	98	0.7	37	12.5
平均	—	—	9.2	—	1.6	—	12.3

注：增长率均为区间内复合增长率。
资料来源：《国内外农业机械化统计资料（1949～2004）》，中国农业科学技术出版社，2006。

（四）农业机械大中型化回归阶段：2004年至今

2004年以来，随着我国农村劳动力非农化进程加速，农业生产条件发生深刻变化。快速城镇化导致农村劳动力流失现象严重，并且呈现农村劳动力老龄化、女性化的趋势，同时用工成本上升。根据诱致性技术变迁理论，这为农业机械对劳动力的替代创造了条件（郑旭媛、徐志刚，2016）。在这一时期，劳动力在农业生产中扮演的角色逐渐弱化，而农业机械成为愈发重要的投入要素，保证了快速城镇化进程中粮食产量的稳中有升。2004年,《中华人民共和国农业机械化促进法》的颁布实施标志着中国农业机械化的发展步入法制化进程。2006年农业部制定了《全国农业机械社会化服务"十一五"规划纲要》,指出要建立以农机专业服务组织和农机大户为主体,农机经营户为基础,基层农机推广、培训、维修、信息服务和投诉监督等服务组织为支撑,政府的支持服务为保障的新型农机社会化服务体系,提高农机社会化服务信息化、品牌化、组织化和规范化程度,推进农机社会化服务市场化、专业化、规模化、产业化,提升农机社会化服务能力、质量和效益,支撑、保障农业机械化水平的提高。除2011年外,2004~2024年21年间有20年的中央一号文件持续关注农业机械化发展[1],农业机械补贴政策开始向大中型农业机械和农业机械社会化服务倾斜。

大量研究表明,非农就业或创业的小农户和兼营农户更倾向于购买农业机械服务而非直接投资农业机械,因此,在城镇化实现快速发展的同时,大中型农业机械的跨区服务迎来黄金增长期(方师乐等,2018a),其中以江苏省沛县为代表的农业机械跨区服务产业集群成为中国农业机械化发展的一大亮点(Zhang et al., 2017)。随着学界对转变农业机械化发展路径的呼声越来越高,国家政策逐渐向大中型农业机械倾斜。总结这一时期历年的中央政府工作报告和中央一号文件中关于农业机械化政策表述的演变可以看出,中央政府的农业机械化发展思路逐渐向大中型化、高端化和服务化模式转变(见表1.5和表1.6)。综合上述诸多原因,2004年至今,我国农业机械化呈现明显的大中型化趋势。2004~2016年,大中型农业机械数量年均增长率达到15.7%。相比之下,小型农业机械市场已经接近饱和,年均增长率仅为1.2%(见表1.7),且从2013年开始出现了连续5年的下降。由于统计口径的调整,2017年及以后大中型农业机械和小型农业机械动力值的绝对值和前期不再具有可比性,但以大中型农业机械为主导的农业机械化发展模式没有发生改变。

---

[1] 2011年中央一号文件主要关注"三农"领域中的水利建设问题,对其他领域几乎没有涉及。

表 1.5 政府工作报告关于农业机械化的内容（2005~2024 年）

年份	文件名称	涉及农业机械化的内容	关键词
2005	《2005 年政府工作报告》	减免农业税,对种粮农民实行直接补贴,对部分地区农民实行良种补贴和农机具购置补贴;继续对种粮农民实行直接补贴,增加良种补贴和农机具购置补贴	农机具购置补贴
2006	《2006 年政府工作报告》	取消农业税,进一步增加对农民的农机具补贴	农业税、农机具补贴
2007	《2007 年政府工作报告》	巩固、完善和加强支农惠农政策,增加对种粮农民的直接补贴、良种补贴、农机具购置补贴和农业生产资料综合补贴	惠农政策、农机具购置补贴
2008	《2008 年政府工作报告》	完善农业科技推广和服务体系,加强农业科技创新和成果转化,强化以公益性为主的多元化农业技术推广服务,加快推进农业机械化。减免农民税收,建立农业补贴制度,对农民实行粮食直补、良种补贴、农机具购置补贴和农业生产资料综合补贴;增加农机具购置补贴种类,提高补贴标准,从 2008 年起农机具购置补贴覆盖所有农业县	农业补贴制度、农机具购置补贴
2009	《2009 年政府工作报告》	做好"农机下乡"工作,给予信贷支持。进一步增加农业补贴,农机具购置补贴覆盖到全国所有农牧业县（场）,全面加强"三农"工作	农机下乡、农机具购置补贴
2010	《2010 年政府工作报告》	实施对种粮农民直接补贴,增加农资综合补贴、良种补贴、农机具购置补贴	农机具购置补贴
2012	《2012 年政府工作报告》	完善农业技术补贴制度,新增补贴重点向种养大户、农民专业合作社及各种生产服务组织倾斜,促进先进适用农业技术到田到户。建好现代农业示范区,推进高产创建和标准化创建,加快农业机械化步伐	农业技术补贴制度、农业机械化
2014	《2014 年政府工作报告》	加快建成一批旱涝保收高标准农田,抓紧培育一批重要优良品种,研发推广一批新型高效农业机械	新型高效农业机械
2015	《2015 年政府工作报告》	加快新技术、新品种、新农机研发推广应用	新农机
2018	《2018 年政府工作报告》	推进农业机械化全程全面发展,加强面向小农户的社会化服务	社会化服务
2019	《2019 年政府工作报告》	加强农田水利建设,加快农业科技改革创新,大力发展现代种业,加强先进实用技术推广,实施地理标志农产品保护工程,推进农业全程机械化	全程机械化
2021	《2021 年政府工作报告》	开展农业关键核心技术攻关。提高高标准农田建设标准和质量,完善灌溉设施,推进农业机械化、智能化,建设国家粮食安全产业带和农业现代化示范区	农业关键核心技术、智能化

续表

年份	文件名称	涉及农业机械化的内容	关键词
2022	《2022年政府工作报告》	加快推进种业振兴,加强农业科技攻关和推广应用,提高农机装备水平	农业科技
2024	《2024年政府工作报告》	加大种业振兴、农业关键核心技术攻关力度,实施农机装备补短板行动	农机装备补短板

表1.6 中央一号文件中关于农业机械化政策内容的演变（2004~2024年）

年份	文件名称	涉及农业机械化的内容	关键词
2004	《关于促进农民增加收入若干政策的意见》	提高农业机械化水平,对农民个人、农场职工、农机专业户和直接从事农业生产的农机服务组织购置和更新大型农机具给予一定补贴	个人购机补贴
2007	《关于积极发展现代农业扎实推进社会主义新农村建设的若干意见》	走符合国情、符合各地实际的农业机械化发展道路。鼓励农业生产经营者共同使用、合作经营农业机械,积极培育和发展农机大户和农机专业服务组织,推进农机服务市场化、产业化	农机服务市场化
2008	《关于切实加强农业基础建设进一步促进农业发展农民增收的若干意见》	完善农业机械化税费优惠政策,对农机作业服务实行减免税,对从事田间作业的拖拉机免征养路费,继续落实农机跨区作业免费通行政策。扶持发展农机大户、农机合作社和农机专业服务公司	农机跨区服务免费通行
2009	《关于2009年促进农业稳定发展农民持续增收的若干意见》	加快研发适合丘陵山区使用的轻便农业机械和适合大面积作业的大型农业机械。实行重点环节农机作业补贴试点。对农机大户、种粮大户和农机服务组织购置大中型农机具给予信贷支持	大型农业机械研发和补贴
2012	《关于加快推进农业科技创新持续增强农产品供给保障能力的若干意见》	加大信贷支持力度,鼓励种养大户、农机大户、农机合作社购置大中型农机具。落实支持农机化发展的税费优惠政策,推动农机服务市场化和产业化	大中型农机补贴
2014	《关于全面深化农村改革加快推进农业现代化的若干意见》	加快推进大田作物生产全程机械化,继续推进农机报废更新补贴试点。积极发展农机作业、维修、租赁等社会化服务,支持发展农机合作社等服务组织	全程机械化、农机社会化服务
2016	《关于落实发展新理念加快农业现代化实现全面小康目标的若干意见》	加快研发高端农机装备及关键核心零部件,提升主要农作物生产全程机械化水平,推进林业装备现代化。支持多种类型的新型农业服务主体开展代耕代种、联耕联种、土地托管等专业化、规模化服务	高端农机装备、社会化服务

续表

年份	文件名称	涉及农业机械化的内容	关键词
2019	《关于坚持农业农村优先发展做好"三农"工作的若干意见》	推动生物种业、重型农机、智慧农业、绿色投入品等领域自主创新。支持薄弱环节适用农机研发，促进农机装备产业转型升级，加快推进农业机械化	农机装备产业转型升级
2020	《关于抓好"三农"领域重点工作、确保如期实现全面小康的意见》	调整完善农机购置补贴范围，赋予省级更大自主权、推动温室大棚、养殖圈舍、大型农机、土地经营权依法合规抵押融资	省级自主权、抵押融资
2022	《关于做好2022年全面推进乡村振兴重点工作的意见》	实施农机购置与应用补贴政策，优化补贴兑付方式，开展农机研发制造推广应用一体化试点	补贴方式优化、一体化试点
2024	《关于学习运用"千村示范、万村整治"工程经验有力有效推进乡村全面振兴的意见》	大力实施农机装备补短板行动，完善农机购置与应用补贴政策，开辟急需适用农机鉴定"绿色通道"	农机装备补短板、绿色通道

表1.7 主要年份主要农业机械数量和增长率（2004～2020年）

年份	小型拖拉机（万台）	年均增长率（%）	大中型拖拉机（万台）	年均增长率（%）	联合收割机（万台）	年均增长率（%）
2004	1455	—	112	—	41	—
2006	1568	3.8	172	23.9	57	17.9
2011	1811	2.9	441	20.7	111	14.3
2016	1672	-1.6	645	7.9	190	11.3
2020	1728	0.8	477	-7.3	213	2.9
平均	—	1.1	—	9.5	—	10.8

注：增长率均为区间内复合增长率。2017～2020年，小型拖拉机和农用大中型拖拉机增长趋势发生逆转，原因是统计口径的调整，而非真正意义上趋径的改变。

资料来源：2005～2021年《中国农业机械化年鉴》，中国农业科学技术出版社。

在这一阶段，由于国家对高端农业机械研发投入力度的持续扩大，高端农业机械制造能力逐渐跟上了农业现代化不断增加的市场需求，跻身全球一流水平。在这一时期，农业装备结构持续优化，农业机械作业水平持续提高，农业机械化技术推广面积持续扩大，农业机械社会化服务持续推进。农业机械总动力逐年上升，农业机械科研和制造水平显著提高。由表1.8可以看到，2004~2021年，机耕率、机播率、机收率均实现了大幅跨越，综合机械化率由2004年的34.3%一路上升到2021年的72.0%。这一系列数据表明，中国的农业机械化发展打破了传统经济学家的偏见，在土地细碎化和规模超小化的制约下中国依然能够成功实现农业机械化的快速发展。

表1.8 农作物机械化作业水平（2004~2021年）

单位：%

年份	机耕率	机播率	机收率	综合机械化率	年份	机耕率	机播率	机收率	综合机械化率
2004	48.9	28.8	20.4	34.3	2013	76.0	48.8	48.2	59.5
2005	50.2	30.3	22.6	35.9	2014	77.5	50.8	51.3	61.6
2006	55.4	32.0	25.6	39.3	2015	80.4	52.1	53.4	63.8
2007	58.9	34.4	28.6	42.5	2016	81.4	52.8	56.0	65.2
2008	62.9	37.7	31.2	45.9	2017	—	—	—	67.2
2009	66.0	41.0	34.7	49.1	2018	—	—	—	69.1
2010	69.6	43.0	38.4	52.3	2019	—	—	—	70.0
2011	72.3	44.9	41.4	54.8	2020	85.5	59.0	64.6	71.3
2012	74.1	47.4	44.4	57.2	2021	86.4	60.2	64.7	72.0

注：综合机械化率计算方法同表1.3。

资料来源：2001~2004年数据来自《国内外农业机械化统计资料（1949~2004）》，2004年以后数据见历年《中国农业机械化年鉴》。

从农业机械主体的类型和发展趋势来看，2004~2020年，农业机械户的数量呈现先增长后下降的趋势，2016年已经出现了负增长（见表1.9）。农业机械服务专业户的数量也经历了类似的发展轨迹。与此相对应的是，农业机械大户[①]的数量增长速度明显较快，且在2013~2020年农业机械户总量下降的情况下，依然实现了正增长。这种结构性的变化

---

① 参考历年《中国农业机械化年鉴》的划分标准，本书将拥有农业机械原值不低于20万元的农户定义为农业机械大户。

说明总体上我国的农业机械化告别了之前快速提升的阶段,过渡到平稳发展的时期,并且随着农地流转速度的加快和农户收入的增加,农户添加新设备、新机具的意愿增强,催生了一大批农业机械资产不低于20万元的农业机械大户,而淘汰了一批小规模农业机械户。与此同时,农业机械自给率提高,从而降低了农业机械服务市场的需求,自2014年开始,跨省的农业机械服务市场开始出现萎缩。

表1.9 主要年份中国各类农业机械户数量和增长率(2004~2020年)

年份	农业机械户（万个）	增长率（%）	农业机械大户（万个）	增长率（%）	农业机械服务专业户（万个）	增长率（%）
2004	3198	—	—	—	361	—
2007	3630	4.3	—	—	400	3.5
2010	4059	3.8	42.9	—	483	6.5
2013	4239	4.4	52.3	6.8	524	2.8
2016	4230	0.0	61.3	5.4	506	-1.3
2020	3995	-1.4	70.5	3.6	421	-4.5

注：增长率为区间内复合增长率。
资料来源：2004年数据来自《国内外农业机械化统计资料（1949~2004）》，2004年以后数据见《中国农业机械化年鉴》。

在这一时期,农业机械服务组织的数量上升(见表1.10),农业机械化呈现明显的服务化倾向,这与我国"小农经济"的基本国情相吻合,农业机械社会化服务模式成为小农户和现代农业有效衔接的重要载体。这一时期国家颁布的相关法律法规也为农业机械社会化服务的兴起提供了法律保障和指引,比如2007年7月1日开始实施的《农民专业合作社法》赋予了专业合作社独立的法人地位和自由经营权。

表1.10 主要年份中国各类农业机械服务组织数量和增长率(2008~2020年)

年份	农业机械服务组织（个）	增长率（%）	大型农业机械服务组织*（个）	增长率（%）	农业机械合作社数量（个）	增长率（%）
2008	165636	—	8704	—	8622	—
2010	171465	1.7	15843	34.9	21760	58.9
2013	168574	-0.6	29313	22.8	42244	24.7

续表

年份	农业机械服务组织(个)	增长率(%)	大型农业机械服务组织*(个)	增长率(%)	农业机械合作社数量(个)	增长率(%)
2016	187301	3.6	43229	13.8	63184	14.4
2020	194845	1.0	59233	8.2	75449	4.5

注：增长率为复合增长率。*根据《中国农业机械化年鉴》的划分标准，本书将拥有农业机械原值不低于50万元的定义为大型农业机械服务组织。

资料来源：《中国农业机械化年鉴》。

这一阶段的农业机械社会化服务发展呈现两个特征：一是组织化程度进一步提升，表现为农业机械合作社数量大幅增加；二是服务主体规模呈现大型化趋势。截至2020年底，中国的农业机械合作社约7.5万个（见表1.10）。2008~2020年，中国的农业机械合作社数量增长率远大于同期农业机械服务组织的增长率，农业机械合作经营比重增加，合作社对农业机械户实行统一管理，并参与制定行业规范，组织化程度提升。诸如宁夏等地正在探索通过农业综合服务合作社对小农户的土地进行整合，提供半托管、全托管的新型服务模式，成为小农户对接现代农业发展的可行之路。从规模来看，大型农业机械服务组织占比逐年增加，由2008年的5.3%上升至2020年的30.4%（见表1.10），说明在农业机械大型化的总体趋势下，农业机械服务组织也呈现大型化特征。

截至2020年底，中国农业机械总动力达到10.6亿千瓦，大中型拖拉机数477万台，小型拖拉机1728万台。2020年，我国综合机械化率已经突破70%，高端农业机械装备广泛应用于农业生产的各个方面，农业机械化的高质量发展迈上了新的台阶（赵春江等，2023）。

（五）中国农业机械化发展的区域差异

中国幅员辽阔，各地区自然地理条件和农业资源禀赋存在巨大差异，农业机械化水平在每个时期都呈现区域间的不平衡，演变趋势也不尽相同。总的来看，人均耕地面积大、土地相对平整、以种植粮食作物为主的东北部和新疆（包括新疆生产建设兵团）地区的农业机械化水平始终领先全国，而人均耕地面积小、以种植经济作物为主的东南部和中部多地以及丘陵、山地占比高的西南地区的农业机械化水平相对滞后。

1965 年，中国只有新疆的综合机械化率超过 20%，绝大部分地区不足 5%，到 1978 年，北京、上海、天津、黑龙江、新疆五地依托经济发展或自然禀赋优势，综合机械化率率先超过 30%，北方大多数地区也已超过 20%，南方的江苏、浙江、广东等发达省份的农业机械化水平也显著提高，但总体来看，依然处于较低水平，没有一个地区的综合机械化率达到 50% 的门槛。到 2000 年，各地区的农业机械化水平均实现显著提升，但南北差异进一步凸显，长江以北的各省份均突破了 20%，华北各地处在 40%~60%，其中黑龙江和新疆率先突破 60%，长江以南各地区的综合机械化率则均未超过 20%（上海除外）。到 2016 年，全国综合机械化率已经达到 65.2%，其中，东北三省均超过 80%，且基本实现粮食生产全程机械化。与此同时，其他地区尤其是南方多省的机械化水平都实现了大幅提升，综合机械化率低于 30% 的只有云南、福建和贵州三地，北方大部分地区已经超过 60%。

新中国成立以来，各地区的农业机械化水平均取得显著提升，同时区域间的不平衡也在缩小。1965 年，综合机械化率的空间基尼系数为 0.48，到 1978 年，这一数值下降到 0.30，2016 年进一步降至 0.19。但与此相对应的是，农业机械总动力的空间基尼系数并未显著降低，1978 年、2000 年和 2016 年分别为 0.41、0.48 和 0.45。造成这种现象的可能原因是大规模的农业机械跨区服务成为中国多地实现农业机械化水平提升的重要推动力，造成农业机械化水平的空间溢出效应，从而在全国农业机械分布不平衡性未显著下降的情况下缩小了地区间农业机械化水平的差异①。

可以看到，新中国成立以来农业机械化发展经历了从大中型化到小型化，又回归大中型化的发展路径，这样特殊的发展路径与同时期中国快速城镇化的大背景息息相关。中国特色的经济改革和城镇化发展之路也造就了中国特色的农业机械化发展模式，下文将回顾中国城镇化和人口流动的历史，以期在更大的经济发展背景下找寻极具中国特色的农业机械化路径背后的原因。

---

① 由于综合机械化率的上限是 100%，而农业机械总动力没有上限，所以前者空间基尼系数下降而后者未下降并不能够证明农业机械化水平空间溢出效应的存在，这里也只是做了可能性的推测。更为完整的证明可以参见方师乐等（2017）、伍骏骞等（2017）和张露、罗必良（2018）的著述。

二 中国城镇化和人口流动的历史

(一) 行政管制阶段: 1949~1982 年

新中国成立初期,绝大多数人口居住在农村,1957 年之前中国的人口城镇化率不足 15%。在计划经济体制下,户籍制度限制了城乡之间的人口流动和劳动力迁移。1958 年国务院颁发的《中华人民共和国户口登记条例》标志着户籍制度的正式确立,条例强调了城乡户口的差别和人口流动监管办法。当时,未经公安部门许可的人口流动是被禁止的。中央制定户籍政策一方面是为了加强人口监管、稳定社会秩序;另一方面是为了发展重工业。

在这一阶段,农民的自由流动受到限制。在这一背景下,虽然中国的工业化水平发展迅速,却没有带动城镇化水平的提升(郭克莎,2001)。如图 1.2 所示,20 世纪 60 年代末到 80 年代初中国的工业化率呈上升态势,由 1968 年的 57.6% 上升至 1980 年的 70.1%,但城镇化率一直在 20% 左右徘徊。

中国农业经济的快速增长开始于 1978 年至 20 世纪 80 年代初期的一系列农业农村改革①,这些举措极大地刺激了农民的生产积极性,优化了农业产业结构和空间布局(Lin,1992)。但是,剩余劳动力的存在和巨大的城乡收入差距并没有带来大规模的城乡人口流动(蔡昉,2003)。20 世纪 80 年代初期,出于社会稳定和城市承载力的考虑,政府并没有完全放开以户籍制度为代表的各种约束人口流动的制度性障碍。1981 年颁发的《国务院关于严格控制农村劳动力进城做工和农业人口转为非农业人口的通知》明确规定:严格控制从农村招工并认真清理企业、事业单位使用的农村劳动力。严格限制人口流动的政策造成了城乡之间巨大的收入不平等,据 Zhao(1999)测算,在考虑福利等隐性收入后,1978 年城乡居民收入之比为 3.09,1984 年下降至 2.26,之后又一路攀升至 1993 年的 3.27。中国的城镇化率在 1982 年仅为 21%,大大低于历史上

---

① 改革主要包括三个方面:一是家庭联产承包责任制改革,二是农产品收购价格改革,三是农业部门市场化改革。

处于相同收入水平的发达国家的城镇化率，也低于工业化水平相当的发展中国家（简新华、黄锟，2010；郭克莎，2002）。

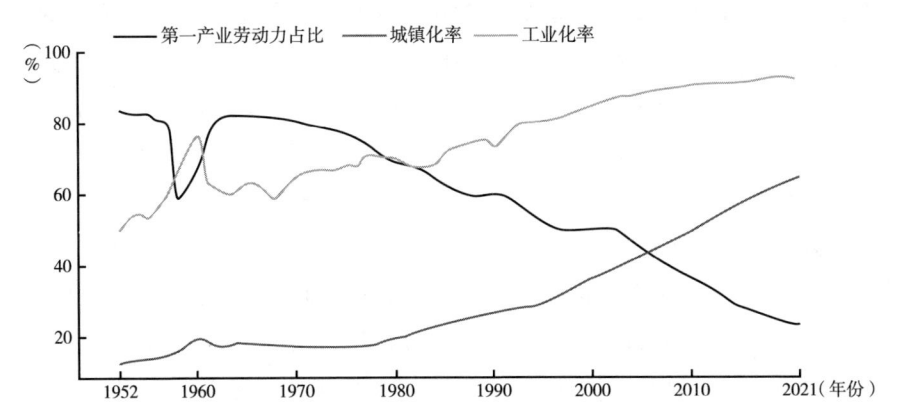

图 1.2　中国第一产业劳动力占比、城镇化率和工业化率（1952~2021 年）

注：城镇化率的计算公式为城镇人口/总人口，工业化率的计算公式为第二产业增加值占比+第三产业增加值占比。

资料来源：1952~2008 年数据来自《新中国六十年统计资料汇编》，2009~2020 年数据来自历年《中国统计年鉴》。

（二）逐步放开阶段：1983~2002 年

虽然家庭联产承包责任制的实施未能促使放开人口流动限制措施的立刻实施，但是它对农业、农村、农民的影响是深刻的，在促进人口流动方面体现在以下两点。第一，农业生产效率的提高和农业产出的增加。1952~1978 年人民公社时期，农业总产值年均增幅仅为 2.9%，而 1978~1984 年为 7.7%。这缓解了当时农产品匮乏的状况，由于农业生产得到了保障，国家放松了农民从事非农劳动的监管，日益丰富的农产品供给最终让国家取消了城市的商品配给制度，为农民进城提供了可行性。第二，单个农户取代公社成为农业生产的决策者，让农民获得了更多的流动自由，农民从此可以自由分配劳动时间。

与此同时，政府也开始意识到限制人口流动的政策容易使一些社会问题凸显，农业劳动效率的提升使农村出现了很多闲散人口。迫于巨大的人口流动压力，从 1983 年起，政府允许农民跨区域销售农产品，农民获得自由流动的权利。1984 年，政府开始鼓励发展乡镇企业，一方面能够利用闲散的农村剩余劳动力发展农村工业化；另一方面这种"离土不离乡"的工业化发展模式也确保了城市部门不会受到太大的冲击。乡镇企业的发展提高了农村就业率，缩小了城乡收入差距（于立、姜春海，2003），一度成为中国经济增长的强劲动力（田国强，2001；郑有贵，2022）。但是乡镇企业规模小、分布广，缺乏城市工业的规模效应和集聚效应（钟宁桦，2011），并且大多数乡镇企业内部运行效率低，存在员工超负荷的情况（Yao，1999），无法适应市场经济下的激烈竞争，同时农村兼业化现象普遍（黄宗智，2000；刘守英、王一鸽，2018）。

1988年，政府进一步放开了人口流动的限制，允许农民在保证粮食自给率的前提下到城市打工，并鼓励他们在城市创业。在政策逐步放开的背景下，非农部门较高的工资率吸引了大批农业劳动力（Zhang and Song，2003；Zhang et al.，2017）。一些东部外向型经济的城市发展急需农村的劳动力供给，在这一背景下，国家出台了一系列措施鼓励农民进城，一些城市为那些在当地投资、买房或者缴纳社保至一定年限的进城务工人员发放介于正式户口和暂住证之间的"蓝印户口"。虽然在改革过程中遇到了一定的阻力，但是为了发展市场经济，国家决定改革户籍制度。从1992年开始，大量农村劳动力涌入城市非农行业，第一产业就业人员占比迅速下降，而伴随中国工业化进程由劳动力排斥的重工业向吸纳劳动力更强的轻工业以及服务业的转型，城镇化水平也实现了同步上升。

城镇化的改革不是一帆风顺的。虽然农民被赋予了在城市工作的权利，但在城市劳动力市场面临歧视。城乡分割的二元劳动力市场此时演化为进城务工人员和城市本地居民就业的不平等。20世纪90年代末，一些大城市如北京、上海、武汉颁布了劳动力保护条例，明确规定了上百种只对本地居民开放的行业。进城务工人员不仅在劳动力市场受到歧视，在医疗、教育等其他方面也面临差异化待遇。

21世纪初的户籍改革是从小城镇开始试点的，并逐步在大中型城市和特大型城市实施。2001年，公安部开始小城镇户籍制度改革，只要居住在全国逾两万个小城镇中的进城务工人员拥有稳定的收入来源和居住场所，就可得到当地户口，这一举措被认为是自1958年户口诞生以来改革力度最大的一次。对中等城市的户籍改革可以概括为"取消配额，有条件进入"，准入门槛也大幅度降低。诸如北京、上海等一线城市的户籍改革相应提高了门槛，但为相关领域的专业人才、留学归国人员开辟了绿色通道。

（三）加速推进阶段：2003年至今

新一轮的经济增长和出口扩张创造了一大批廉价劳动力岗位，2003开始，部分城市甚至出现了"民工荒"。经济发展和市场化改革的不断深入也将户籍制度的彻底变革提上了议程。理论界的研究表明，降低农村地区贫困发生率主要在于创造非农就业机会，而非提高农业收入（陈飞、卢建词，2014）。政府开始通过城镇化提升经济发展水平、增加农民工资性收入。2003年的全国农业工作会议上，时任农业部部长杜青林把推进农村剩余劳动力转移放到了促进国民经济发展的战略高度。2003年，从事非农产业的农村劳动力达到1.58亿人，占全国劳动力总数的33%，其中农村剩余流动人口达8961万人，占农村总人口的18.6%，农村劳动力的转移人口达1.3亿人。自此，农业劳动力非农化进程加速。2003~2021年，第一产业劳动力占比出现了大幅下降，年均降低约1.5个百分点。

2010年第六次全国人口普查数据显示，中国流动人口规模已达到2.21亿人，流动人口占总人口的比重由1980年的不到1%飙升至2010年的16.5%。同年中央经济工作会议指出，要积极稳妥推进城镇化，合理确定大中小城市和小城镇的功能定位、产业布局、开发边界，形成基本公共服务和基础设施一体化、网络化发展的城镇化新格局。第七次全国人口普查数据显示，2020年人口城镇化率达到63.9%，以深圳、广州为核心的珠三角地区和以杭州、宁波为代表的新型互联网城市成为人口净流入的主要目的地①，而北京和上海的常住人口数量增速放缓。从省份层面来看，随着出生率的下降和人口流出的双重压力，2021年全国已有15个省份出现了常住人口减少，且多数为中部地区和东北地区。

---

① 2021年全国35个重点城市的人口净流入排名为：深圳、上海、广州、北京、东莞、成都、苏州、佛山、杭州、郑州、武汉、宁波、西安、天津、长沙、昆明、中山、厦门、无锡、金华、南京、惠州、青岛、嘉兴、合肥、贵阳、大连、常州、沈阳、温州、福州、济南、泉州、珠海、南昌。可以看出，80%集中在东部沿海地区，只有少部分位于中西部地区。

表 1.11 2005 年和 2010 年八大经济板块吸收的流动人口占总流动人口的比重

地区	2005 年	2010 年
东北地区	6.95	6.20
北部沿海地区	11.97	13.22
大西北地区	3.14	4.13
黄河中游地区	7.98	11.14
大西南地区	10.98	13.53
长江中游地区	9.71	11.01
东部沿海地区	20.58	19.86
南部沿海地区	28.97	20.91
总计	100	100

资料来源：根据第六次全国人口普查结果和 2005 年全国 1%人口抽样调查数据计算。

这一时期的人口流动呈现新的特点。从人口的流向来看，目的地集中在东部沿海地区和南部沿海地区的总趋势一直未变，但集中度有所下降。2005 年，这两个地区吸纳了近 50%的流动人口，而 2010 年则降为 41%（见表 1.11）。随着国家中部崛起、东北振兴战略的实施和鼓励小城镇落户政策的出台，一批制造业部门由东部沿海向内陆转移，这些地区吸收了越来越多的流动人口。从进城务工人员的代际差异来看，相比于老一代，"80 后""90 后"等新生代进城务工人员更具留城意愿（钱文荣、李宝值，2013；方师乐、倪汤顺，2024）。他们中相当一部分从未从事过农业劳动，随着城镇化进程中城市包容度的提升，新生代进城务工人员"大雁式"流动的现象逐渐减少。

2014 年，国务院颁布《关于进一步推进户籍制度改革的意见》，指出要全面放开建制镇和小城市落户限制，有序放开中等城市落户限制，合理确定大城市落户条件，严格控制特大城市人口规模；建立城乡统一的户口登记制度，取消农业户口与非农业户口性质区分和由此衍生的蓝印户口等户口类型，统一登记为居民户口，体现户籍制度的人口登记管理功能；建立与统一城乡户口登记制度相适应的教育、卫生计生、就业、社保、住房、土地及人口统计制度。2015 年，国务院在《关于 2015 年深化经济体制改革重点工作意见》中进一步将户籍制度改革作为推动人口城镇化的核心内容。

新时期的人口流动不仅体现在城乡之间，更体现为不同城市劳动力的双向流动，体现为大城市对中小城市人口的"虹吸效应"。2021年底，中国人户分离的人口已经达到5.04亿，其中流动人口3.85亿①，这意味着全国近30%的人口处于流动状态，堪称世界上最大的人口流动浪潮。截至2021年，全国范围内基本取消了农业户口和非农户口的区分，在中国存在了半个多世纪之久的城乡二元户籍制度即将退出历史舞台。

三 中国农业机械跨区服务发展的历史

早在500多年前，中国就出现了横跨数百公里提供专业割麦服务的"麦客"。而在现代，城镇化的快速发展导致农村劳动力大量流失，在某些地区开始出现驾驶大中型农业机械提供粮食收割服务的"现代麦客"。20世纪90年代中期以后，农业机械服务的社会化、市场化进程加快，1995年以来出现的全国范围内的小麦机收服务就是典型例子。值得一提的是，这种跨区作业是农业机械户在现实农业生产中摸索出的一种极具中国特色的商业模式，它的出现、推广与壮大推动了中国的小农户在耕地细碎化的条件下顺利实现机械化生产。

（一）初级发展阶段：1996年之前

1996年以前的农业机械跨区服务属于初级发展阶段。这一阶段参与的农业机械数目少、规模小，一般仅限于省内服务，且组织化程度低，属于农业机械户为了提高农业机械利用率自发进行的小规模跨区服务。

最初的跨区机收小麦服务是由北方农业机械手发起的。他们观察到南北地区小麦机收时间上的差异和农忙时节农户之间争相使用农业机械的现象，认为跨区机收具有巨大的市场潜力。据《人民日报》报道，1986年，山西省太谷县五家堡村农民温廷玉驾驶自己购买的大型东风牌联合收割机，和同村另外5位农民一起，先到运城地区帮助当地农民机收小麦，然后返回老家收麦，利用麦熟时间差，率先搞起了"南征北战"，获得了可观的经济收入（李斯华，2004）。从20世纪90年代初开

---

① 《中华人民共和国2021年国民经济和社会发展统计公报》。

始,陕西省农业农村厅开始推广跨区机收小麦服务这一农民自发探索出的商业模式,虽然有了政府的引导,但操作过程中组织化程度依然较低,规模较小。这一阶段的农业机械跨区服务正处于萌芽阶段,参与省份仅限于山西、陕西、河北、河南等北方小麦大省,参与方式一般为机收服务,参与联合收割机数量大约为8000台,且跨省的案例极少。

(二) 井喷式发展阶段:1996~1999年

在经历了从无到有的摸索之后,农业机械手逐渐意识到跨区机收所蕴藏的巨大商机,随后的1996~1999年,农业机械跨区服务迎来了井喷式的增长。随着政府对农业机械跨区服务的支持和管理,市场运作逐渐正规化,这激发了越来越多的农业机械户参与到跨区服务的队伍中。小麦的农业机械服务开始出现跨省的规模,并覆盖至全国,农忙时节出现了农业机械服务供不应求的现象,农业机械户通过参与跨区服务获得了丰厚的经济效益。

自1996年起,在其他有关单位的支持和配合下,农业部在全国范围内开展了小麦的跨区机收推广活动。1996年,农业部首次在河南省组织召开了"三夏"跨区机收小麦现场会,自此开启了规模化联合跨区机收小麦的序幕,推动了跨区机收这种新型农业机械服务模式的开展。当年,北方11个省份约2.3万台联合收割机参与跨区机收小麦,完成机收小麦面积167.5万公顷。

1997年,农业部与公安部、交通部、机械部、国家计委、中国石油化工总公司6部门共同成立了全国跨区机收小麦工作领导小组,并下发了《关于做好今年联合收割机跨区收获小麦工作的通知》。通知规定各地农业机械、公安、交通等部门要紧密配合、加强管理,认真落实好跨区机收小麦的工作,扩大机收面积,维护好机收作业的秩序。当年,开展跨区机收工作的省份扩大至19个,参与的联合收割机数量达到4.7万台,其中出省作业联合收割机1.4万台,完成跨区机收小麦面积377.4万公顷,全国小麦机收率达到55%,首次超过人工收割的比例。

1998年,河南、河北召开了小麦跨区机收协调会,召集供需双方签订作业合同。农业部下专设全国跨区机收小麦工作领导组,其下发的《关于做好1998年收割机跨区收获小麦工作的通知》要求,引进联合收割机的地区需要由农户、乡镇、县、地区级级上报登记，而参与跨区作业的联合收割机需以县为单位组建机收服务队，确定专人负责、统一标识。通过签订订单合同的方式，减少了因信息不对称造成的市场混乱。当年，跨区机收的范围进一步扩大到所有小麦主产区（约23个省份），投入"会战"的联合收割机达到6.8万台，出省的数量超2万台，完成跨区机收小麦面积555.1万公顷。

1999年，农业部首次发布全国小麦跨区机收作业市场信息，进一步加强信息流通，引导联合收割机的有序流动。当年参与跨区作业的联合收割机数量为8.9万台，约占全国联合收割机保有量的40%，完成跨区机收小麦面积640.8万公顷。与此同时，北方的玉米产区和南方的水稻产区也开始出现跨区机收玉米、水稻的市场。1996~1999年，参加跨区机收的联合收割机由2.3万台增加到8.9万台，实现了井喷式发展，一时间成群的农业机械收割队穿梭于祖国大江南北，构成了"农业现代化的一道独特风景线"。这一时期跨区机收主要由各级农业机械部门组织实施，主要组织形式是县、乡农业机械部门直接组队外出作业。

这一时期，虽然农业机械跨区作业面积出现了大幅增加，但是作业过程中出现了很多乱象。例如地方保护主义，部分地区的加油站不给外地的联合收割机加油，或者恶意抬高柴油价格，造成不公平竞争。由于这一时期的市场组织化程度依然较低，信息存在严重的滞后性，当时一份针对陕西280位参与跨区机收的农业机械手的调查显示，超过40%的机手反映不能及时获取市场信息，多数是凭借经验和老关系，而在具体执行过程中常常因为沟通不畅造成"撞车"现象。而某些地区在小麦成熟时，由于没有事先和跨区的农业机械队协调好，只好在高速公路上"拦机"。可以看出，虽然政府采取了一系列措施加强信息流动，但具体操作环节依然存在因信息脱节而造成的市场效率低下现象。

（三）全面推进阶段：2000~2013年

21世纪以来，农业机械跨区服务迎来了全面推进阶段，标志着我国农业机械化进程进入了一个新的发展时期。在经历了快速增长的4年后，农业机械跨区服务的市场运作逐渐规范化，这不仅体现在市场规模的扩大，更体现在服务内容的丰富和服务质量的提升。在这一阶段，农业机械跨区作业对象由小麦延伸至水稻、大豆等多种农作物,实现了服务范围的广泛覆盖。与此同时,农业机械服务组织也开始建立并逐渐完善。这些服务组织以提供高效、专业的农业机械服务为目标,通过整合资源、优化配置,提高了农业机械的使用效率,它们的出现为农业机械跨区服务的全面推进提供了有力的组织保障。同时,各类型服务中介组织开始出现,在农业机械服务市场中发挥着桥梁纽带作用,连接着农业机械服务供需双方,提供信息咨询、交易撮合等服务,降低交易成本并提高市场效率。此外,市场运行也逐步完善,市场规则更加明确,市场秩序更加有序,法制化进程加快。

2000年农业部颁发的《联合收割机跨区作业管理暂行办法》对农业机械跨区作业的组织管理、服务质量和信息服务做出了具体的规定,这标志着中国的农业机械跨区服务进入了综合管理和全面发展的阶段。政府由过去的组织者、推动者和协调者转变为监管者和信息发布者,而跨区服务的主体也由单一的农业机械大户转变为组织化程度更高的农业机械合作社和农业机械服务公司。在经过3年的试点后,2003年由农业部第17次常务会议审核通过的《联合收割机跨区作业管理办法》明确指出,鼓励和扶持农业机械推广站、乡镇农业机械站、农业机械作业服务公司、农业机械合作社、农业机械大户等组建跨区作业中介服务组织,开展跨区作业中介服务活动。从事跨区作业的联合收割机,应由机主向当地县级以上农业机械管理部门申领联合收割机跨区收获作业证。规定各级农业机械部门应当加强信息收集工作,做到供需匹配,使市场有效运行。2004年《中华人民共和国收费公路管理条例》规定,对于运输跨区从事农业机械服务的联合收割机的车辆,免收车辆通行费。

由于组织化程度提升,市场运行也逐渐规范,由政府牵头、农业机械户积极参与建立的农业机械合作社在跨区作业中负责组织培训、签订合同、协调纠纷,并且为在外的农业机械队提供各种后勤服务,保证作业过程中的正常进行,避免了小农业机械户直接进入市场而造成的各种混乱现象。但是由于监管不到位,一些缺少培训、尚没有获得作业证的本地"散机"屡禁不止,严重扰乱了市场秩序,甚至通过打压价格等恶意市场竞争行为让外地具有资质的农业机械队损失惨重。另外,地方保护主义依然存在,虽然国家规定免收跨区农业机械的车辆通行费,但杨进（2015）在对江苏沛县农业机械户的调研中发现，某些地区的交通管理部门无视国家政策强行征收，否则不让通行。并且随着参与的农业机械队伍的增加，跨区服务市场出现了供大于求的趋势，"撞车"现象也日益增加。在调研中，不少农业机械户反映赚钱比之前难了。

随着农业结构的调整，小麦的播种面积不断下降，部分地区的小麦机收市场已经接近饱和，参加小麦机收的收割机数量增长率开始回落，2001年同比增长了18.7%，而2002年只增长了2.8%。与此同时，水稻、玉米、马铃薯等其他物种成为跨区机收新的增长点。2000年，农业部在江苏省召开了跨区机收水稻现场会，推动了跨区机收水稻工作的展开。2005年小麦的跨区机收面积出现了小幅回落，但水稻和玉米的跨区机收面积迅速增加，增加幅度分别为19.7%和119.8%。2005~2020年主要年份粮食跨区机收面积与增长率见表1.12。

表1.12 主要年份粮食跨区机收面积与增长率（2005~2020年）

年份	跨区机收小麦		跨区机收水稻		跨区机收玉米	
	面积（千公顷）	增长率（%）	面积（千公顷）	增长率（%）	面积（千公顷）	增长率（%）
2005	11502	—	3646	—	188	—
2008	12340	2.4	4873	10.2	681	53.6
2010	13556	4.8	6180	12.6	1374	42.4
2013	14426	2.1	7697	7.6	3251	33.3
2015	7977	-25.6	4545	-23.2	3100	-2.3
2018	6204	-8.0	4311	-1.7	2582	-5.9
2020	5802	-3.3	4470	1.8	2479	-2.0

注：增长率为区间复合增长率。
资料来源：历年《中国农业机械化年鉴》。

为了整治农业机械跨区作业过程中出现的"散机"等市场乱象，2008年，农业部在《关于切实做好"三夏"小麦跨区机收工作的通知》中指出，优先为农业机械服务组织和作业队发放跨区作业证，对无作业证非法从事跨区作业的农业机械队加强监管并严厉惩治，大力组织推广订单作业、承包服务和"场县共建"等服务方式。当年，参加"三夏"抢收的联合收割机达到42万台，其中跨区服务的有27万台，跨区机收已经成为最主要的粮食收割方式①。

2010年,为了提升其他粮食作物的跨区机收水平,农业部专门下发了《关于加快推进玉米生产机械化的通知》,要求有关部门积极培育玉米机收市场,充分利用"农业机械跨区作业直通车"等信息平台,切实有效地引导农民开展玉米跨区机收的工作,并加大了对玉米收获机械补贴的力度。2011年,农业部又出台了《关于加快推进水稻生产机械化的意见》,鼓励发展水稻生产中的跨区作业、订单作业和承包作业,引导水稻机械有序流动,实现专业化分工和区域间的优势互补。同时,中央加大对农业机械工业的扶持力度,推动山东巨力、江淮动力等农业机械企业上市,中联重科也将农业机械作为重点研发和生产对象。

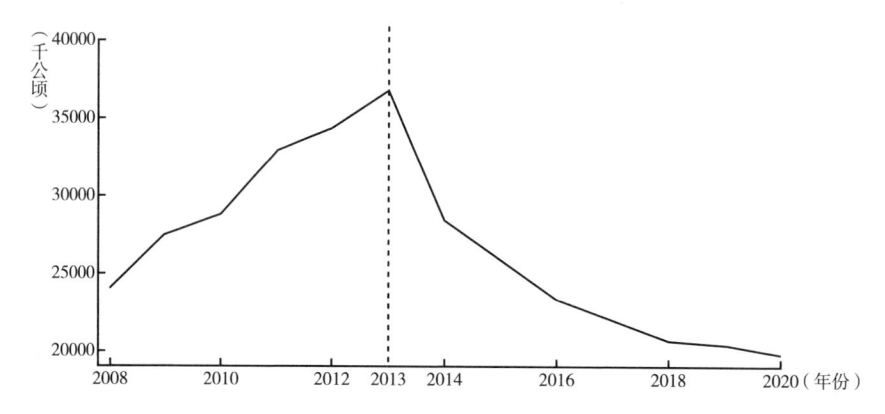

图 1.3　2008~2020 年中国农业机械跨区服务面积

资料来源:历年《中国农业机械工业年鉴》。

这一时期,农业机械跨区服务面积一直呈现稳步上升态势,由2008年的24091千公顷增长至2013年的36719千公顷,年均增长率为8.4%(见图1.3)。虽然这一时期跨区机收面积依然占到总跨区面积的一半以上,但增长速度放缓,不少年份出现了回调,年均增长率仅为7.4%。相比之下,机耕和机播成为农业机械跨区服务的主要增长点。如图1.4所示,2013年,跨区机播面积为3085千公顷,是2008年的1.79倍,2008~2013年年均增长率达到12.3%,而跨区机耕面积为6767千公顷,

---

① 农业农村部网站,http://www.moa.gov.cn/ztzl/zzcckzjz/yjcsyygjs/200805/t20080516_1040843.htm。

2008~2013年年均增长率为10.8%。从农作物的角度看,随着江苏、安徽等水稻种植大省跨区作业的流行,跨区机收水稻成为跨区机收水平提升最重要的来源,2008~2013年作业面积增加了2874千公顷,而跨区机收小麦和玉米分别增加了2086千公顷和2570千公顷,水稻、小麦、玉米的跨区机收面积年均增长率分别为9.6%、3.2%和13.7%。

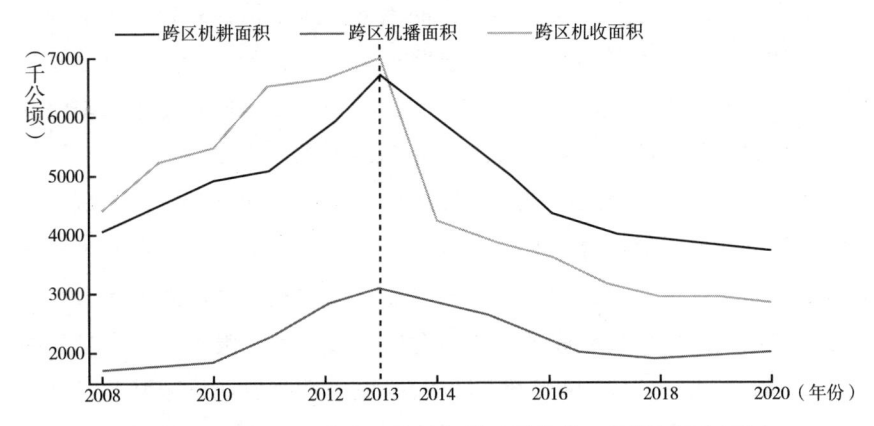

图1.4 2008~2020年中国农业机械跨区机耕、机播和机收面积

资料来源:历年《中国农业机械工业年鉴》。

2000~2013年,中国的农业机械服务市场由起初的混乱走向成熟,组织化程度进一步提升,农业机械合作社、农业机械公司成为农业机械跨区服务的主力军。跨区机收大幅减少了粮食在收割环节的损失,依据安徽、湖北等省农业机械部门的对比试验,联合收割机收获损失率在3%左右,比手工收获低8个百分点,2013年完成跨区机收面积3586万公顷(其中小麦2601万公顷,水稻677万公顷),按2013年全国每公顷土地产出小麦4873千克、稻谷7687千克[①]计算,跨区机收在2013年为种粮农户减少损失总计为:小麦101亿千克,稻谷42亿千克。按照2013年国家发改委公布的小麦最低收购价2.24元/千克、稻谷2.78元/千克计算,跨区机收为麦农和稻农至少挽回了343亿的农业收入。更为重要的是,农业机械跨区服务释放了大量的种粮劳动力,促进了农户的非农转移,增加了他们的工资性收入。

---

① 《中国农业年鉴(2013)》。

（四）回落阶段：2014年至今

2014年，中国农业机械跨区服务面积出现了骤减，比2013年减少了约700万公顷，下降幅度达19%，机收面积下降了32%，其中机收小麦、机收水稻、机收玉米面积同比分别下降41.9%、36.5%、2.4%。自此，中国农业机械跨区服务规模逐年上升的趋势彻底扭转，开始步入下降通道，2020年农业机械跨区服务面积已降至19900千公顷，仅为2013年顶峰时期的54%。跨区机耕、机播和机收面积均呈现不同幅度的下降，其中以跨区机收规模萎缩程度最甚，仅为2013年的一半左右。

关于为何中国的农业机械跨区服务规模自2014年开始出现骤减，学术界从不同角度予以解释。有学者认为，在农户收入提升和农业机械购置补贴力度增加的双重诱因下，当地农业机械购置数量不断增多，小农户偏好购买当地农业机械服务，从而造成了农机跨区服务市场容量的缩减（Zhang et al., 2017；陈义媛，2019）。农户选择农业机械服务时之所以具有"本地化"偏好，是因为农村内部广泛存在的社会关系网络使得当地服务比跨区服务的交易成本更少，从而更加能确保在农业机械需求集中且迫切的农忙时节顺利完成相应的农业生产工序（周娟，2017a）。从供给端来说，本地化农业机械服务提供者能够利用空间距离优势和熟人社会关系来降低交通成本和信息搜寻成本，并降低交易的不确定性（Thomas et al., 2021；李宁等，2021）。

另有研究发现，农业机械服务不仅呈现本地化服务对跨区服务的大规模替代，而且本地农业机械服务价格明显高于跨区服务价格，形成"价格悖论"。例如，李佩、罗必良（2022）调研发现，2017年河南小麦种植户选择本地农业机械服务的价格要比跨区农业机械服务的价格高出3元/亩。而且他们的实证研究结果表明，规模化程度越高、作物种类越单一化的农户，越会在熟人社会关系的作用下选择更为及时可靠的本地化农业机械服务。魏素豪和唐忠（2022）认为，由农业生产特点决定的农业投入与产出对应的模糊性带来了作业质量不确定风险，同时抢农时效应带来了作业时间不确定风险，这些风险增加了外包成本，降低了外包收益，促使农户的农业机械技术采纳行为由服务外包转向购机自营，而农业机械购置补贴政策放大了这一影响。在另一篇文献中，魏素豪和卢洋啸（2023）基于对华北平原农业机械服务专业户的案例研究表明，农业机械服务市场竞争与交易成本的外部困境，导致农业机械服务主体的服务半径收缩、服务面积与收益同步下降，出现农业机械和劳动时间的同时闲置，在外部困境与内部矛盾的双重约束下，农业机械服务主体的角色从服务供给主体转变为租地自营兼具对外服务的农地规模经营主体，实现土地规模化与服务规模化的交融发展。

上述一系列研究阐释了从2014年开始中国农业机械跨区服务逐年萎缩的典型事实，并尝试从生产经济学、制度经济学等视角予以解释。但总体来说，已有文献缺乏经济学理论基础，仅从交易成本这一概念出发不能深刻揭示这一现象的成因。本书第三章将从资源禀赋改变、城市化进程加速和农业机械化政策调整等一系列视角，依托俱乐部理论的模型解释出现这一发展路径的缘由。

四 中国农地产权制度演变历史

（一）中国农地产权制度的演变

20世纪以来，中国至少发生了4次标志性的大规模农地产权变更（陈志刚、曲福田，2003），本节将对其进行归纳总结，其时间及标志性的产权制度转变如表1.13所示。本节详细论述每一次变更的背景及其背后的逻辑，试图从每次农地改革的历史背景入手，综合分析每一次变更的机制，以期对中国的农地产权制度有更宏观的了解。

表1.13 20世纪以来中国历史上的主要农地改革

时间	名称	特征
20世纪50年代早期	第一次农地改革	地主所有制（地主所有、佃农耕种）变为自耕农所有制（农民家庭所有、家庭耕种）
20世纪50年代中期	第二次农地改革	自耕农所有制变为集体所有集体使用制（集体所有、集体耕种）
20世纪80年代早期	第三次农地改革	集体所有集体使用制变为集体所有个人使用制（集体所有、集体成员自己耕种）
21世纪以来	第四次农地改革	农地所有权和承包经营权变为农地所有权、承包权和经营权（"三权"分置）

新中国成立前,我国的土地制度为私有制,大部分土地集中在少数富有的地主手中,贫农只能向其租赁土地耕种。土地分配不均在很大程度上抑制了农民的生产积极性,降低了粮食的生产。为了改善这种局面,新中国成立初期进行了农地改革。此次改革彻底废除了土地的地主所有制,实现了孙中山先生早期提出的"耕者有其田"的美好愿景。农地改革前,地主占据了大量的土地,统计资料显示,约5%的地主占据了约40%的土地,约5%的富农占了约14%的土地,约33%的中农占据了约31%的土地,剩下不到15%的土地由占人口比例最大(约52%)的贫雇农分享。农地改革极大地改善了少数富裕阶级占据大量资源的情况,贫雇农所拥有的土地比例大大上升,增加32.82个百分点,而地主土地减少36.06个百分点(见表1.14)。

表1.14 第一次农地改革前后土地变化情况(1950~1954年)

	改革前(%)		改革后(%)		占用耕地变化
	人口占比	耕地占比	人口占比	耕地占比	(个百分点)
贫雇农	52.37	14.28	52.2	47.1	32.82
中农	33.13	30.94	39.9	44.3	13.36
富农	4.66	13.66	5.3	6.4	-7.26
地主	4.75	38.26	2.6	2.2	-36.06
其他	5.09	2.86	0	0	-2.86

资料来源:《中国农村统计年鉴(1989)》。

此次改革极大地激发了农户的生产积极性,相较于1949年,1952年农业总产值显著增长48.3%。1949~1952年,棉花产量增长193.4%,粮食产量提高了44.8%,油料产量显著增长了168.1%,农民收入也显著提高(陶艳梅,2011)。虽然此次改革在短期内极大地提高了农业生产力,但也带来了一些问题,如将农地所有权赋予农民,造成了新一轮的两极分化,部分条件较差的农民不得不变卖土地以获得收入,另一部分农民则通过大量收购土地并出租成为新阶段的地主(陶艳梅,2011)。这一问题促使政府审视农地产权制度的利弊,并于20世纪50年代中期开始推广农业合作化,以期彻底消除两极分化带来的一系列弊端。

作为当时中国发展计划经济中重要的一环,农业合作化运动是指农民以土地等生产资料入股,统一经营,实行分红和按劳分配相结合的收入分配模式。农业合作化运动彻底废除了前期土地改革的农地私有制,转变成以公有制为主体的农地集体所有集体使用制。1949~1953年,以互助组为主,同时尝试办初级农业合作社;1954~1955年,以初级社为主;1956~1958年,初级社演化成高级农业合作社;1959~1978年,高级社进一步发展成人民公社。

在初级社阶段,农户的农业生产积极性稍有下降,但该集体经营的农业生产方式在一定程度上减少了生产成本,规避了个体经营中存在的成本较大的弊端,从某种程度上来说取得了一定的制度绩效。据稻谷主产区的12个省份统计,初级合作社实行后稻谷亩产量提高了10%;据小麦主产区的9个省份统计,该政策使小麦亩产量提高了7%;据大豆主产区的8个省份统计,大豆亩产量提高了19%;据棉花主产区的9个省份统计,棉花亩产量提高了26%(孙健,2000)。

随着计划经济的进一步推进,初级社进一步扩大规模成为高级社,直到后期的人民公社,该制度的弊端逐渐显现。农业产量虽然依旧连年增加,但增幅急剧下降,1950~1952年,粮食产量年均增长率为13.1%,到1955年年均增长率降为8.5%,1957年降为1.2%(李德彬,1987)。农业总产值初期连年攀升,1956年甚至达到了610亿元,但1957年急剧下降到537亿元(孙健,2000)。

从20世纪50年代后期到70年代末期,中国实行的是计划经济体制。在农业方面,政府制定农产品价格,农户的工资则固定在生存工资的标准上。当时以计划经济为主导的发展模式进一步要求农业实行互助合作运动,通过压低生产成本来提高农业剩余,进而进行再生产,通过"农业哺育工业"促进经济的进一步发展。

纵观计划经济这段时期,农民的种粮积极性被严重挫伤。"文革"期间,国家对粮食生产和流通实行严格控制,粮食的价格出现了严重的扭曲,农民的种粮积极性降低。为了解决计划经济遗留的一系列问题,提高农民的种粮积极性,20世纪70年代末全国兴起了一场自下而上的农地产权制度改革。该轮改革的标志性政策为"家庭联产承包责任制"的出台,该政策宣布农地产权由上一阶段的"集体所有、集体经营"变为现阶段的"集体所有、个体经营",农地的所有权和承包经营权相分离，农户拥有对土地 15 年的承包权。

与新中国成立初期的农地改革相比，此次农地改革各方面的条件更完善，因而在该阶段并未出现严重的两极分化，这可能是由于以下几个方面原因：其一，该阶段农户的综合文化素质普遍高于新中国成立初期；其二，农业生产技术水平有了大规模提升，农田和基本建设工程改善了新中国成立初期不同农户的田地交杂的情形；其三，农地集体所有制的制约。此外，市场经济的宏观背景也进一步保证了该制度的良好运行。农户彻底脱离了计划经济时期的固定工资，可以通过增加农作物产量来提高自己的收入水平，种粮积极性大幅提升。1978～1984 年，农业产出显著提高了 42.23%，其中，家庭联产承包责任制的实行促使了 48.69% 的农业产出增长（Lin，1992）。随后，1998 年出台的《中华人民共和国土地管理法》将农户对土地的承包期限延长到 30 年，进一步稳固了农户对农地的承包经营权。

21 世纪以来，中国农业发展有了新要求，从传统农业向现代化农业转变。制约我国发展现代化农业的一个主要因素为农地细碎化，过度分散的土地阻碍了农业生产效率的进一步提高（Nguyen et al.，1996；Rahman and Rahman，2009）。通过土地流转，不断扩大农地规模，能进一步促进农业生产率的提高。随着中国经济的发展，非农就业机会不断增多，非农就业的收入远大于传统的农业收入（Tiffen，2003；Ito and Kurosaki，2009）。农民也从之前的"传统"农民向现在的"现代化"农民转变，越来越多的新一代农民期望从事非农工作。另一方面，农民也担心倘若长期在外打工，不从事农业生产，地方政府不定时进行土地调整和征地会导致自己失去常年赖以生存的土地。因此，很多农户选择兼业，农忙时回家从事农业生产，农闲时外出打工，赚取非农收入，这不仅不利于中国城镇化的进一步推进，更不利于中国农业的规模化经营。

2014 年，中共中央办公厅、国务院办公厅联合印发《关于引导农村土地经营权有序流转发展农业适度规模经营的意见》，提出要坚持农地集体所有权、稳定农户承包权、放活农地经营权，实现农地"三权"分置，优化土地资源配置，加快农业农村发展。2017 年 10 月底出台的《中华人民共和国农村土地承包法修正案（草案）》着重对农地的产权做了进一步修正。该草案规定，土地承包经营权在农地流转中分为土地承包权和土地经营权，承包土地的经营权流转后，承包方和发包方的承包关系不变，承包方继续享有对土地的承包权。同年，习近平总书记在党的十九大开幕会上提出，农户的二轮承包期到期后再延长30年，以保证农户对农地的承包关系稳定并长久不变。

上文主要归纳总结了新中国成立以来主要的农地产权制度变迁历史。从分析中可以发现，每一阶段所处的特殊历史背景促成了当时农地产权制度的出台。中国农地产权制度从刚开始的农民个体所有制慢慢过渡到集体所有、个体使用制，再到现阶段强调的农地承包权和经营权相分离，都是产生于当时的历史背景之下。总体来说，从新中国成立初期以促进工业发展为主，到后期的"工业反哺农业"，政府逐渐意识到农业及农民在经济发展中的重要性，不断加大对农业的扶持力度，稳固农户对农地的承包经营权，盘活农业生产资料，以期进一步促进经济的增长。表1.15归纳总结了上文所提到的新中国成立以来主要的农地改革政策。

表 1.15 新中国成立以来主要的农地改革政策

年份	文件/制度	内容
1950	《中华人民共和国土地改革法》	废除封建地主所有制，实行农民的土地所有制。没收地主的土地分给没地或少地的农民
1953	《关于农业生产互助合作的决议》	正式推动了农业互助合作运动的发展
1978	家庭联产承包责任制	集体所有集体使用制变为集体所有个人使用制（集体所有、集体成员自己耕种），土地所有权和承包经营权相分离，农户拥有对土地的15年承包经营权
1998	《中华人民共和国土地管理法》	将农户对土地的承包权延长到30年
2014	《关于引导农村土地经营权有序流转发展农业适度规模经营的意见》	引导农村土地由所有权和承包经营权的两权分离向所有权、承包权和经营权"三权"分离转变
2017	《中华人民共和国农村土地承包法修正案(草案)》	从立法角度规定了农村土地承包经营权在农地流转中分为土地承包权和土地经营权，农户对农地的承包权在二轮承包期到期后再延长30年

（二）中国农地流转制度的历史变迁

人民公社运动将人民私有的土地逐步转变成人民公社所有，这一阶段禁止农户自由流转土地。1978年家庭联产承包责任制的出台首次承认了农地集体所有制，农户拥有对农地的承包经营权。该阶段政府仍没有放开农地流转，如1982年的《宪法》在法律层面禁止农户自由流转土地。这一方面是由于该阶段非农就业机会少，另一方面是由于家庭联产承包责任制刚出台，政策效果存在不确定性。

到20世纪80年代中后期，家庭联产承包责任制已在全国范围内广泛推广，并取得了良好的效果，粮食产量连年增高。随着经济的发展，国家逐步意识到工业化和城镇化的重要性，而工业和城镇化的进一步推进需要大量的劳动力，因此只有将农户从农业上解放出来，实行规模经营，提高农业生产率，才能进一步加快国家经济的发展。1984年中央一号文件《关于1984年农村工作的通知》首次打开了农地流转的政策口子，该通知规定在村级领导的允许下，农户能自由流转土地。虽然调查显示，事实上该阶段超过70%的农地流转未经过领导审批（Brandt et al., 2004），由于土地产权不稳定等一系列原因，该阶段的农地流转较少（Deininger and Jin, 2005; Kimura et al., 2011; Kung, 2022; Zhang et al., 2004）。1987年，中央政府在无锡、常熟、吴县等试点县（市）开展土地适度规模经营试点，农地流转进入了新阶段。

1988年，由第七届全国人民代表大会第一次会议通过的《宪法（修正案）》对土地使用权转让做出重大修改，将原《宪法》第十条第四款"任何组织或者个人不得侵占、买卖、出租或者以其他形式非法转让土地"修改为"任何组织或者个人不得侵占、买卖或者以其他形式非法转让土地。土地的使用权可以依照法律的规定转让"。随着《宪法》的修改，一系列关于农地流转的法律法规相继出台，如1993年出台的《农业法》规定在承包期内，承包方可以将其所承包的耕地等转包。1995年农业部出台的《关于稳定和完善土地承包关系的意见》规定，"在坚持土地集体所有和不改变土地农业用途的前提下，经发包方同意，允许承包方在承包期内，对承包标的依法转包、转让、互换、入股，其合法权益受法律保护"。2003年的《农村土地承包法》则第一次从法律角度保护了农户对土地的承包经营权，该法律的出台进一步保障了农民权益，并为农地流转奠定了法律基础。同年，广东省颁布了《广东省集体建设用地使用权流转管理办法（草案）》，该办法的出台是中国历史上首次规定农村集体建设用地可以上市流转，至此，农地使用权流转进入了市场化的试验阶段。

随着法律对农地流转的相继放开及非农就业机会的逐渐增多，从20世纪90年代末期开始，农地流转市场逐渐活跃。流入农地的农户比例从1988年的1%~2%（Brandt et al.，2004）增长到2000年的9.4%（Deininger and Jin，2005）。2001~2004年，该比例进一步增长到13.5%（Deininger and Jin，2005）。Wang等（2015）研究显示，2000年有17%（12%）的农户租入（租出）了土地，这一比例到2008年增长到27%（19%）。农地流转开始逐渐普及，为要素的有序流转和优化配置提供了市场化机制，保障了农业生产率的稳步提升。

至此，中国进入了农地流转的规范化和规模化时期。一方面，国家更强调农地流转的规范化，如2008年《中共中央关于推进农村改革发展若干重大问题的决定》指出要"建立健全土地承包经营权流转市场"，2009年的中央一号文件《中共中央国务院关于2009年促进农业稳定发展农民持续增收的若干意见》则进一步强调了农村土地承包经营权的规范化。另一方面，随着农业经营规模化导向的增强，国家在这一阶段出台的相关政策也更侧重农地流转的规模化。2008年出台的《中共中央关于推进农村改革发展若干重大问题的决定》同时强调了"引导农民以转包、转让、股份合作等形式流转土地承包经营权，发展多种形式的适度规模经营"。2009年专门出台了《关于引导农村土地经营权有序流转发展农业适度规模经营的意见》，强调了农地所有权、承包权和经营权的"三权"分置，引导土地规模化流转，发展农业适度规模经营。2017年出台的《农村土地承包法修正案（草案）》从立法角度规定了农地所有权、承包权和经营权的可分离性，明确了土地经营权可流转，并将农户对农地的承包权在二轮承包期到期后再延长30年，进一步稳定了农户的承包权长期不变，为农地经营权的流转打下了基础。本书研究的新一轮农地确权同样体现了政府在该阶段的农地规模化经营目标，在该轮农地确权过程中政府更强调引导农户规模化流转土地，该政策同时也为农地"三权"分置奠定了实践的基础，只有明确地块的承包权和经营权，才能减少农地流转的交易成本，促进农地的规模化流转。

改革开放以来中国主要农地流转相关政策见表1.16。

表 1.16 改革开放以来中国主要农地流转相关政策

年份	文件名称	内容
1984	《关于1984年农村工作的通知》	鼓励土地向种田能手集中,经村集体同意,农户可以流转土地
1988	《宪法(修正案)》	从法律角度规定农地使用权可以依法转让
1993	《农业法》	规定承包方可以将其土地承包权转包
1995	《关于稳定和完善土地承包关系的意见》	提出建立农地承包经营权流转机制
1998	《土地管理法》	以法律形式规定集体所有的土地可以由该集体经济组织以外的单位或个人承包经营
2003	《农村土地承包法》	从法律角度规范了农地经营权流转,维护了流转双方的权益
2008	《中共中央关于推进农村改革发展若干重大问题的决定》	明确指出要建立健全土地承包经营权流转市场
2009	《关于引导农村土地经营权有序流转发展农业适度规模经营的意见》	强调了农地所有权、承包权和经营权的"三权"分置,为农地的规范化流转打下基础
2017	《农村土地承包法修正案(草案)》	从立法角度规定了农村土地承包经营权在农地流转中分为土地承包权和土地经营权,农户可流转农地的经营权

从上文分析可知,中国从最开始禁止农户私下流转农地,到现阶段强调农地流转的规范性,每一阶段政策的演变都与当时所处的经济阶段密不可分。现阶段农业现代化的目标及中国经济结构转型的不断推进,也进一步要求农户加快农地流转的步伐,农地流转在中国的经济发展中起着越发重要的作用。

(三)中国农地确权制度的历史变迁

随着全面小康社会的建成,中国迈入了实现社会主义现代化的新发展阶段,现阶段更侧重提高要素资源的配置效率从而促进高质量发展,而农地流转是促进土地及劳动力资源优化配置的良好途径。中国目前新一轮的农地确权政策也是为了实现上述目标而出台的基础性政策，通过明晰农地的所有权、承包权和经营权，为农地"三权"分置的实行打下坚实的基础。该政策减少了农地流转的交易成本，从而提高农地流转参与率。此次农地确权实际上是新中国成立以来的第三次农地确权，早在1998年和2003年已进行过两轮农地确权。

新中国成立以来的首次农地确权始于20世纪90年代末期，该时期政府开始逐渐意识到稳定农地产权的重要性。1997年，中共中央办公厅、国务院办公厅联合印发《关于进一步稳定和完善农村土地承包关系的通知》，规定"延长土地承包期后，乡（镇）人民政府农业承包合同主管部门要及时向农户颁发由县或县级以上人民政府统一印制的土地承包经营权证书"。1998年的《土地管理法》则首次从法律角度要求向农户颁发土地承包经营权证书。上述两个文件的出台标志着新中国成立以来首轮农地确权拉开了序幕。然而，该阶段的农地确权颁证并没有得到很好的实施。叶剑平等（2000）调查显示，截至1999年，在被调查的7个省份中，有60%的村没有发放农地流转合同或证书。针对该情况，2000年出台的《中共中央、国务院关于做好二〇〇〇年农业和农村工作的意见》再一次强调了尚未颁发土地承包经营权证书的地方，必须尽快发放到户。

2003年开始实施的《农村土地承包法》标志着中国第二轮农地确权拉开了序幕。该法律规定"县级以上地方人民政府应当向承包方颁发土地承包经营权证或者林权证等证书，并登记造册，确认土地承包经营权"。该轮确权与上轮确权程序大体类似，主要是由县级以上政府向农户发放证书并进行登记，但此次政策得到了较好的执行，调查表明到2007年末，94.6%的农户都拥有了土地经营权证（于建嵘、石凤友，2012）。

2008年，成都作为"全国统筹城乡综合配套改革试验区"率先开展农地产权制度改革，成功实施了新一轮的农地确权颁证。同年，十七届三中全会发布了《中共中央关于推进农村改革发展若干重大问题的决定》，提出搞好农村确权、登记和颁证工作。2009年，农业部开始在全国范围内进行新一轮农地确权试点，2009~2010年挑选了8个村进行整村推进。该轮农地确权工作不同于前几轮，确权工作更为详尽，政府需对每一块土地进行地籍调查、权属审核、登记注册、颁发证书等程序，在过程中需利用 GIS 等工具对每块土地进行精确测量，确定四至，并建立农地确权的电子数据库。截至 2012 年，农业部已在全国 50 个试点县开展了农地确权工作。2013 年，中央一号文件规定用 5 年时间基本完成农村农地确权颁证工作，该年试点进一步扩大到 105 个县。2014 年在已有试点的基础上，选择了山东、安徽、四川 3 个省进行整省推进。2015 年中央一号文件再次强调了"抓紧落实农地确权颁证工作，扩大整省试点推进范围"，响应中央一号文件的号召，该年继续扩大了试点范围，挑选了江苏、江西、湖北、湖南、甘肃、宁夏、吉林、贵州、河南 9 个省开展整省试点。截至 2018 年底，全国共有 2838 个县（市、区）和开发区开展了农村承包地确权登记颁证工作，涉及 3.4 万个乡镇、55 万多个行政村、2 亿多名农户、16.7 亿亩承包地（含耕地、园地、林地等）。这一工作基本厘清了全国农村承包地权属，完善了承包合同，并确权给农户承包地面积 14.8 亿亩。

该轮农地确权颁证工作不同于前几轮，前几轮确权颁证工作更强调"颁证"，而并未进行详细的确权、登记工作，只是给每个农户颁发了农地承包经营权证书。而该轮确权则更强调"确权"，注重对每一地块的测量和权属的确认，在公证后农户都无异议的情况下再进行颁证工作，这也是新中国成立以来首次实质上的确权颁证工作。同时，该轮确权进一步强调了农地所有权承包权和经营权的分离，通过对地块的精准测量解决了前几轮确权中存在的土地"四至不清，面积不准"的问题。农地确权工作推动了农村土地资源的优化配置和合理利用。通过明确权属关系和完善承包合同，减少了土地闲置和浪费现象，提高了农村土地的利用效率和产出效益。在确权过程中，各地政府妥善处理了各种土地权属争议和纠纷，化解了农村社会矛盾，为农村经济社会的稳定发展提供了有力保障。各地在确权过程中积极推进信息化建设，建立农村农地确权登记颁证数据库和信息管理系统。这不仅提高了确权工作的效率和准确性，也为后续的土地管理和利用提供了有力支持。

改革开放以来中国主要农地确权制度演变见表 1.17。

表1.17 改革开放以来中国主要农地确权制度演变

年份	文件名称	内容
1997	《关于进一步稳定和完善农村土地承包关系的通知》	首次提出地方政府需向农户颁发由县或县级以上政府统一印制的土地承包经营权证书
1998	《土地管理法》	以法律形式首次规定地方政府需向农户颁发土地承包经营权证书
2000	《中共中央、国务院关于做好二〇〇〇年农业和农村工作的意见》	再次强调尚未向农户颁发土地承包经营权证书的政府应尽快颁发
2003	《农村土地承包法》	第二轮农地确权开始
2008	《中共中央关于推进农村改革发展若干重大问题的决定》	提出搞好农地确权、登记、颁证工作,相较于前两轮,更强调对农地的确权和登记
2013	《关于加快发展现代农业进一步增强农村发展活力的若干意见》	用5年时间基本完成农村农地确权颁证工作
2015	《关于加大改革创新力度加快农业现代化建设的若干意见》	扩大整省试点的推进范围,要确地到户,抓紧落实农地确权工作

(四) 中国现行农地产权制度面临的问题

在中国的农地产权制度中,农地的所有权属于村集体,农户只拥有农地的承包权和经营权(慈鸿飞,2007),所有权和承包经营权分离的产权制度造成农地产权的不完整性(赵德起,2008)。

在实践中会不定期进行土地调整,土地调整分为整个村庄的"大调整"和村小组及以下规模的"小调整"。"大调整"的范围更广,对农地产权稳定性的危害性更强;"小调整"是出于某些特殊原因进行的小范围调整,对农户产权稳定性的损害并不严重。

土地调整在不同省份表现出了较大的异质性,如表1.18所示,辽宁、陕西和湖北的土地调整更频繁,云南和四川的土地调整频率相对较小。总体来看,约86%的村庄土地调整是由村民委员会主导的,由县级或以上政府主导的土地调整只占14%左右。但在云南省,2/3的样本村庄表示土地调整主要是由县级或以上政府主导,县级或以上政府组织的土地调整比例在河北和辽宁同样相对较高。土地调整的规模和涉及农户的规模同样在不同省份之间存在较大区别,总体来说,农地调整影响了超过半数村级土地及75%左右的农户。

表 1.18 1983~1995 年土地调整

省份	村庄平均土地调整次数(次)	最近一次土地调整规模(占全村土地的比例,%)	最近一次土地调整涉及农户规模(占全部农户的比例,%)	由县级或以上政府调整土地的村庄占比(%)
浙江	1.2 (1.3)	60.8 (40.6)	91.8 (57.9)	6.2
四川	0.3 (0.5)	28.6 (33.1)	58.6 (36.8)	3.1
湖北	2.8 (1.6)	55.0 (39.8)	71.1 (33.9)	3.1
陕西	2.8 (1.6)	34.8 (36.7)	62.8 (29.1)	6.2
山东	1.9 (1.0)	74.5 (39.8)	71.2 (33.7)	0.0
云南	0.4 (0.6)	31.3 (39.6)	61.4 (45.3)	66.7
河北	1.5 (1.0)	75.0 (37.1)	82.5 (23.4)	33.3
辽宁	3.4 (3.6)	91.1 (22.2)	93.1 (17.9)	25.0
总计	1.7 (1.8)	57.6 (41.3)	74.4 (37.3)	14.4

注：标准误汇报在括号中，样本村为 215 个。
资料来源：Brandt 等（2022）。

从上述分析可知，总体上来说地方政府的土地调整较为频繁，土地调整涉及的农户规模和土地规模虽然在不同省份存在异质性，但总体上规模较大。从地方政府的角度来看，土地调整是为了优化资源配置，维护社会公平，推动农村经济社会发展，然而，频繁的土地产权变动会对农地的长期利用和保护产生不利影响。一方面，它可能导致农户在短期内难以形成稳定的土地利用计划，从而影响农业生产效率；另一方面，过于频繁的土地调整也可能破坏农地资源的可持续利用，甚至引发一系列社会问题。

影响地权稳定的另一大因素是地方政府的征地行为。地方经济的发展和城市的扩张不可避免地需要征用土地（Martinez-Bravo et al.，2017）。世界银行（World Bank，2014）调查显示，2000~2010年中国城市规模急剧膨胀，如杭州的年均扩张速率为9.8%，上海为8.1%，重庆为4.5%。与此同时，东亚城市的平均扩张速率仅为2.8%。而我国城乡二元土地制度造成许多地方政府通过"低补偿""高出让"的行为赚取巨额收益（Deininger et al.，2011）。叶剑平等（2010）调查显示，29%的被调查村庄在1995年以来进行过征地，其中有52.2%的村庄经历了多次征地。刘祥琪等（2012）调查发现，38.26%的村庄在二轮承包以来有过征地，其中东部地区征地的比例最高（47.70%），西部地区比例最低，仅为36.64%。这可能与经济发展状况有关，经济较为发达的地区征地的比例更高。在征地的过程中，农民失去了赖以生存的土地，得到的补偿款却不一定能维持其基本生活。叶剑平等（2010）研究表明，超过半数（51.4%）的农民表示对征地补偿不满意。吕彦彬和王富河（2004）研究得出，县、乡政府获得了占土地总收益52.4%以上的收入，而农民只得到了土地总收益的32.2%。地方政府通过征地行为"以地生财"，赚取大量利益，补贴地方政府的财政。一些地方甚至出现了"非法征地"现象，极大地损害了农户的利益。

从上述分析可知，地方政府不定时的农地调整和征地行为导致了农地产权的不稳定性。一方面，农户无法预期自己对农地的承包经营权是否存在被剥夺的风险，进而抑制了农业生产性投资和耕地保护等长期行为；另一方面，这种行为导致农户不信任政府稳定农地的政策，造成博弈间的政策效应落空。为了克服农地产权不稳定造成的种种弊端，中央政府制定了相关法律法规和政策文件，明确规定了地方政府在农地调整和征地方面的权限和程序，以法律手段约束地方政府的行为，防止其滥用权力损害农民利益。同时，中央政府还加强了对地方政府的监督和管理，确保地方政府在农地问题上的行为符合中央政府的整体规划和目标，维护了中央政府的权威性和政策的连贯性。此外，中央政府出台了一系列法律保障农民对土地的承包经营权，这些法律明确界定了农民的土地权益，规定了土地承包经营权的期限、内容和保护措施，为农民提供了更加稳定和有保障的土地使用权。同时，中央政府还加大了对违法征地和农地调整行为的打击力度。

五 农业机械化的影响因素：历史视角

（一）城镇化与农业机械化

农业机械化的本质是工业化和城镇化对传统农业的再造，是城乡社会结构深层调整的表现和原因（焦长权、董磊明，2018）。在 Hayami 和 Ruttan（1971）诱致性技术变迁理论的框架下，生产要素的相对稀缺性和相对价格的变化引致了生产技术的变迁。

在农业集体化时期，绝大多数人口居住在农村，户籍制度限制了城乡之间的人口流动和劳动力迁移。在这一背景下，虽然中国的工业化发展迅速，却没有带动城镇化水平的提升（郭克莎，2002）。到 1978 年，中国的农村人口占比依然达到 82.1%，第一产业劳动力占比也高达 70.5%。虽然这一时期国家十分重视农业机械化的发展，但由于大量剩余劳动力聚集在农村，大规模使用农业机械的内生动力不足，20 世纪 80 年代之前中国的农业机械总动力增长几乎处于停滞状态。

家庭联产承包责任制实施后，虽然中央没有立刻放开人口流动限制，但是农业生产效率的提高和农业产出的增加为农民进城提供了可能。政府也开始意识到限制人口流动的政策导致城乡居民收入差距逐渐增大，会引起一系列社会问题。迫于巨大的人口流动压力，从 1983 年起，政府逐步放开限制人口自由流动的政策，农村人口占比由 1980 年的 80.6% 逐步下降到 2000 年的 63.8%。但是在这一时期，农业生产中的劳动力还是处于"过剩"状态，由于一系列农村市场化改革的推进，集体化时期严重扭曲的人口压力被释放出来，原本"隐性"的劳动力过剩问题"显性化"（焦长权、董磊明，2018），第一产业劳动力占比虽然下降，但总数增加了 7000 万人，致使农业机械化水平在这一时期没有明显的提升。2001 年中国加入 WTO，为了发挥劳动力资源的相对优势，中国发布了一系列推动城镇化发展的农村人口流动政策。21 世纪以来，快速城镇化进程中农村人口的大规模迁移导致粮食生产条件发生了深刻变革。就业非农化进程加速，农业劳动力数量下降，田间用工成本上升。2001~2017 年，第一产业劳动力的数量减少了 1.6 亿人，占全社会劳动力的比重由

50.0%缩减至27.0%。一方面,农业生产中劳动力数量和质量的双降是城镇化战略的必然结果;另一方面,由于农地流转市场上农地产权不清晰等诸多问题,已经迁移的农户不愿完全放弃农村土地,并未真正退出农业生产。在农村劳动力市场和土地市场的双重约束下,大中型农业机械跨区服务应运而生,成为在现有经济发展条件、资源禀赋和制度安排下具有中国特色的农业机械化实现方式。虽然自家庭联产承包责任制实施以来,中国的农地没有实现真正意义上的集中,且户均农业机械持有量水平落后于其他同类发展中国家,但依然完成了农业机械化水平的大幅提升。

1949~2017年中国第一产业劳动力占比和农业机械总动力变化见图1.5。

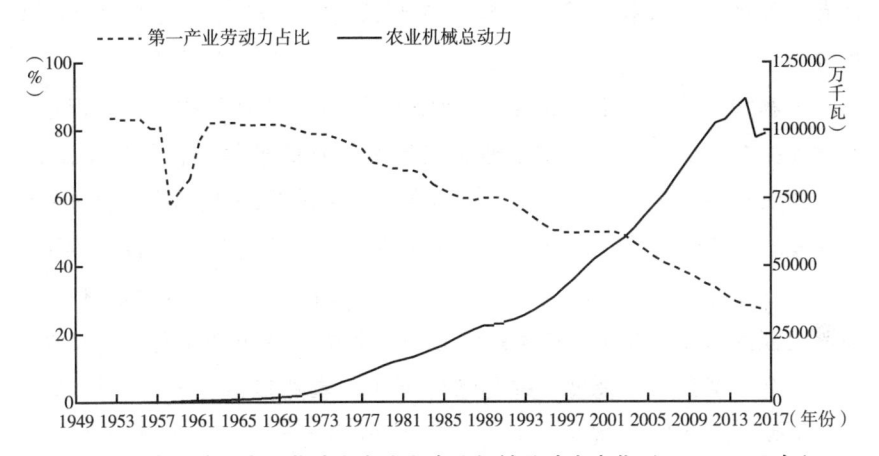

图 1.5 中国第一产业劳动力占比和农业机械总动力变化（1949~2017年）

注：从2016年开始农业机械总动力的统计口径发生调整，不再包括三轮汽车和低速载货汽车动力，所以总动力值略有下降，但若在同一口径下，仍然呈上升趋势。

资料来源：《中国统计年鉴》，中国统计出版社，2018。

由以上对城镇化和农业机械化的历史梳理可以看出，农业机械化受到城镇化这一时代背景的深刻影响。在城镇化速度缓慢甚至停滞的20世纪80年代之前，即使中央政府在农业生产中主推农业机械化政策，依然收效甚微。而城镇化发展最为迅速的时期，也是中国农业机械化腾飞的阶段。农业机械化的过程始终伴随着农业劳动力的减少和城镇人口比重的增加。城镇化和农业机械化是中国经济发展这一现象分别在城市和农村的表现。从长期来看,城镇化进程推动了农业机械化发展,而农业机械化发展又为城镇化和经济转型创造了条件。2021年,我国常住人口城镇化率达到64.7%,按照2050年中国城镇化率超过70%的保守估计,未来30年,中国至少还将有1.5亿农村人口向城市转移,农业机械化在未来的发展空间依然可观。

(二) 农地产权和农业经营制度与农业机械化

新中国成立以来历次农地产权和农业经营制度的变革都深刻影响了农业机械化的发展轨迹(见图1.6)。其中,集体化运动带来的土地集中和家庭联产承包制所带来的土地细碎化对农业机械化路径的影响机制和结果前文已有分析,不再赘述。值得关注的是,农业机械跨区服务的萌芽、发展、流行和衰落同中国农地产权与农业经营制度的变革密不可分。

家庭联产承包责任制虽然极大地激发了农民的种粮积极性,但这种制度安排在早期由于频繁的土地调整影响了农民承包经营权的稳定性,制约了农户的生产性投资行为。1998年,《土地管理法》首次提出向农户颁发农地承包经营权证书,承包权的稳定一是为盘活经营权提供了条件,二是加速了农村劳动力的就业非农化。在这两个方面因素的刺激下,横跨大江南北提供专业粮食收割服务的农业机械队伍开始萌芽并日渐壮大,成为中国在农地极度细碎化条件下实现农业机械化的重要推动力。但是早期"三权"分置工作在很多地区落实不到位,一项调查研究发现,60%以上的村庄从未发放农地流转合同(叶剑平等,2000),致使"三权"分置实施效果不理想。

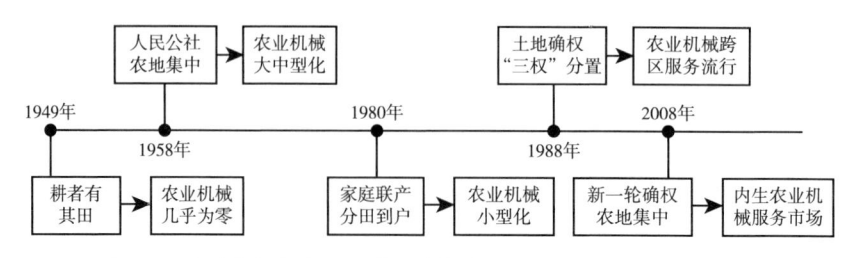

图1.6 农地产权和农业经营制度与农业机械化路径变迁的时间轴

从 2008 年开始,中央选取成都作为新一轮农地确权工作的试验区,在 2014 年选取安徽等 3 个省份进行整省推进,并计划在 2018 年结束全国范围内的确权颁证工作。有研究发现,农地确权加速了农地流转,并在一定程度上促进了农地向家庭农场、种粮大户和专业服务组织等新型农业经营主体的集中(林文声等,2017a)。另有研究表明,新型农业经营主体占比的提升和全国范围内农业机械购机补贴力度的加大使购买大中型农业机械的门槛降低(方师乐等,2018b)。内生性的本地农业机械服务对跨区服务造成了极大的冲击,加之中国农村普遍存在的"熟人社会"特征让本地农业机械服务赢得竞争优势(仇叶,2017),农业机械跨区服务市场开始萎缩,2014 年,中国农业机械跨区服务面积下跌超30%,农业机械俱乐部的辐射范围逐年变小,农业机械开始回归私人物品的属性。由以上分析可以看出,新中国成立以来农业机械化的主要实现形式、路径转移和农地产权与农业经营制度的变迁息息相关。

(三)农业机械化政策与农业机械化

从上文对中国农业机械化发展历程的梳理中可以看出,新中国成立以来农业机械化政策出现了多次调整。新中国成立初期毛泽东提出"农业的根本出路在于机械化"的论断,举全国之力发展农业机械化,具体措施包括在有条件的社、队成立农业机械站并投资,支持群众性农具改革运动,增加对农业机械科研教育、鉴定推广、维修供应等系统的投入。在这一阶段,中国农业机械工业从无到有逐步发展,奠定了农业机械工业的基础。改革开放后,随着农村家庭联产承包责任制的实施,农业生产组织方式发生了重大变革,集体农业机械站逐步解散,国家对农业机械化和农业机械工业的直接投入逐渐减少。在这一阶段,政策开始适应市场经济的发展,农民逐步成为投资和经营农业机械的主体。农业机械工业也开始进行结构调整,重点生产适合小规模经营的小型农机具。在这一时期,政策转型主要体现在从计划经济向市场经济的过渡,以及农业生产组织方式的变革对农业机械化政策的影响。

20 世纪 90 年代中期以来,农村劳动力开始出现大量转移趋势,农村季节性劳动力短缺的问题日益凸显。国家开始通过市场手段引导农业机械化的发展,如组织大规模小麦跨区机收服务,提高联合收割机的利用率和经营效益。在这一阶段，政策更加注重市场需求对农业机械化发展的引导作用，推动了高效率大中型农机具的恢复性增长和联合收割机的异军突起。2004年，《中华人民共和国农业机械化促进法》正式实施，标志着国家决心重新在农业机械化发展中扮演重要角色。由表1.19可知，2004年以来随着各项农业机械补贴政策的施行，政府财政在农业机械化投入中的占比逐年提高，由2004年的10.4%快速增长至2011年的33.4%，此后一直稳定在33%左右。2016年，政府财政用于农业机械化投入的金额已经达到975亿元。2022年，中央财政安排农机购置补贴资金达到212亿元，同比增长11.58%。与此同时，国家不断优化政策供给模式，探索实行与作业量挂钩的补贴资金兑付方式，推动优机优补。这种补贴方式鼓励了农户使用更高效、更先进的农业机械，进一步提升了农业生产效率。同时，各项金融信贷扶持政策也降低了农民个人购机的门槛，加速了中国农业机械化水平的快速提升[1]。

从2004年以来中央一号文件对农业机械化的表述中可以总结出，中央政策准确地捕捉到中国农业现代化发展进程中对农业机械大型化、农业机械服务和共享农业机械的现实诉求。例如，2007年的中央一号文件首次提出"鼓励农业生产经营者共同使用、合作经营农业机械，积极培育和发展农机大户和农机专业服务组织，推进农机服务市场化、产业化"，2008年的中央一号文件提出农业机械跨区服务免税、免费，2009~2015年均将重点支持大中型农业机械补贴和农业机械社会化服务写进中央一号文件，2016~2019年中央一号文件重点强调提高端农业机械装备的研发制造水平，2024年中央一号文件提出要大力实施农业机械装备补短板行动，聚焦底盘技术、核心种源、丘陵山区农业机械装备等领域，加快技术突破和产品创新，积极推动先进农业机械装备的创制和推广应用，建设"一大一小"农业机械装备研发制造推广应用先导区，开展农业机械研发制造推广应用一体化试点。可见21世纪以来，中央关于农业

---

[1] 2004年颁布的《中华人民共和国农业机械化促进法》规定，县级以上人民政府应当采取财政支持和国家规定的税收优惠以及金融扶持等措施，促进农业机械化发展。2018年《国务院关于加快推进农业机械化和农业机械装备产业转型升级的指导意见》指出，鼓励金融机构针对权属清晰的大型农业机械装备开展抵押贷款，鼓励有条件的地方探索对购买大型农业机械装备贷款进行贴息。各地实施金融支持的具体做法包括：农业机械销售企业担保、农业机械购置补贴权利质押、农业机械抵押贷款等。

机械化的政策呈现明显支持大中型农业机械和农业机械服务的趋势，这说明在这一阶段中国农业机械化由小型化向大中型化转变的发展路径受到国家层面农业机械化政策的深刻影响。

表1.19 农业机械化投入占比（2004~2013年）

单位：%

年份	政府财政	个人	其他	年份	政府财政	个人	其他
2004	10.4	84.6	5.0	2009	29.6	67.9	2.5
2005	12.0	83.3	4.7	2010	32.2	65.3	2.5
2006	13.2	82.8	4.0	2011	33.4	64.1	2.5
2007	18.0	78.7	3.3	2012	34.2	62.9	2.9
2008	23.0	73.9	3.1	2013	33.8	63.4	2.8

资料来源：根据历年《中国农业机械化年鉴》计算而得，2013年以后相关年鉴不做关于农业机械化投入来源的区分。

第二章 理论基础与文献综述

本章分为三个部分,首先对本书中涉及的核心概念进行定义、解释和讨论,对实证部分的统计口径进行界定说明;其次介绍本书所依托的理论基础,为之后章节建立理论模型和构建实证策略做铺垫;最后梳理本书涉及的6个领域的关键文献,并在此基础上提出本书对这些研究领域的切入点、创新点和可能的边际贡献。

一 核心概念界定

为了避免语义上的误解所带来的争论,也为了严格限定研究的适用范围,下面对书中涉及的重要概念给出明确的定义,规定其内涵和外延。

(一)农业机械

自古以来,中国就以广阔富饶的疆土闻名于世。由于人口众多、幅员辽阔,纵观5000年的华夏文明史,农耕活动一直是人们安身立命、谋求发展的根本。作为与农业生产相伴而生的农业机械,其在中国历史发展的长河中始终扮演着关键的角色,从一定程度上讲,农业机械为推进中国历史向前发展起到了十分重要的作用。

关于农业机械的概念,《农业机械学》提出,"农业机械是指在作物种植业和畜牧业生产过程中,以及农、畜产品初加工和处理过程中所使用的各种机械。其主要包括农用动力机械、农田建设机械、土壤耕作机械、种植和施肥机械、植物保护机械、农田排灌机械、作物收获机械、农产品加工机械、畜牧业机械和农业运输机械等"。2004年颁布实施的《中华人民共和国农业机械化促进法》中对农业机械的定义为"农业机械是指用于农业生产及其产品初加工等相关农事活动的机械、设备"。广义的农业机械还应包括林业机械、渔业机械和畜牧业机械以及农业设施设备等。

根据研究目的和研究对象的不同，本书在不同章节对农业机械的定义也是不同的。在城镇化和农业机械化互动关系的研究中，使用的是农业机械的广义定义，即农业生产过程（包括产前、产中、产后）中，用于代替人畜力的各类机械、设备和设施。而在研究农业机械化的空间溢出效应时，由于研究对象为农业机械的跨区服务，所以此时聚焦的是种植业领域，农业机械特指与种植业有关的机械，具体来看，包括动力机械、耕整地机械、种植施肥机械、田间管理机械、收获机械、收获后处理机械、排灌机械、农田基本建设机械、设施农业设备等机具。

同时，本书的一个关键研究对象是农业机械化的内部结构性问题，涉及大中型农业机械和小型农业机械之分。关于这一点，本书参考纪月清（2010）对大中型农业机械和小型农业机械的划分标准，即农业机械的作业能力而非尺寸。小型农业机械是指作业能力弱、适合单个农户或少数几户农民联合使用的机械；大中型农业机械则指作业能力远远超过单个农户需要，适合向众多农户提供作业服务的农业机械。按照这一划分标准，农业机械跨区服务的主体是大中型农业机械。但是在实证模型中，对农业机械种类的划分只能够通过其动力值的大小，参照《中国统计年鉴》的标准，动力值在14.7千瓦及以上的被划分为农用大中型拖拉机，2.2~14.7千瓦的被划分为小型拖拉机[①]。

地形条件对农业机械化和农业机械跨区服务的影响并不是本书的研究内容，仅通过虚拟变量的方式予以控制。本书并不关注平原、山地和丘陵地区之间在大中型农业机械和小型农业机械划分口径上的差异性，而把主要篇幅放在其他社会、经济、地理变量对农户农业机械服务来源选择行为的影响和由此造成的空间溢出性上。

（二）农业机械化

在汉语里，"机械化"表示广泛使用机器装备以代替或减轻体力劳动，提高效能的过程（新华词典，2016）。在英语中，"机械化"所对应的词是"Mechanization"，根据牛津高级词典的解释，"Mechanization"是

---

① 在现实生产领域，提供农业机械服务的绝大多数是动力值高的大中型机械，动力值低的小型机械往往用于满足自家生产和运输需要，所以本书通过动力值对所定义的大中型和小型农业机械进行划分是有现实依据的。

指原来需要全部或大部分手工或牲畜的工作被机器所替代的过程。根据"机械化"的定义,对应的农业机械化应当是指在农业生产的各个环节大规模地使用农业机械设备代替或减轻体力劳动并提高农业劳动生产率的过程。

理论学术界在使用"农业机械化"一词时,主要参照的是余友泰(1987)主编的《农业机械化工程》里提出的概念,即"农业机械化是指用机器逐步代替人畜力进行农业生产的技术改造和经济发展的过程"。2004年颁布实施的《中华人民共和国农业机械化促进法》对农业机械化的定义是"农业机械化是指运用先进适用的农业机械装备农业,改善农业生产经营条件,不断提高农业的生产技术水平和经济效益、生态效益的过程"。广义的农业机械化还应当包括农业机械的研发、设计、制造、鉴定、培训、推广、使用、维修、管理各个环节。

根据研究目的和研究对象的不同,本书在不同章节对农业机械化的定义不尽相同。本书在城镇化和农业机械化互动关系的研究中使用的农业机械化概念是"大农业"的口径,即包括农林牧副渔各个领域,贯穿产前、产中、产后生产和服务的全过程。而在研究农业机械化的空间溢出效应时,由于研究对象为农业机械的跨区服务,所以使用的是"小农业"即种植业的口径,此时的农业机械化特指谷物生产过程中的农业机械化。

(三)城镇化

城镇化是伴随工业化发展,非农产业在城镇集聚、农村人口向城镇集中的自然历史过程,是人类社会发展的客观趋势,是国家现代化的重要标志(谢天成、施祖麟,2015)。"城镇化"与"城市化"两个概念仅有一字之差,但在中国学术界存在争议。此前,学界一直使用的是"城市化"一词,"城镇化"这一概念首次见于2000年10月党的十五届五中全会通过的《中共中央关于制定国民经济和社会发展第十个五年计划的建议》,此后学界更倾向于使用"城镇化",并在2002年党的十六大正式提出"走中国特色城镇化道路",此后"城镇化"成为政策和学术上的主流词语。

关于二者的差异,一种观点认为,二者均来自英语中的"Urbanization"

一词，只是译法不同，原因是中国行政区划的独特性，实际上不少"镇"的标准甚至超过了国外"小城市"的标准，所以二者并不存在实质上的差异；而另一种观点认为，城镇化实际上是"中国特色"的城市化，前者更能反映中国经济发展的特征，二者在集聚和辐射的主体、发展指标的选取方面均存在差异，城镇化更侧重中小城市和小城镇的发展。

城镇化的发展水平是社会经济发展到一定阶段的数量化表述，一般采用城镇化率表示。测算城镇化率的指标有很多，比如土地城镇化率、人口城镇化率、综合城镇化率等，目前中国核算城镇化率主要分为户籍城镇化率和常住人口城镇化率。户籍不仅是人口管理工具，也与住房、社保、农地产权等福利挂钩，加之中国人口流动性大，造成户籍地和居住地脱节的现象十分普遍，学界普遍认为利用户籍口径估算的城镇化率会低估真实水平。

本书的研究内容之一是分析中国城镇化和农业机械化间的互动关系，在这一框架内，农业劳动力的流动是关键变量。所以本书更关注的是在城镇化进程中劳动力流向了哪里，而并非其户籍所在地位于农村还是城市。与此相对应，在城镇化率指标的选取方面，本书采用的是常住人口城镇化率。

（四）农业机械跨区服务

农业机械跨区服务是在中国农业机械化进程中演化形成的一种新型农业机械服务模式，是指利用中国幅员辽阔、地区间气候差异大的特点以及农作物种植、生长、成熟期的时间差，组织农业机械跨越县级以上行政区域，以解决小规模农户经营和农业大生产之间的矛盾所进行的有偿流动农业机械作业服务模式（徐秀英，2011）。农业机械跨区服务一般是由某些地区的农业政府管理部门或者农业机械专业合作社主导和组织，大中型农用机械户为参与主体，进行小至县域间大至全国范围内的流动作业。

本书在定量研究农业机械跨区服务所引致的农业机械化水平对谷物产出的空间溢出效应时，因为数据的限制，特指农业机械的跨省服务，而普遍存在的省内农业机械跨区服务的空间溢出效应则不能被本研究捕捉。

(五) 空间溢出效应

和经济学中的"外部性"相似,所谓溢出效应,是指一个组织在实施某种行为时,不仅会产生预期的效果,而且会对组织之外的社会环境或自然环境产生影响。这种现象在现实生活中是时常发生的,例如,一个人的受教育水平是具有溢出效应的,因为这个人不仅通过接受更多的教育提升了其个人的生活质量和生活品位,而且能够对其周边人群的生活质量和生活品位产生影响,他们甚至能够成为著名的科学家、政治家,从而影响着全人类、全社会的发展轨迹。又如,企业排放污水也是具有溢出效应的,因为这种行为对和当事人不相关的主体造成了负面影响。外部性的定义为:个体的消费或生产行为对另一不相关个体造成了正面或负面影响,而没有对其收费或赔偿的现象。可见,外部性是溢出效应在经济学中的表现形式。

所谓空间溢出效应,即溢出效应在空间上呈现的分布规律。例如,污染、区域经济发展水平或个人受教育程度的溢出效应是具有空间分布规律的,可能对地理位置越近的区域或个体的溢出效应越大。从理论上来看,地理学第一定律认为任何事物之间均相关,离得较近的事物总比离得较远的事物的相关性要高。

本书的研究目标之一就是基于空间计量经济学的实证研究方法定量测算全国范围内农业机械化水平对粮食产量的空间溢出效应及其分布规律。基于上述定义,就是研究一个地区的农业机械化水平是否对其周边地区的粮食产量造成了影响,这种技术外溢在空间上的强度及其分布规律。

二 理论基础

本书在研究中国特色的农业机械化道路时,基于大量经典的经济学理论。例如,在微观视角下研究非农就业如何影响农业机械化发展模式时,需要探究要素流动所引致的要素相对价格的变化如何决定农业生产技术的变迁,因此本书借鉴了诱致性技术变迁理论和农业经济学中专门分析农户行为的一般均衡模型——农户模型;在宏观视角下研究城镇化和农业机械化的互动规律时,需要分析城镇化对农村剩余劳动力的吸引如何影响农业现代化的进程及整体经济的发展,因此本书借鉴了发展经济学中经典的城乡二元经济理论;在分析中国式农业机械化道路的理论意蕴时,本书创新性地引入了公共经济学中的俱乐部理论,在这一理论框架下讨论为何在中国农业机械化的表现形式以大中型农业机械跨区服务为主,以及一些外生的影响因素诸如经济发展、人口流动和农业机械政策如何影响中国的农业机械化发展路径。本书所秉持的核心观点是,中国的农业机械跨区服务不仅实现了工业和农业的部门分工,而且是农业部门内部生产环节分工和专业化的表现形式,这挑战了传统经济学家认为农业不可分工的论断,因此,本书详尽讨论了农业分工和专业化理论,并在此基础上提出本书的核心思想。

(一) 诱致性技术变迁理论

诱致性技术变迁理论(Induced Innovation Hypothesis,IIH)也被称为"希克斯 - 速水 - 拉坦 - 宾斯旺格"假说(Hicks-Hayami-Ruttan-Binswanger Hypothesis),是从资源禀赋差异和生产要素相对价格变化的视角来看待技术变迁。这一思想区别于此前关于经济发展和技术进步的理论,认为技术进步和技术创新内生于经济增长的各个环节。该理论自20世纪30年代萌芽以来,较好地解释了在特定的资源禀赋变动和经济发展背景下生产要素投入变化和技术变迁路径等问题,并主要被应用于研究农业生产领域。现有研究通过对各国(地区)农业的考察,成功地解释了农业技术变迁的路径及其对整体农业发展的影响。

诱致性技术变迁理论的雏形来自新古典经济学中的"厂商理论"。该理论的经典假设为:厂商的一切行为都受到利润最大化的驱使,包括其在生产过程中选择投入要素的行为。进一步假设厂商面临完全竞争的上游要素市场,为了方便讨论,假设生产环节存在两种投入要素 X 和 Y,市场价格分别为 P_X 和 P_Y。生产函数为 $Q=Q(X, Y | A)$,A 为技术水平。那么在均衡时,X 对 Y 的边际技术替代率等于其价格之比,即满足:$(\partial_Q/\partial_X)/(\partial_Q/\partial_Y) = d_Y/d_X = P_X/P_Y$。厂商理论进一步假定,$X$ 和 Y 的边际产量递减,所以 X 和 Y 的边际技术替代率递减,$(dy^2)/(dX^2)<0$,当 P_X/P_Y 增加并且产量不变时,理性厂商会选择增加 Y 而减少 X。所以,要

素相对价格之比的变化决定了厂商的相对要素投入量（Varian，2010）。

厂商理论虽然在利润最大化的假设下解释了相对价格变化时要素投入量的变化规律，并提出了边际技术替代率和要素相对价格等概念，但该理论将技术创新（生产函数中的 A）视作独立于生产要素的外生变量，从而忽略了要素价格的变动对生产技术的影响。例如，在经济增长的过程中通常伴随着劳动力价格相对于资本品价格的上升，所以企业不仅在生产中对资本的投入比例增加，与此同时偏向于研发劳动节约型技术，从而进一步减少劳动力的投入，可见技术进步的路径内生于要素价格的变动，且对要素投入形成反作用力。

Hicks（1932）在《工资理论》（Theory of Wages）一书中，首次提出了"诱致性发明"（Induced Invention）这一概念。他认为，"生产要素价格的变化本身就能刺激发明，并且是引起一种特殊类型的发明——用以节约变得相对昂贵的要素的投入"。换言之，如果劳动力变得稀缺，那么就会刺激节约劳动力技术的研发。他的思想如图 2.1 所示：假设投入要素为劳动和资本，在初始状态下，厂商的预算线为 L_1，等产量线为 C_1，初始均衡点为 A。由于外在经济条件或资源禀赋的变动，劳动力价格相对于资本价格上升，预算线由 L_1 变为 L_2，在相同产量线下（此时暂时不考虑收入效应），均衡点移动至点 B，这是经典厂商理论对要素价格的相对变化导致要素投入量变化的解释。但是 Hicks 认为，此时生产技术也会由于劳动力价格的相对上升而偏向劳动力节约型，结果等产量线 C_1 变为 C_2[①]，由于它们均通过 A 点，所以它们代表的产量是相等的产量，此时理性厂商会选择 C 点进行生产。由图 2.1 可知，由于技术变迁，相较于 B 点，企业会更多地投入资本以替代劳动力。

Hicks 提出这一理论之后在学界引起了不少争议。例如，Fellner（1961）认为 Hicks 模型采用的是相对静态的研究方法，而技术创新却是连续动态的过程，因此无法清晰地验证其中的互动关系。Kennedy（1964）认为要在实证上区分相对价格变化过程中的替代效应和非平衡的技术创新效应是非常困难的，从而难以验证理论的真实性。同理，Salter 和 Reddaway（1966）提出企业的最终目的在于节约总成本，而并

---

① 此时已经是不同的生产函数，所以等产量线可能相交。

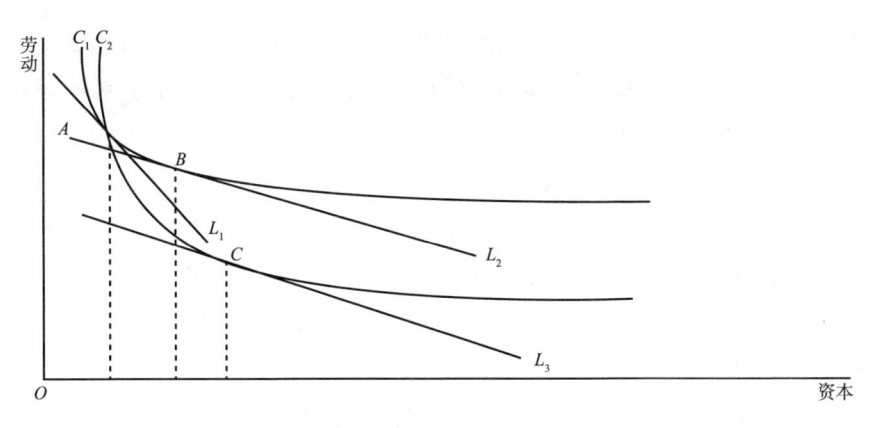

图 2.1 Hicks 技术变迁

不在意是节约劳动力成本还是资金成本，大量劳动力替代技术的产生并不是因为劳动力工资的上涨，只不过是因为这类技术较容易研发，所以 Hicks 颠倒了技术进步和要素价格变动的因果关系。

继 Hicks 之后，诱致性技术变迁理论朝着两个方向发展。一方面，Kennedy（1964）尝试用宏观经济学的方法构建创新可能性前沿（Innovation Possibility Frontier，IPF），但由于概念过于理想化而难以实证（Ruttan，1997），并且他的模型考虑的是投入要素总成本的相对变化，而并不是相对价格的变化。Samuelson（1965）深化了 Kennedy 的模型，但因缺少微观基础受到后来学者的批判（Nordhaus，1973；Funk，2002）。另一方面，Ahmad（1966）从微观经济学的视角引入创新可能性曲线（Innovation Possibility Curve，IPC）构建比较静态模型，并且推演出了可以用来实证的分析框架。

Hayami 和 Ruttan（1970，1971）在其经典著作《农业发展的国际比较》（*Agricultural Development: An International Perspective*）中将诱致性技术变迁理论应用到农业生产领域，认为农业中两种最重要的投入要素，即土地和劳动力的相对禀赋和积累状态是决定农业技术变迁路径的关键因素。他们利用 1880~1960 年美国和日本两国的农业生产数据，在 Ahmad 模型的基础上进行实证分析，揭示了在资源禀赋迥异的条件下，美国（人少地多）和日本（人多地少）的农业技术变化都是由该时期国内要素价格变化所引起的。而以日本为代表的东亚农业技术发展模式同样可以推广至具有相同要素禀赋的其他地区，诸如南亚、东南亚和拉丁美洲国家，甚至非市场经济国家如朝鲜等。Hayami 和 Ruttan 的贡献在于通过长时间的动态纵向演变和大范围的区域横向比较，构建了基于资源禀赋和投入要素变动的视角分析创新路径的范式。并且首次在工业化、城镇化背景下将诱致性技术变迁理论应用于发展中国家的农业生产，强调了适合本国资源特征的技术进步对于改造传统农业、提高农业全要素生产率的重要性。他们的研究弥补了舒尔茨等农业发展理论的缺陷，清晰地阐述了农民人力资本投资、农业技术进步的导向性问题（郭熙保、苏甫，2013）。

继 Hayami 和 Ruttan 之后，诱致性技术变迁领域的大家是 Binswanger（1974a）。他将技术创新的定义扩展为"由研究开发（R&D）或干中学（Learning by Doing）所引致的在企业层面或者产业层面技术变化的现象"，并舍弃了 Hicks-Ahmad 模型中关于固定研究预算的假定，通过数学模型验证了技术变迁是随着相对要素价格的变化而沿着 IPC 移动，从而建立了规范的技术变迁理论的数理分析框架，并且首次将超越对数成本函数模型用于技术创新研究，为 Kennedy 的思想提供了微观实证的支撑（Dasgupta，1980），同时成功在实证方法上将因为相对价格变化而引致的要素之间的单纯替代效应和技术非对称式发展分离开来，从而为更深入地研究诱致性技术变迁提供了研究方法上的支撑。

但是，也有学者通过实证研究对诱致性技术变迁理论提出了批判。Nghiep（1979）在 Binswanger（1974b）的超越对数成本函数中加入了技术指数（Technical Index），用以估算技术弹性和技术偏向，他用此模型考察了日本 1900~1940 年农业部门的技术变革随着投入要素价格变化的情况，研究结论推翻了 Hayami 和 Ruttan（1970）关于二战前日本农业土地节约技术导向的论断，认为战前日本劳动力已经出现短缺，劳动力工资的上升使得农业技术向劳动节约型倾斜。Kislev 和 Peterson（1981）通过对 Binswanger（1974b）数据的整理发现，二战前后农业机械和农业劳动力的相对价格相比于 20 年前不降反升，但这一时期美国农业出现了大量的机器对劳动力的替代，所以他们认为并不是外部生产要素的相对价格变化引致了技术变迁，而是农业内部的技术发生了改变，但同时他们也意识到忽略农业机械质量的提升可能是研究结论出现争议的症结。而更严厉的批评来自 Olmstead 和 Rhode（1993），他们通过对 1880~1980 年美国各地区农业生产要素使用量和价格的变动分析发现，后者并不能解释前者的变动。他们通过区域间的数据分析否定了 Hayami 和 Ruttan（1970）研究中的一些关键结论，比如劳动力、资本价格之比实际上是朝着相反的方向移动，美国大部分地区的技术变迁更多是受到种植模式和生物投资变化的影响，而并非投入要素价格的变动。Liu 和 Shumway（2009）利用 1960~1999 年美国各州的数据研究表明，诱致性技术变迁并不存在，他们批判了之前证明 IIH 存在的实证文章使用了过度加总的数据、错误的模型和研究方法。Ruttan（1997）也承认必须将诱致性技术变迁理论同演化理论、路径依赖理论和国际贸易理论等其他经典理论相结合，这样才能更好地理解国际化过程中现代企业的创新行为。

但是针对发展中国家农业生产的研究却证实 IIH 依然存在。Chhetri 等（2012）分析了尼泊尔是如何通过技术路径的变换抵御极端气候变化对农业生产的冲击，证明了该地区资源禀赋的变动对技术路径的选择造成关键性影响。许新华（2012）强调了市场经济和企业诱致性技术变迁行为的关系，主张合理定位政府职能和破除既得利益集团。何爱和徐宗玲（2010）利用 1970~2005 年菲律宾农业生产数据发现，农业技术的使用具有诱致性倾向。王波和李伟（2012）在诱致性技术变迁理论的视角下，通过实证研究证明了改革开放后中国农业劳动力工资的上升对于农业机械利用的增加具有显著的正向影响。李航（2013）分析了在快速工业化、城镇化背景下，节约劳动技术的选择和由此引致的全要素生产率的提高。王静和霍学喜（2014）通过对全国 7 个苹果主产省苹果种植户的调查研究发现，生产要素价格相对变动是诱致农户技术选择产生偏向的关键市场信号。苏荟（2013）利用 1996~2010 年兵团数据分析资源禀赋对农业技术选择的影响，验证了要素稀缺对农业技术的选择具有诱导性的假说。曹博和赵芝俊（2017）在构建劳动生产率指数和土地生产率指数的基础上，证明了 21 世纪以来中国农业技术的创新路径呈现较为明显的要素诱致性特征。蔡键等（2017）的实证研究发现，农户家庭农业劳动力富余程度和务工经历引发的要素相对价格变化是农户产生农业机械技术需求的根本原因。张在一等（2018）利用 1975~2014 年的长时间序列数据，构建误差修正模型，估计了 10 种农作物的生产技术偏向路径，研究发现，劳动力要素相对价格的上升和产出增加都会诱导技术向节约劳动力的方向偏移,并且劳动密集度越低的作物对劳动力相对价格变化的反应越大。孔祥智等(2018)的研究表明,改革开放以来中国农业技术变迁的路线符合诱致性技术变迁理论模型,路径是以土地要素为基础变量,以劳动力要素为最核心变量,其他要素(农业机械、化肥、农药)以劳动力价格的变动为中心,实现各类资源的优化配置。何悦和王鸿飞(2021)认为大量非农就业导致劳动力资源相对于土地资源变得稀缺,所以玉米产业的技术进步路径表现为从提高土地生产率的生物化学型技术进步向提高劳动生产率的机械型技术进步模式转变。

自20世纪70年代出现的"能源危机"以及由此引致的能源价格上升与节能技术的研发,为验证诱致性技术变迁理论提供了自然实验。例如,学者通过实证研究发现随着能源价格的提高,新能源的研发资金上升,而节能技术也被更加广泛地运用(Newell et al.,1999;Popp,2002)。Newell(2010)通过研究如何降低温室气体排放强调了政策在诱致性技术变迁过程中的关键角色。Bloom等(2015)实证研究发现,中国等发展中国家劳动密集型商品的出口刺激了同质产品市场上欧洲企业的科技创新研发,而高科技企业吸纳了越来越多的就业。这一研究阐明了资源禀赋极不相同的地区间贸易对本国技术创新路径的影响。陈宇峰和朱荣军(2018)利用中国28个行业的动态面板数据研究发现,能源价格上升诱致能源节约型技术的研发,但在行业间存在异质性,与直觉相反的是,诱致性技术变迁效应对高耗能制造业的影响弱于中等耗能制造业。

(二)城乡二元经济理论

1979年诺贝尔经济学奖获得者西奥多·舒尔茨(Theodore W. Schultz)在其经典著作《改造传统农业》的篇首写道:无论一个农民的土地多么肥沃,也无论他工作得多么辛苦,如果他只是沿用父辈的耕作方式,他永远生产不出更多的粮食。而如果一个农民能够掌握并运用科学告诉他关于土壤、植物、动物和机器的知识,无论他的土地多么贫瘠,他依然能够获得丰收。他的效率如此之高以至于他的兄弟和邻居都可以迁入城市谋生,不需要他们参与劳动依然可以生产出足够多的粮食。这一描述最为形象地刻画了以农业机械化为代表的现代农业生产要素改造传统农业，而最终为工业化和城镇化的发展提供剩余劳动力的过程。但是舒尔茨只是意识到了农业机械化对工业化、城镇化的推动作用，并没有讨论反向的影响机制。

更早的关于城乡二元结构及工农互动关系的研究来自发展经济学家威廉·阿瑟·刘易斯（Lewis，1954），他于1954年在《曼彻斯特学报》发表经典论文《劳动无限供给条件下的经济发展》，该文在古典经济学的假设下构建了农业剩余劳动力无限供给下的城乡二元经济模型，刻画了工业化发展和城乡一体化的进程，并提出了刘易斯拐点的概念，他也凭借在发展经济学领域的重要理论突破在1979年荣获诺贝尔经济学奖。刘易斯认为一国的经济增长始于农村剩余劳动力的广泛存在和由技术革命引致的城市工业部门的兴起，工业部门只需提供略高于农业部门平均劳动生产率的工资水平（制度性工资，Institutional Wage），就能够形成对农村剩余劳动力的无限吸引，工业部门的超额利润为其进一步扩张创造了条件。在这种循环往复中，农业劳动力不断减少，工业占比不断增加，最后工业、农业的劳动边际生产率趋于统一，城乡二元经济消失。刘易斯模型很好地刻画了劳动力在城乡之间重新配置的经济增长模式，从二元经济的视角揭示了发展中国家经济增长和结构转型的内在动力，但由于其忽略了农业对工业的反向作用以及城市中广泛存在的失业现象而被质疑（Gollin，2014）。

刘易斯模型一经提出，便引发了学术界的广泛讨论，产生了重要的学术影响力，不少学者在此基础上进行延伸和改进，其中具有代表性的是Ranis和Fei（1961）提出的拉-费模型。该模型修正了刘易斯模型中过于偏向工业化的视角，将农业技术进步纳入模型之中，从理论上探讨了农业发展对城镇化、工业化的影响，并提出了最优发展路径的概念。但是，该模型仅从图形入手提出概念和思想，没有通过具体的函数形式揭示工农贸易中的价格形成机制及劳动力市场的均衡问题，并不是一个一般意义上的两部门模型。同期，Jorgenson（1961）构建了二元经济发展模型，得出的基本结论为：工业部门的兴起源于农业剩余，而农业剩余的存在取决于农业的技术进步、农业生产函数特征和出生率，同时，工农之间的贸易条件受工业部门技术进步的影响。Jorgenson模型同时考虑了工农部门的劳动力市场、产品市场和资本市场，是一般均衡模型，系统地刻画了工农两部门如何在劳动力市场、产品市场相互制约和相互促进，但是，模型中关于农业部门不存在资本积累和规模报酬递减的假设不符合农业发展的现实。在文章结尾，他也指出，如果放松农业部门没有资本积累的假设，农业剩余更易形成，但这需要"资本主义"精神在农业中的普及，是对农业生产方式的变革。首次真正将农业资本要素引入传统经济发展模型的是 Niho（1974），他认为资本密集型农业的生产方式提高了农业劳动生产率，使稳定发展状态下的人口可持续增长率可以保持在一个更高的水平，从而将城镇化推向更高的水平。

以上模型都是基于一个共同的假设——在劳动力转移过程中实际工资率不变，即特定工资水平下劳动力无限供给。但是，李文溥和熊英（2015）在刘易斯模型中加入产品市场后进一步理论推导，正确地指出无论是封闭经济还是开放经济，不变工资的假设会导致有效需求不足，不可能在漫长的二元经济转型过程中维持一个不变的实际工资率，所以"刘易斯拐点"在理论上就是一个伪命题。

随后，沿着新古典经济学的框架，很多研究从理论和实证的视角发现，在完全竞争的劳动力市场的假设下，农业劳动力的转移会实现工农两部门边际劳动生产率的趋同（Echevarria，1997；Kongsamut et al.，2001；Foellmi and Zweimüller，2008）。但是也有学者讨论在城乡劳动力市场二元割裂、投资偏向城市等要素资源错配的现实条件下，城乡二元经济结构演变的规律及其经济后果（Graham and Temple，2006；Restuccia，2004；Temple，2005，2006；Vollrath，2009；王颂吉、白永秀，2013）。他们认为，在要素流动的制度性障碍下，政府对生产要素的配置存在明显的非农化倾向，这阻碍了通过城镇化提高农业部门劳动生产率的机制，导致农业部门的长期萧条，阻碍了城乡二元经济的结构转化。世界上还不存在一个国家是在拉-费模型中城乡均衡的最优路径下实现经济增长的（World Bank，2003），大多数国家存在偏向城市精英的政治势力，让过多资源流向城市工业部门（Ferguson，2013）。

关于刘易斯拐点是否适用于中国情境的研究以及中国是否迎来了刘易斯拐点的问题，学术界展开了激烈的讨论，其中 Fleisher 等（2011）的综述性文章做了很好的回顾。蔡昉（2022）批判了以往研究片面遵循新古典经济学、只将城乡边际劳动生产率差异的存在视作中国尚未迎来刘易斯拐点的论断，他指出，刘易斯拐点存在一个区间范围，一旦城市工业和服务业部门出现劳动力需求小于供给、劳动力实际工资上涨的情况，则可论证刘易斯拐点的到来。并且他认为，中国特色的经济发展模式为刘易斯所开创的经典城乡二元理论赋予了新的生命力和表现形式。

改革开放以来，中国的城乡关系迎来了巨变，根植于传统文化内部的"乡土中国"产生动摇，向着"城乡中国"迈进（刘守英、王一鸽，2018）。与此相对应，在新发展阶段中国急需新的理论指导新型城乡关系实践。"城乡融合"成为中国式现代化的重要组成部分，强调以县城为重要载体发展新型城镇化，促进城乡要素双向流动和资源优化配置，在基本公共服务、基础设施建设和居民生活水平等诸多方面实现城乡一体化发展。

传统的城乡二分范式将城市和乡村视为两个独立且对立的范畴，过分强调它们之间的差异和对立。城乡融合理论对这一范式进行了深刻的反思和重构，提出了"城乡连续体"的新概念，强调城乡之间的联系与相互依赖性，认为社会是一个连续的城乡整体，而非简单的二元对立。通过引入经济、社会的多维指标，对城乡连续体进行更为精细的划分和分析，从而以更为全面、系统的视角来审视城乡关系。城乡融合理论强调城乡要素的自由流动与优化配置，这是对传统城乡关系理论的重要补充和创新。该理论认为，劳动力、资本、技术、信息等要素应在城乡之间实现双向流动，以打破城乡分割的壁垒，促进城乡资源的共享和互补。通过优化城乡要素配置，可以推动城乡产业协同发展，增强城乡经济联系和互动，为城乡融合发展注入新的活力。这一理论探索为实践中的城乡要素流动和优化配置提供了重要的理论支撑。

城乡二元经济理论为本书研究农业机械化、就业非农化和城镇化的互动提供了值得借鉴的理论基础。在这一理论框架下，一方面，城镇化和工业化依赖于以农业机械化为代表的农业生产技术的提高；另一方面，城乡在资源上形成了相互竞争的关系，工业部门的剩余必须在扩大再生产和农业投资之间合理分配，形成一种相辅相成又相互制约的关系。在这一经典理论的基础上，本书第四章从理论和实证两个层面讨论了中国情境下工农城乡之间的互动关系，从而揭示中国式农业机械化道路的动力机制。

(三) 俱乐部理论

虽然有关"俱乐部产品"（Club Goods）的思想在早期的新古典经济学中已有所体现（Pigou，1920；Knight，1924；Tiebout，1956；Wiseman，1957），但是俱乐部理论的正式提出归功于詹姆斯·布坎南（Buchana，1965）和曼瑟·奥尔森（Olson，1965）。1965年，布坎南在其经典论文《俱乐部产品的经济理论》中指出，现实生活中有很多商品介于"纯私人产品"（Pure Private Goods）和"纯公共产品"（Pure Public Goods）之间，如游泳池、狩猎场等。它们的产权归属于全体会员，供给成本通过"会员费"（Membership Fee）的形式在会员之间分摊，所以对于特定的供给量，会员人数越多，每位会员所需支付的成本越低。这些产品不具备一般公共产品非竞争性的特征，其对每位会员的效用随着会员人数的增加而下降，同时可以通过制度约束形成"排他性"。布坎南将具有上述特征的产品定义为"俱乐部产品"。同时，在假定同质性会员、U形平均成本和倒U形效用函数的基础上，给出了俱乐部产品的最优规模，并指出私人产品和公共产品都是该算法的特殊均衡解。同期奥尔森在其经典著作《集体行动的逻辑》（*The Logic of Collective Action*）一书中指出，俱乐部的形成是为了将规模经济内部化，并区分了"非排他性俱乐部"（Inclusive Club）和"排他性俱乐部"（Exclusive Club）等一系列重要概念，为后续研究提供了研究范式。

此后，很多学者从不同角度解释了俱乐部形成的动因，如纯粹歧视（Schelling，1969）、成本分摊（McGuire，1972）和公共资源的共享（McGuire，1974）等。由于当时理论界对什么是俱乐部的看法不一，Sandler和Tschirhart（1980）给俱乐部下了一个权威的定义，"俱乐部是一个自发形成的组织，其成员是为了获取以下一个或多个利益：生产成本、成员特征、排他性的产品"。早期的俱乐部模型假定会员同质化，但现实情况是每个会员对俱乐部产品的偏好不同，并且个体有选择成为或不成为会员的权利。在此基础上，Oakland（1969）、Helpman和Hillman（1977）、Freeman和Haveman（1977）引入拥挤函数（Crowding Function）和异质性效用函数，从而扩展了布坎南模型，并讨论了两部定价（Two-Part Tariff）及其效率问题。

关于俱乐部产品供给的制度安排，布坎南认为，俱乐部产品的供给和公共产品一样会出现市场失灵。Berglas（1976）对此提出了批判，他指出"布坎南外部性"（Buchanan Externalities）并不一定导致市场失灵，在"布坎南条件"下，只要市场是完全竞争的，以利润最大化为目标的公司一样可以供给俱乐部产品，并实现最优均衡解。更进一步，Berglas指出，如果消费者的需求偏好存在异质性，会员费和内部定价均是无效率的，而由公司采用的按次收费定价策略才是最优的。Boadway（1980）指出Berglas关于市场供给俱乐部产品有效性的条件是不足的，除了需要完全竞争的市场，还必须满足规模报酬不变这一假设。Sandler和Tschirhart（1980）指出，由政府或者会员自身提供俱乐部产品会面临较高的监督成本，所以在完全竞争的市场中，俱乐部由公司运营比政府或者会员自身更有效率。而在完全垄断的条件下，非价格歧视的俱乐部不能实现社会福利最大化（Hillman，1975）。Scotchmer（1985）运用非合作博弈论的方法研究在不完全竞争市场上以利润最大化为目标的公司对俱乐部产品的供给效率。

在中国工业化、城镇化迅速发展的背景下，农村劳动力向工业部门和城镇的转移虽然提高了总体的生产效率，但是同时引发了"谁来种粮"的担忧。尤其是农村青壮年劳动力外出打工，留守农村的劳动力呈现"老年化、儿童化、女性化"的特征，用农业机械代替劳动力进行粮食生产是客观的需要。但是，家庭联产承包责任制的推行导致中国种植业规模普遍较小，私人购买农用机械存在"规模不经济"的瓶颈，所以有很多学者认为，中国的小规模农业制约了农业机械化的发展。虽然单个农户购买大型农业机械并不可行，但是将大型农业机械看作俱乐部产品，由农业机械服务供给主体（公司、合作社或农户）向缴费的农户提供专业化的农业机械服务是可行的。实际上，这样的市场模式使农业机械成本在很多农户间进行了分摊。由于新增一个农户的边际成本很低，所以一个大型农业机械可以形成一个规模很大的"俱乐部"，而且这个"俱乐部"是可以在空间上移动的，"会员"不需要在一个特定的地理范围内集中。"布坎南外部性"在空间上扩散，形成了农业机械对粮食产出的空间技术外溢。

正如布坎南指出的，一件商品无论其位于纯私人产品—纯公共产品区间的哪个范围，它对于某一消费者的效用都取决于它被多少消费者共同消费，即使是某些看上去很明显的私人产品，如鞋子，同样可以这样定义。鞋子之所以相比于游泳池更具有私人产品的属性，是因为共同使用某一双鞋子会迅速降低每个消费者的效用，这种效用的损失没有办法通过成本的分摊而弥补。再来看农业机械这种产品，暂且不论其供给模式，从购买者角度来看，它是农业生产中的中间投入品，其对农户的效用在于劳动力的替代或产出的增加。增加一位"共同使用者"可以节约50%农业机械成本（假设农户是同质的），而在中国农业现有的资源禀赋条件下，其边际效用的减少（折旧费、交通费、时间冲突）很小。所以，按照布坎南的观点，农业机械在小农户间是一种俱乐部产品。即使农业机械一开始作为私人产品被某一农户购买，理性的农户也会通过租赁形式降低成本，使其成为俱乐部产品。这一供给模式经常发生在早些年的小农户之间。然而，大型农业机械的兴起，理论上要求"俱乐部成员"的数量随之增加，这就形成了横跨全国的大规模农业机械跨区服务，这实际上就是一种大型"农业机械俱乐部"的形式。因此，在俱乐部模型的框架下，有利于理解中国农业机械服务市场的形成、发展和演化。

目前，关于俱乐部模型的理论性文章几乎局限于国外文献，在少数应用性研究方面，吴华（2017）通过构建权利与公平的俱乐部模型，对公办教育在教育公平问题上的制度性局限进行了分析。真正意义上将俱乐部理论引入中国特色农业发展的研究来自方师乐等（2018b）。本书第三章将从俱乐部理论的视角出发，在理论层面研究中国特殊的经济发展条件、地理特征和制度安排如何塑造了极具中国特色的农业机械化实现方式。随后，运用相对静态均衡的研究方法，分析在中国现代化进程中，农村劳动力转移、土地流转、基础设施建设提速等外部冲击对中国农业机械化发展路径的影响，阐释中国式农业机械化道路的理论意蕴。

（四）农户模型理论

农户模型是从新古典的微观经济学理论发展而来，采用边际分析的方法得出农户在各个市场的均衡策略。农业经济学家在研究农户农业生产、劳动供给和消费行为时发现，单一的生产理论、劳动力供给理论或者消费理论无法解释在外生变量的冲击下农户在各个市场中的行为变化。

考虑到身份的多重性以及它们的相关性,在研究微观农户问题时需要将这些理论进行整合,构建多个市场的一般均衡模型。农户模型假设农户是追求效用最大化的决策单位,面临着收入约束、技术约束、时间约束,而针对不同的研究目标和实际情况,也会考虑要素市场约束和固定资产约束。它将农户的生产行为、消费行为和劳动力供给行为视作相互影响的整体,用以分析各类外部冲击对农户行为和收益的影响,如农产品价格调整、国际贸易和农业生产性补贴等。

农户模型的基本假设如下。第一,理性农户即期的最终目标是实现未来"期望效用流"(Expected Utility Stream)折现值的最大化(Taylor and Adelman, 2003),这些效用包括自己生产的农产品、购买的其他商品和休闲(Leisure)。但是由于数据获取的难度,绝大多数农户模型是静态的,即只考虑现值,而不考虑未来效用的折现。第二,农户的收入来自以下几个方面:①农业生产过程中的经营性收入;②从事农业劳动的农业工资性收入;③从事非农劳动的工资性收入;④转移性收入。第三,农户有限的时间必须分配在农业劳动、非农劳动和闲暇之间。第四,产品市场和要素市场是完全竞争的,即所有产品和要素的价格都是外生给定的,如果因为市场缺失而不存在市场价格,则用"影子价格"(Shadow Price)代替(Janvry et al., 1991)。

农户模型与新古典微观经济学中最大利润假设的厂商模型的不同之处在于,农户既是利润的获取者,也是劳动力的供给者,而且在不完善的农村劳动力市场假说下,农户只能自我雇用。值得强调的是,由于农户的自我雇用行为,农业生产中看不到劳动力成本,即农户从事农业劳动的工资是自我支付的,最后被算作了农业经营的会计利润(有别于经济利润),但农户从事农业劳动是有机会成本的,它可以用同样的时间从事非农劳动所得测算,即农业劳动力的"影子价格"。农户模型与劳动经济学中劳动力供给模型的不同之处在于,农户需要在两类不同的劳动力市场同时决定各自的供给量。农户模型也不同于传统的消费者模型,后者是在预算约束给定的情形下,分析消费者在不同商品价格下消费量的变化,可以将需求量的变化分割为替代效应和收入效应。而农户模型中农户的预算线是内生的,是由上述4种来源决定,所以当非农工资变化时,预算线将发生位移。

最早利用农户模型分析农户行为的研究可以追溯到 Chayanov（1926），他在劳动力市场缺失的假设下研究自给自足的小农户生产、劳动供给和消费，认为传统的单一微观经济模型不能解释农户的一些行为，农户兼具企业、劳动者和消费者的特性。Chayanov 对传统模型的批判以及在此基础上建立的农户模型受到学术界的广泛讨论，之后学者不断对其进行扩展，发展成为如今的多部门、跨时期、可计量的一般均衡模型（LaFave and Thomas，2016）。Becker（1965）完善了关于农户在劳动和休闲之间进行时间分配的理论。随后 Kuroda 和 Yotopoulos（1978）用农户模型解释了日本粮食价格的上升并没有显著刺激日本农民的粮食供给的现象。Bamum 和 Suqire（1979）放松了不存在农业劳动力市场的假设，并且通过理论推导出用于实证的计量经济学模型，利用横截面数据研究马来西亚劳动力迁移、要素价格干预和技术变化对农户生产、消费行为的影响。Ahn 等（1981）在模型中加入了家庭成员数，并允许农户种植多种农作物，从而构建了更加一般的农户模型。

农户模型的优势在于可以进行跨部门分析，但是建立在一般均衡概念之上的农户模型的弊端之一就是对各类要素市场完备性的假定。以劳动力市场为例，如果农村劳动力市场如农户模型的假定那样是健全的，那么农户的生产和消费行为具有"两分性"，即农户的消费偏好和家庭人口构成不会对其生产行为产生任何影响，农户先依据其资源禀赋和生产技术实现利润最大化，然后再进行消费。但是，对于广大发展中国家和地区而言，完善的农村劳动力市场的存在性假设是过于严苛的。Sen（1962）发现，在有限的非农就业机会条件下，家庭人口构成会影响劳动力供给，从而否定了传统理论认为的生产（劳动需求）和消费（劳动供给）的可分性。随后，Benjamin（1992）在其经典论文中通过对印度尼西亚农户截面数据的实证分析，讨论由农户模型推演出的"两分性"假设在现实中是否存在。他发现，家庭层面的人口特征（包括人口数量、年龄构成和性别等）不能解释农业劳动力的投入，从而得出存在农村劳动力市场（即"两分性"成立）的结论。但他的研究方法受到了 LaFave 和 Thomas（2016）的批判，后者同样利用印度尼西亚的数据，而且是长时期面板数据研究后发现，即使是 Benjamin 经典论文发表的 10 年之后，印度尼西亚依然不存在健全的农村劳动力市场，这表明农户模型关于要素市场完备性的假设是不成立的,利用其研究发展中国家的农户行为以及农业政策需十分谨慎。

农户模型在国内相关研究中已经被广泛运用,钟春平等(2013)利用农户模型研究农业补贴对农业投资和产出的影响,发现农业补贴提高了要素投入、农业产出和农户福利水平。李强和张林秀(2017)用农户模型分析中国加入WTO对农户生产和消费行为的影响。孙琳琳等(2020)通过建立一个异质性农户生产模型,在理论层面分析了农地产权稳定性提升对农户资本投资的影响。汪雨雨等(2019)使用CHIP 2013的数据讨论了农户模型中消费行为和生产行为的可分性问题,得出中国农村整体呈现不可分性的结果。张琛等(2017)通过构建一个包含静态和动态农户家庭生产行为的理论模型,运用2009~2013年全国农村固定观察点大样本微观农户数据,研究发现农户加入农民合作社能够显著提升农户家庭粮食生产率。

本书第五章利用农户模型分析非农工资上升对农户农业机械利用的影响,从而从微观视角探究城镇化的表现形式——非农就业如何影响中国式农业机械化道路的形成。

(五)农业分工和专业化理论

《新帕尔格雷夫经济学大辞典》把分工(Division of Labor)定义为工序的划分,即将某一项工作分成几个部分,每一个部分由不同的人来完成。专业化是和分工非常相似的概念。《牛津经济学词典》把专业化(Specialization)定义为某一经济主体依赖其他经济主体提供自己不生产的东西,集中提供特定类型的商品和服务。而专业化的个体比非专业化个体提供该商品和服务的效率更高。可以说,分工促进了专业化,而专业化是分工的结果。相应的,农业分工和专业化是指农业领域内生产劳动的划分,它可以划分为农产品种类分工与专业化和农业生产环节分工与专业化。前者是指不同农户或不同地区依据其个体特征或资源禀赋的相对优势生产不同的农产品,例如A农户(地区)专门种植水稻,而B农户(地区)专门养虾,并且A和B相对于那些既种植水稻又养虾的农户(地区)效率更高。后者是指不同的专业化农户或组织专门从事农业生产的某一个环节,例如A农户(组织)专门从事水稻播种,B农户

(组织)专业进行水稻收割,并且 A 和 B 相对于那些同时从事水稻播种、灌溉、施肥、收割等工序的农户效率更高。本书所关注的是农业生产环节的分工与专业化。

古典经济学的鼻祖亚当·斯密在《国富论》中最先提出了劳动分工的概念,并详细讨论了制造业内部分工以及由此引致的劳动生产率的提高,并将分工视作经济增长之源。斯密认为:"劳动生产力上最大的增进,以及运用劳动时所表现的更大的熟练、技巧和判断力,似乎都是分工的结果。"他以制针为例进行说明,在技术与资本不变的情况下,10个人独立制造针,平均每个人每天最多只能制造 20 枚。而如果这 10 个人分工从事不同的工序,协同合作,平均每个人每天能制造 4800 枚。斯密制针的例子是生产环节分工与专业化的典型。在谈到分工促进劳动效率提升的机制时,他认为分工可以使劳动者的技能由于专业化而日益提升,可以缩减劳动者在不同工序之间切换的时间,并且可以让劳动者发挥个人特质。马歇尔在此基础上提出了内部规模效应和外部规模效应的概念。

但是,无论是斯密还是马歇尔,在研究制造业领域分工的同时,都表达了对农业领域实现分工和专业化的悲观态度。此后,其他学者也从不同角度论证了农业分工的不可能性,例如农业生产中的监督成本太高容易导致道德风险,农业的季节性导致了分工会产生高昂的协调费用,农产品受自身条件限制不可能达到工业产品那样的市场规模。高帆和秦占欣(2003)通过超边际分析的方法构建了一个工农两部门一般均衡模型,证明了农业中的迂回生产程度及中间产品使用程度远低于工业,这也是农业分工远落后于工业分工的原因。

但分工和专业化并非只有劳动力在不同工序之间分配工作这一种形式,von Böhm-Bawerk 和 Smart(1890)提出了"迂回化生产"的概念,即首先生产生产资料(机器),然后利用这些生产资料去生产最终消费品。Young(1928)认为,迂回化生产实质上就是劳动分工的体现,生产机器的劳动者通过资本替代劳动力的过程间接参与最终产品的劳动分工。所以,在原材料和最终产品之间插入越来越多的从事中间产品生产的专业化企业提升了生产的迂回度,使最终产品的分工越来越细,促进了生产率的提高(杨小凯、张永生,2003)。虽然农业生产的迂回度不可能达到制造业的水平，但可以通过增加中间生产资料（机器、化肥等）的投资提升迂回度，从工业产品中"进口"分工和专业化的好处。

以种粮为例，有100个劳动力，他们有3种方式生产粮食：一是全部使用劳动力，二是使用劳动和锄头，三是使用劳动和拖拉机。如果这100个劳动力全部投入种粮劳动，由上文分析可知，他们无法实现分工，劳动效率必然很低。在第二种方法中，保留80人种粮，另外20人生产锄头，则会大大提升劳动生产率，提高粮食总产量，可以看到，虽然制造锄头的20人没有直接进行种粮劳动，却间接参与了粮食生产的分工，表面上是农业与非农产业的分工，实际上是农业劳动力内部分工。在第三种方式中，只保留20人种粮，40人生产拖拉机，10人负责维修和油料等供给，另外30人甚至可以参与其他商品的生产，此时的种粮效率比第二种方法更高，迂回度和分工程度也提升了，20个种粮劳动力养活了100个人，由于不同产业通过产品市场互通有无，也提高了分配效率。

所以罗必良（2008）认为，农业领域的迂回生产一定伴随着两个现象：一是资本替代与劳动排斥，农业生产效率的提高必须依赖从工业部门引入农业机械提升生产迂回度促进农业分工，这一过程是机器替代劳动的过程，也就是农业机械化的过程；二是劳动力非农化就业，一部分原来直接从事农业生产的劳动力或者开始间接参与农业分工，或者完全脱离农业部门。所以，在各国农业水平的上升过程中，农业在总体经济中所占份额却在不断下降。通过农业分工和专业化的理论可知，农业机械替代农业劳动力的过程是农业生产迂回度不断提高的过程，也是农业分工逐渐深化和专业化水平不断提升的过程。

除了从工业部门"进口"分工和专业化经济外，中国粮食生产过程中出现了另一种形式的分工。杨进（2015）在四川农村的调研中发现，来自江苏的专业化农业机械服务团队横跨数千公里在农忙时节为当地农民提供专业的水稻收割机械化服务。而同样的农业机械服务市场也存在于湖南、河北、黑龙江等10多个省份。纪月清和钟甫宁（2013）发现小规模农户在非农就业导致农业劳动力不足时倾向于购买农业机械服务而并非农业机械本身。随着农业劳动力大量外出就业，通过接受农户让渡的农业生产环节而发展起来的以农业机械作业服务为主的服务业成为农业机械化的主要实现形式，也是农业服务业内生发展的重要路径（张清津,2024)。可见,在农业劳动力短缺、耕地过于细碎化的背景下,专业化的农业生产服务组织相比于小规模农业生产更具优势(罗必良,2017),而这些组织的出现也使农业分工成为可能。传统的认为农业不可分工的理论需要被重新审视。

三 文献综述

结合本书的研究目标和研究内容,文献综述将按照以下逻辑展开。第一个模块是农业机械化、非农就业和城镇化三者之间互动关系的文献,分为三个方面,即非农就业对工业化、城镇化和经济增长的贡献,非农就业对农业机械化的影响,以及农业机械化对非农就业的贡献,这一模块对应的是本书第二和第三个研究内容,为第五章、第六章的实证研究提供文献支撑。第二个模块是关于耕地细碎化和农业机械化争论的文献,对应的是本书的第一个研究内容,为第四章在俱乐部理论的框架下讨论中国农业机械化发展历史做铺垫。第三个模块是农业机械化和粮食产出之间的关系,对应的是本书的第四个研究内容,为第七章的实证部分提供文献支撑。每个模块结束都有相应的文献评述,最后指出本书的研究可能具有的边际贡献。

(一)非农就业对工业化、城镇化和经济增长的贡献

经典的发展经济学理论认为,经济增长开始于工业部门的兴起和农业部门剩余劳动力的存在,劳动力市场的无限供给为资本家创造了超额利润,又通过再投资形成了对农村劳动力更大的需求,在这一循环往复的过程中城乡二元结构逐渐消失,最终实现一体化(Lewis, 1954; Ranis and Fei, 1961; Jorgenson, 1961)。所以,一国经济的长期增长离不开农业内部全要素生产率的提高,农业技术的进步最终会引致劳动力在农业和非农领域重新分配,从而为城市工业部门的资本扩张和增长创造条件(Ranis and Fei, 1961)。劳动力从生产率较低的农业部门向非农部门的转移被视作城镇化进程中经济增长的源泉(Rostow, 1960; Kuznets and Thomas, 1964),所以一国经济发展初期的起飞阶段必然伴随着各种生产要素在农业和非农领域的重新配置,这一定律不仅适用于新加坡、韩国

等新型发达国家,也适用于美国等国家(Young,1995;Caselli and Coleman,2001;Gollin et al.,2002;Barrett et al.,2010)。

尽管城乡之间存在巨大的劳动边际生产率和工资收入差异,很多发展中国家由于经济、制度等因素制约,农业劳动力无法自由流动,出现了城乡割据的二元劳动力市场(Kuznets,1955;Banerjee and Newman,1998),不利于工业化、城镇化和农业现代化的协调发展(黄祖辉等,2013;方师乐等,2024a)。Vollrath(2009)对48个发展中国家相关数据的跨国比较研究发现,剩余农业劳动力的存在导致资源错配,进而大大降低了发展中国家的全要素生产率。他利用一个两部门分解模型测算出劳动力资源的合理化配置程度对全要素生产率的解释力高达80%,并由此得出结论,如果打破这种劳动力的二元割据状态,将会强有力地推动经济增长。

随着1992年以来的城市化改革和城乡战略定位调整,中国逐渐取消了限制人口流动的政策措施,并通过产权制度调整等一系列市场化机制改革鼓励要素在城乡间的自主有序流动和科学有效配置,"以人为本"成为新型城镇化发展的主旋律,学界开始关注影响劳动力迁移的因素。一般认为,城乡间经济发展水平差距是影响农村劳动力迁移决策的首要因素。为获得较高工资溢价,高技能劳动力会普遍选择向高生产效率地区流动。除了经济因素,较多文献从地理距离(鲁永刚、张凯,2019)、文化因素(刘毓芸等,2015;陈斌开、陈思宇,2018;袁益,2020)、生态环境(张海峰,2019)等方面对农村劳动力的迁移决策进行了探讨。此外,张莉等(2017)基于2012年和2014年中国劳动力动态调查数据,研究发现房价对劳动力产生了先拉后推的倒U形影响。周颖刚等(2019)进一步研究表明,那些没有在当地购房的高技能水平劳动力更易受到房价的排挤而选择流向其他城市。现阶段,以数字经济为代表的新一轮技术革命蓬勃发展,并作用于资本和劳动要素的替代与互补(Acemoglu and Pascual,2020)。例如,马述忠和胡增玺(2022)发现城市的数字金融发展水平与劳动力流入显著正相关,这个过程主要通过提供就业机会和预期工资水平来实现的。陈媛媛等(2022)认为工业机器人的应用会抑制农村劳动力尤其是低技能劳动力流入,但是它对地区总就业率没有影响。田鸽和张勋(2022)将"宽带中国"政策作为数字经济的代理变量构建双重差分模型研究发现，数字经济所带来的消费互联网（以数字金融为代表）的发展促进了农村低技能劳动力向低技能偏向的数字化非农行业流动，数字经济所带来的工业互联网（以自动化和智能化为代表）的发展促进了农村高技能劳动力向高技能偏向的数字化非农行业流动，这意味着数字经济能够依据劳动力技能实现有效的社会分工。

现有研究表明，劳动力在城乡之间的合理配置对中国经济发展尤其重要（段成荣、程梦瑶，2018）。首先，现阶段中国仍然有超过30%的农业劳动人口居住在农村，所以有通过劳动力的优化配置提高生产效率的潜能（Cao and Birchenall，2013）；其次，虽然改革开放以来中国物质资本和人力资本投资增长显著，但投资回报率并未提升（Bai et al.，2006；Song et al.，2011；Whalley and Zhao，2013）。劳动力从农业向非农领域的转移有利于改善劳动和资本的配比，从而促进经济增长。改革开放以来，尽管劳动力市场发育滞后，城乡二元割据的现象长期存在，中国丰富的劳动力资源未被充分利用（蔡昉、王德文，1999），但劳动力再配置效应对中国经济增长的贡献依然是显著的（World Bank，1996；胡永泰，1998；Dekle and Vandenbroucke，2010；温杰、张建华，2010；Ercolani and Wei，2011），其中具有代表性的是蔡昉和王德文（1999）的研究，他们通过实证分析估算出20世纪80年代中国大范围的农村劳动力转移对当期经济总量的贡献达到了10%以上。

即使在劳动力市场跨过刘易斯拐点、经济增长步入新常态的新形势下（Cai and Wang，2008；蔡昉，2010），农业劳动力流动仍关乎"中国奇迹"之延续（蔡昉，2013；都阳等，2014），并且在未来很长的周期内依然是中国经济增长的推动力（Deininger et al.，2014；谭海鸣等，2016）。伍山林（2016）在马塞尔增长源分解模式中嵌入劳动的制度异质性后发现，1985~2012年中国农业劳动力流动对经济增长的贡献具有递减的趋势，但在制度创新的条件下，其仍可以推动"中国奇迹"的延续。郝大明（2015）在考虑劳动者素质和"勤勉程度"变化分离出劳动配置效应后，测算出劳动力流动和转移是改革开放以来特别是1978~1987年、1992~1998年、2003~2014年中国经济增长的重要来源，并且未来10年仍有较大潜力。Tombe 和 Zhu（2019）基于人口迁移的一般均衡理论,分析了商品市场和劳动力市场摩擦对中国总劳动生产效率的影响。他们测算出迁移成本的下降对 2000~2005 年劳动生产率增长的解释力高达 36%。Wang 和 Benjamin(2019)基于劳动力迁移模型,对劳动力市场改革的市场收入和产出进行量化研究,结果表明劳动力合法流动约束的消除和劳动力成本的下降有利于整体经济发展和社会福利的提高。Ma 和 Tang(2020)通过构建内生迁移决策的贸易模型定量分析了中国人口迁移对地方福利的影响,发现外来农村劳动力的流入显著提高了城市居民的福利。曹芳芳等(2020)认为劳动力转移是一个资源配置效率不断提升的过程,农村劳动力向城市转移有助于促进城市产业结构升级和产业质量提升。程名望等(2018)运用空间计量和增长核算方法对农村劳动力转移的经济增长效应进行了测算,结果表明农村劳动力转移对非农部门和社会总产出增长的解释力分别为 11.64% 和 10.21%,对流入地区的经济增长贡献率更是高达 16.11%。由此可见,农村劳动力的转移能为地区经济发展和居民生活水平提高带来增长空间。此外,农户的非农就业具有显著的农村减贫效应。

尽管当今中国在更加开放、更加包容的战略定位下大力发展"以人为本"的城镇化,但仍然受到户籍制度制约,进城务工人员在城市无法享受到与当地居民同等的医疗、教育、社会保障等公共服务资源,仍需支付高昂的迁移成本,这些现象表明在城乡基本公共服务不断实现均等化的同时,城市内部却出现了新的因为户籍所形成的二元割据状态。这不仅影响了农村劳动力的迁移决策,更导致了部分城市流动人口回流农村现象的发生。与户籍相捆绑的公共福利政策不仅阻碍了中国城镇化的推进,更不利于共同富裕的实现。

农业劳动力的转移在地区间是不平衡的,中西部的农村劳动力大规模地向东部沿海地区迁移,促进了流入地的产业结构调整、工业化进程和经济发展,但同时导致输出地的人才流失、老龄化现象和产出水平的下降。许召元和李善同(2008)认为,由于"资本追逐劳动"现象的存在,虽然农业劳动力流动显著提高了输出地的人均收入和消费水平,但未能显著缩小地区间的差异。彭国华(2015)指出,中西部技能型劳动力向东部地区流动进一步拉大了地区发展差距。潘越和杜小敏(2010)的研究发现,中西部地区大规模的劳动力输出和区域经济增长呈现倒 U

形的关系，进城务工人员收入回流对当地消费和投资的拉动效应和劳动力流失的负面效应随着迁移劳动力的增加呈现此消彼长的规律。

中国农业劳动力的迁移对经济增长的贡献不仅出现了区域间的不平衡，同时也造成了工农城乡发展速度的差异。城乡二元经济理论认为，在经济增长的过程中需要妥当处理好城乡、工农关系，过度偏向城镇化的发展战略会降低农业产出，从而抬高农产品价格和工资水平，最终阻碍城镇化和工业化的进一步提升（Fergusson，2013）。有研究指出，农村劳动力向城市转移会导致流出地人口老龄化和人才的流失（向晶、钟甫宁，2018；Wang and Benjamin，2019）。Wang 和 Benjamin（2019）认为，农村劳动力转移虽然提高了流出地的人均收入，但是考虑资本因素影响，实际上拉大了城市收入差距。甄小鹏和凌晨（2017）进一步认为，农村劳动力流动扩大了农村内部收入差距。并且，政府提升城镇失业人员生活水平的一系列措施最终会提升实际工资，使得城市失业率进一步上升。此时，将资源向农村引导可以取得更好的效果（Todaro，1969；Harris and Todaro，1970）。

（二）农业机械化的影响因素

现有绝大多数研究关注的是农业劳动力的迁移对工业化、城镇化和经济增长的作用，但忽略了城镇化进程中大量农业劳动力流失对输出地农业生产的影响。由于中国农村以家庭经营为主，不存在真正意义上的农业劳动力市场（de Brauw et al.，2002），如果没有其他补偿渠道，农业劳动力的流失会造成农业减产，危及粮食安全（Rozelle et al.，1999）。因此在快速城镇化发展的背景下，农业机械化的实现对于中国经济的可持续增长既重要又必要。已有研究发现，农地产权制度和农业补贴均会对农业机械化产生影响（公茂刚、张梅娇，2022），但作为彼此的替代要素，劳动力流动始终是农业机械化最为重要的影响因素。

根据诱致性技术变迁理论的观点，过低的农业劳动力工资不利于劳动节约型技术的创新（Habakkuk，1962；Hayami and Ruttan，1971；Allen，2009；Acemoglu，2010）和资本密集型技术的采用（Atkinson and Stiglitz，1969；Basu and Weil，1998）。而农业劳动力的非农就业提高了其影子价格，这种生产要素相对稀缺性的变化会刺激农户在农业生产中更多地采用资本密集型、劳动节约型的技术，如购买农业机械（Goodwin and Mishra，2004）。由于农业劳动力转移和农业生产条件之间是相互影响、相互制约的，在实证研究中难以规避内生性问题。为此，Hornbeck 和 Naidu（2014）利用 1927 年密西西比州洪水所引致的黑人农业劳动力大量转移的自然实验研究发现，灾区的地主在劳动力流失的条件下更多地使用了资本密集型的生产技术，让农业生产更快地实现了现代化，从而验证了劳动力转移促进资本密集型农业生产技术创新的假设。

对于发展中国家的农业而言，由于原始积累水平低，加之没有一个健全的农业信贷和保险市场，农业无法获得机械化投入所需的资金并分散由此产生的风险（Townsend，1994；汪昌云等，2014；刘西川等，2014；温涛等，2016）。发展中国家的农业劳动力转移具有明显的结构性特征，以青壮年劳动力为主，留守在农村的主要是老人、妇女和儿童（文华成，2014），这部分人群不适合农业机械化的现代农业体系，最终会导致农业生产效率的降低（Yue and Sonoda，2012）。并且，以中国为代表的人多地少、土地极度细碎化的国家本身也并不适合发展农业机械化（Ruttan，2001）。那么对这一类国家和地区而言，非农就业会导致农业机械化水平的提高吗？关于这一问题，学界仍存在争议。

新劳动力迁移经济学（New Economics of Labor Migration）为非农就业影响农业机械化提供了新的视角。在这一理论框架下，农业劳动力的流转行为受到一系列经济、制度等方面因素的影响，其不仅是迁移者个人的理性选择，更是家庭的集体决策。农村劳动力在实现转移之后依然通过汇款等行为影响农业生产，甚至处于半工半农的状态而并非完全脱离农业领域（Stark，1991a；Taylor and Martin，2001）。进城务工人员的工资性收入在农业投资中可以起到金融媒介的作用，使农户获得现金流，从而为农业生产性投资提供更多的流动性（Oseni and Winters，2009），使小农户克服资金约束，从普通家庭经营过渡到商业化大生产模式（Stark，1991a，1991b）。不少实证研究发现，非农收入的增加和家庭汇款确实增加了农业生产性投资（Rozelle et al.，1999；Taylor et al.，2003；Damon，2010）。农村劳动力从事非农活动规避了自然风险，（Ito and Kurosaki，2009），同时其非农收入对突破农户资本约束的作用比农业收入更重要（Rizov et al.，2001）。

但是部分研究发现，非农就业并不会通过汇款增加农业生产性投资。Mines 和 de Janvry（1982）在对墨西哥拉斯阿尼马斯县（Las Animas）农民赴美打工的案例分析中指出，外出打工者的非农收入主要被用于直接消费，他们既没有能力也没有动机利用非农收入进行农业投资提高农业长期生产率，相反，优质青壮年劳动力的流失使该县的农业经济发展长期停滞。同时部分实证研究表明，大部分非农收入并未流向农业生产领域，而是用于人力资本投资（Dinkelman and Mariotti, 2016）、改善住房（Davis and Lopez-Carr, 2014）、投资子女教育（Amuedo and Pozo, 2010）和其他耐用品支出（Durand et al., 1996；Adams and Cuecuecha, 2010），并且由于其临时性和过渡性的属性，甚至无法刺激农村家庭消费（Zhao, 1999）。另有研究发现，由于身处城市中的打工者自身也面临着诸多资金约束，所以家庭汇款也是有限的，不足以支持农户的农业生产性投资（de Brauw and Mueller, 2013）。部分基于中国农户的截面数据或者面板数据的研究也得出了类似的结论。研究发现，农户外出务工会减少对农业机械等固定资产的投资（刘承芳等，2002；许庆、章元，2005；刘荣茂、马林靖，2006）。相对富裕的村庄以及年轻的农户在非农就业机会增加后，会减少农业生产性投资，劳动力外出务工对农户的资金支持不能抵消劳动力流失的消极作用，也并未促使他们转而生产资本密集型的农产品（郑黎义，2010）。盖庆恩等（2014）认为男性劳动力和壮年女性的流出显著增加了农户退出农业的概率，在农地流转市场不完善的条件下，出现大片土地撂荒的现象，这降低了对农业机械的需求。此外，教育回报率低导致进城务工人员自身也面临多维贫困（王春超、叶琴，2014），在扣除较高的生活成本和心理成本后，进城务工人员的实际收入并不高（彭克强、刘锡良，2016）。并且由于社会保障系统的缺失，进城务工人员比城市居民的储蓄率更高（张勋等，2014；冯明，2017），所以尽管非农就业提高了相对收入，但并不会增加农业机械投资。

但事实上，从中国经济发展的历程来看，农业机械总动力和非农就业比率是同步上升的，而且两者之间存在显著的正相关性。为什么宏观现象和微观实证的结论相矛盾呢？有学者指出，在资本市场不完善的农业生产领域，农户可以通过组织模式创新突破最低投资进入门槛（阮建青等，2011）。21 世纪以来，随着农业社会化服务在中国的兴起，不少学者将农业机械社会化服务视作中国式农业机械化道路的实现方式（伍骏骞等，2017；方师乐等，2017；张露、罗必良，2018；李宪翔等，2021），并开始关注非农就业对农业机械直接投资和农业机械社会化服务利用影响的差异性。钟甫宁和纪月清（2009）的农户调查结果表明，当前中国农业机械的投资者和使用者之间已经发生了分离，超过75%的小农户选择购买农业机械服务，只有少数农户选择直接投资农业机械。Yang等（2016）利用2004~2008年全国固定观察点的面板数据研究非农就业和农业生产率之间的关系，发现前者并没有导致后者的下降，原因在于在青壮年农业劳动力流失的同时，农户虽然降低了直接投资农业机械的支出，但增加了对农业机械服务的需求（纪月清，2010；纪月清、钟甫宁，2013；苏卫良等，2016；Wang et al.，2016）。胡雯等（2019）通过研究发现，随着农村劳动力流失和农业规模的不断扩大，农户会经历"不采用农业机械—购买服务—购买农业机械"3个阶段。董欢（2015）与苏卫良等（2016）均认为非农就业会促进农户选择农业机械服务外包，但关于自购农业机械的看法却存在差异。前者认为农业劳动力减少会抑制农户自购农业机械，而后者的研究结果则表明非农就业对家庭农业机械的持有现值没有显著影响。

与此同时，农业劳动力的转移加快了农地流转速度（刘凤芹，2006；陈飞、翟伟娟，2015；钱龙、洪名勇，2016），而农地流转降低了土地细碎化程度、提高了农业经营规模（朱建军、胡继连，2015），会相应地增加大农户对农业机械的投资。钟甫宁和纪月清（2009）利用江苏省、黑龙江省和新疆维吾尔自治区784份农户数据研究发现，非农就业机会的增加能够扩大土地经营规模、提高农业规模经营收益，从而提高农户的农业投资水平。中国的发展经验表明，以城镇化为主导的经济发展模式在吸收农村剩余劳动力的同时，不仅推动了工业和服务业的扩张，同时也扩大了农业生产规模，这为农业机械化创造了条件，农业机械在各类粮食生产过程中对劳动力均形成了有效的替代（王欧等，2016）。

另有研究关注非农就业对农业机械化的影响在不同特征农户之间的异质性。Mendola（2008）认为农业劳动力的迁移实质上是一笔"一次性的投资"，迁移目的地的不同决定了迁移成本和收益的差异。他利用1994~1995年孟加拉国3404个农户的资料实证研究发现，贫困农户的劳动力更倾向于选择国内临时性迁移,成本小但收益低,无法通过非农就业改善农业生产条件;富裕农户的劳动力有能力进行跨国迁移投资,高收入的回流又可以为农业生产提供资金支持,购买农业机械和提高农业生产技术。这一研究视角和研究结论对于研究中国农村劳动力的短距离和长距离迁移对农业生产影响的差异性有参考价值。Yamauchi(2016)在研究印度尼西亚农户迁移和农业机械化之间关系时指出,在大规模非农就业的条件下,大农户相比于小农户更倾向于投资农业机械以替代日益流失的农业劳动力。由此,他对亚洲大多数国家小规模农业的现状和农业机械化前景表示担忧。Ji 等(2017)利用浙江省 10 个县的调研数据研究发现,在农业劳动力流失的情况下,大农户更倾向于农业机械外包服务。此外,地形条件也会影响农业机械对劳动力的替代(周晶等,2013;郑旭媛、徐志刚,2016)。平原地区耕地坡度低,易于农业生产环节的机械化操作,而丘陵和山区坡度大,即使劳动力资源流失,也难以形成机器对人工的替代。

也有研究从城乡统一、工农互动的宏观视角分析由非农就业推动的工业化、城镇化对农业机械化的影响。当城镇化吸收了农业劳动力后,农业生产的相对要素价格推动了农业机械化水平提升(Chenery et al., 1986;Tiffen, 2003;侯方安、李斯华,2015),工业化的发展又为农业部门提供了机器工具,提高了农业机械化水平(徐建国、张勋,2016)。这从本质上来看是原本农业部门的生产环节在工、农业之间的重新分工,效果是提升了农业生产的迂回化程度(Young, 1928),提高了整体经济的生产率。

近年来,数字经济成为商界、学术界和政界关注的热点问题,很多文献开始探讨数字经济如何影响农业机械化的发展。因为农业机械的专用性强、购置成本高,农业机械修理还需要支付一定费用,这要求直接购买农业机械的农户具备一定的支付能力,另外,对于小农户来说还面临着购买农业机械服务的资金压力(钟真等,2018)。然而,长期以来,中国农村地区的金融排斥现象明显,严重制约了对农业生产发展的投资(黄红光等,2018)。农户受收入水平低且缺乏合格抵押品的限制,金融需求难以得到满足。购机贷款难、购买农业机械服务费用高以及贷款成本高成为阻碍农业机械化水平提高的重要原因(周晶等,2013;Kandilov and Kandilov，2018）。虽然农业机械购置补贴政策一直存在，但是对提高农业机械投资的作用有限（王许沁等，2018）。但部分研究发现农业机械购置补贴不仅显著提高了小农户的农业机械社会化服务可得性，还扩大了其社会化服务获得规模（刘进等，2023）。

数字金融的发展为破解这一困境提供了解决之策。数字金融是传统金融机构与互联网公司将数字技术应用于金融服务实现融资、支付、投资和其他新型金融业务模式（黄益平、黄卓，2018）。依托大数据、人工智能和区块链等数字技术，数字金融克服了传统金融对物理网点、抵押、担保和征信过度依赖的弊端，以便捷、低门槛、低成本的优势将金融服务渗透农村等落后地区（Gabor and Brooks，2017；郭峰等，2020）。

一方面，数字金融的发展能从缓解农户的信贷约束和提高农户的收入两个方面提高农业机械化水平。一方面，数字金融应用"大数据+互联网"技术，不仅能够收集用户征信数据，帮助银行等金融机构精准判断顾客的信用风险（杨波等，2020），降低信贷过程中的信息不对称程度（Beck et al.，2018），提高金融机构的风险防控能力，而且还能高效评定农户的信用等级，降低贷款对抵押品的要求，使农户及时获得信贷支持（Mushtaq and Bruneau，2019；周利等，2021），进一步增加对农业机械的投资。宽松的信贷环境也会推动农业机械服务市场的发展，提高农户购买农业机械服务的积极性（闫桂权等，2022），促进农业机械化水平的提高。

另一方面，数字金融的发展能带动传统乡村产业的发展（温涛、陈一明，2020；张岳、周应恒，2021），为农户提供就业机会，显著增加农村家庭的收入（彭澎、周力，2022），这会进一步增加农户对农业生产领域的投资，这种投资一般表现为对农业机械的购买和对农业机械服务的使用（Qiao，2017）。除此之外，农业部门生产要素的投入会受到地形条件的制约（周晶等，2013），导致数字金融的发展更能提升的是平原地区的农业机械化水平，而对山区农业机械化水平的作用有限（孙学涛等，2022）。并且，县域金融集聚水平可以正向促进农业机械化发展（刘洋、颜华，2021）。

张晖等（2020）从农村组织化程度的视角研究农业机械化的形成机制，他们基于2018年江苏686个种粮大户的微观调研数据研究发现，相较于未加入合作社的种粮大户,加入合作社的种粮大户投资大中型农业机械并为小农户提供农业机械服务的动机更强。

(三) 农业机械化和就业非农化

从以上文献梳理中可以发现,绝大多数研究认为农业劳动力转移不仅促进了工业化、城镇化的发展,而且对于以农业机械化为代表的农业现代化有积极意义。所以,不少研究开始关注影响非农就业的因素,宏观经济条件(Banerjee,1991)、制度因素(蔡昉,2001)、个体特征(卫龙宝等,2003)和社会文化因素(Decressin and Fatas,1995)都是农业劳动力非农就业的动因,而农业内部的技术进步,尤其是农业机械化的推广是促进非农就业的必要条件。

Schultz(1953)指出,农业机械化等农业技术的进步解决了粮食问题,这是释放农业劳动力参与工业化进程的前提。Rostow(1960)也认为,农业技术的进步是促进农业劳动力进入生产率更高的工业部门的前提。拉-费模型给出了农业生产率上升影响城乡间劳动力流动的经济学分析框架,在这一框架下,农业的技术进步决定了"短缺点"(Shortage Point)和"商业化点"(Commercialization Point)的位置,即刘易斯拐点在何时出现。Baumol(1967)提出的理论模型将整体经济分为两个部门——技术进步相对较快和相对较慢的部门,他发现,技术进步相对较慢部门的产品相对价格会上升,而劳动力会转移到该部门,这就是著名的鲍莫尔效应。因此,农业机械化促进农业生产率的提高会释放劳动力到技术进步相对较慢的工业部门。但这一理论将技术进步视作给定的外生冲击,而忽略了其内生于生产要素的相对价格。同时,该理论也忽略了发展中国家普遍存在的城乡二元割据的劳动力市场和两部门间在初始条件下劳动生产率的巨大差异。Acemoglu 和 Guerrieri(2008)提出的资本深化效应认为,当农业部门的人均资本量快速增加时,会将劳动力推向劳动密集型的非农部门。Dennis 和 İşcan(2007)在考虑到农产品和非农产品之间的低替代弹性的基础上构建了一般均衡模型,发现农业部门劳动生产率的进步是促使劳动力在部门间流动的关键因素。游和远和吴次芳(2010)利用 2006 年中国 30 个省份的宏观数据构建空间滞后模型分析发现,户均耕地面积较大的地区可以通过增加农业机械投入促进非农就业。刘明（2012）利用中国1978~2009年的长时间宏观时间序列数据研究表明，1978~1997年的20年间，由于农业部门资本积累相对较慢，资本深化效应拖累了部门间劳动力的转移。但1998年之后，随着农业机械化的快速发展，资本深化效应极大地促进了农业劳动力的转移。陈涛等（2022）通过实证研究发现，不同环节的农业机械服务对农村劳动力转移的影响是不同的，其中，生产环节的农业机械化阻碍了非农就业，而加工环节的农业机械化促进了非农就业。

另有学者研究农业机械化和劳动力转移之间的数量关系。周孝坤等（2010）在"推拉模型"的框架下，利用重庆市1998~2008年的相关数据研究发现，农业机械化为农业劳动力的转移提供了显著的推力，农业机械总动力每增加10万千瓦，就会有8.47万名农业劳动力转移。农业机械化的实现方式对劳动力非农就业具有重要影响，例如，孟盟和于冷（2024）利用2014~2018年中国家庭追踪调查数据研究发现，农户采纳农业机械服务会促使家庭劳动人口中纯农业劳动力转向兼业，而自购农业机械对家庭劳动力结构无显著影响。朱振亚和王树进（2009）利用江苏省1983~2007年的数据研究发现，农业劳动力人均膳食能量节省与人均农业机械动力之间存在长期均衡关系，农业机械水平的提高可以节省农业劳动力的膳食能量，从而可以减轻繁重的农业生产对劳动力的消耗，增加非农劳动的供给，这是农业机械化增加非农就业更加微观的基础。以上研究从定量上给出了农业机械化影响非农就业的大小，但存在很多方法上的缺陷。例如，构建一元回归方程而忽略了其他控制变量对农业劳动力转移的影响，也未对时间序列数据的平稳性进行检验，没有考虑到农业机械化水平的内生性问题，得出的只能是相关性关系。赵德昭和许和连（2012）通过1996~2009年省级的面板数据，经GMM模型测算出，以农村劳资比衡量的农业技术进步促进了非农就业，但他们用采掘、制造和建筑三个产业的职工人数总和减去相应的国有职工人数总和来表示农村剩余劳动力转移量的算法有待商榷。

Cao和Birchenall（2013）在考虑到农业劳动力是高度差异化的投入要素后，利用中国健康和营养调查（CHNS）的微观数据研究发现，1991~2009年中国农业劳动力投入年均下降4.5%~5.5%，而农业全要素生产率的年均增幅为6.5%。这一数值是Young（2003）采用相同方法估测中国非农产业全要素生产率年均增长率（1.4%）的4倍多。在构建两部门新古典增长模型的基础之上，实证结果表明中国农业生产率提高通过对劳动力再配置效应使经济增长，其对总体经济的贡献至少不会比非农领域全要素生产率进步的贡献小。农业领域的技术进步会加速工业化进程并最终提高一个国家的相对收入，从而验证了Gollin等（2002）关于城乡二元关系的理论模型。

文献综述的第一个模块即有关农业机械化、就业非农化和城镇化的领域受到了国内外众多专家学者的关注。但从研究视角和研究方法来看，现有研究至少存在以下4个方面的问题。第一，部分研究针对中国特色的发展提出了非常有洞见性的理论框架，但未能通过翔实的数据和计量模型验证理论的正确性。第二，大多数研究只是从单一方面分析农业机械化、非农就业化、城镇化和工业化之间的关系，未能将它们内在的逻辑关系和影响机制厘清。经济现象是一个复杂的整体，变量与变量之间相互影响，正如拉-费模型所刻画的，工业化和农业现代化之间是一个相互促进但又相互制约的关系，劳动力在部门之间的流动是联结二者的桥梁，所以在研究工农、城乡关系时，必须通盘考虑，不可管中窥豹。如果不考虑经济系统内部各变量的内生性问题，最后只能得出相关性关系，而非因果性关系。第三，即使考虑经济现象作为一个整体的不可分性，大多数研究还是未能很好地解决变量内生性问题，也并未提出一个合理的分析框架，并且忽略了经济关系在时间维度上的演化规律。第四，国内很多"三化同步""四化同步"的研究采用的是省级的宏观数据，这类研究可以从宏观层面把握研究对象的规律，但省级宏观数据高度的加总特征和统计口径的差异化导致数据不能贴切地反映实际的现状（如农村劳动力的异质化问题，参见Cao and Birchenall, 2013），并且宏观数据间的相关性缺乏微观基础，所以有必要采用微观的数据和更科学的模型对理论加以验证。

（四）农地规模化和农业机械化

关于耕地细碎化和农业机械化的对立关系，目前学术界的观点存在分歧。持正方观点的学者认为，家庭联产承包责任制虽然提高了农户的生产积极性，却导致土地细碎化和规模不经济的问题，而对于农地流通市场化的限制不利于在市场机制下自发实现农地的集中和规模化经营，这些制度性障碍成为中国农业机械化发展的瓶颈（仇童伟等，2021）。秦立建等（2011）利用安徽省 1995~2002 年 538 个研究样本的分析表明，耕地细碎化降低了地块之间农业固定资产投入的正外部性，从而对农户的机械投资产生消极影响。黄祖辉等（2014）通过江西省 2011 年 325 户稻农的实证研究发现，耕地细碎化阻碍了小农户对农业机械的使用，并降低了农业生产效率。国际上学者普遍认为，规模过小的农业生产无法有效分摊相对昂贵的农业机械费用，而只有农业达到一定规模，大中型农业机械才能形成规模经济，所以有效率的农业机械化必须以提高每块土地面积为前提（Nguyen et al.，1996；Haji，2007；Tan et al.，2008；Rahman and Rahman，2009；Latruffe and Piet，2014；Yamauchi，2016）。

但是，中国同时存在的耕地细碎化和农业机械化快速发展的现实引发了不少学者的反思。Yang 等（2013）通过江苏省沛县的调研发现，当地已经形成了专业的农业机械服务组织，他们驾驶自家的大中型农业收割机穿梭于全国大江南北，为当地的小农户提供机械收割服务。纪月清（2010）和 Wang 等（2016）通过实证研究表明，小农户倾向于从市场上购买大中型农业机械服务而并非直接投资小型农业机械。中国农业机械化的实践表明，小农户与大农业机械之间是可以通过农业机械服务市场对接的（杨进，2015）。

所以，学术界在讨论土地细碎化是否阻碍农业机械化发展这个问题时，需要厘清"农业机械化"这个概念。农业机械化并不意味着家家户户都要有农业机械，也绝非农业机械动力的多与少，而是指在农业生产的各个环节农业机械参与率的多寡（曹阳、胡继亮，2010）。对于农业生产有实际意义的是农业机械服务的覆盖面，而不是特定时间点农户持有的农业机械数量（纪月清、钟甫宁，2013）。虽然在现有的土地规模条件下，大农业机械无法进入小农户的田地，但是单个农户可以通过购买农业机械服务实现农业机械化。农业机械作为农业劳动力的替代生产要素，其交易数量只与劳动力相对价格有关，而与土地规模无关（刘凤芹，2006）。

近年来，随着乡村振兴战略的深入，农村地区出现了一大批农地规模经营主体，他们的出现形成了内生性的农业机械服务市场（王子阳，2022），为当地的小农户提供农业机械化服务。由此可见，农业机械服务市场（无论是跨区型还是内源型）有效地连接了小农户和现代农业，打破了传统农业经济学家秉持的农地规模化是发展农业机械化的必要条件的论断。但是周娟（2017b）认为，土地流转加速形成了规模化经营主体的扩张和小农户的萎缩，其结果是农业机械社会化服务以偏向大规模农户的趋势发展，这一态势倒逼小规模农户退出生产领域。另有研究发现，不同规模农户从农业机械服务市场中的获益程度是不同的，中等规模农户相比于小规模农户更倾向于购买农业机械服务（仇童伟等，2021）。所以，在强调发展农业社会化服务的同时，也需推进农业的适度规模经营，两者是相互促进的关系（Qiu et al., 2021）。不同规模农户的生产目标是不同的，小规模农户追求成本最小化，中等规模农户追求风险最小化，而大规模农户追求利润最大化（张宗毅、杜志雄，2018），农户选择是直接投资农业机械还是购买农业机械服务有一个临界规模区间，胡雯等（2019）根据全国9省1056个水稻种植户测算出来该数值约为100亩。

李虹韦和钟涨宝（2020）进一步区分了规模差异化的农户对不同资产专用性的农业机械服务类型的需求差异，研究结果发现，农地经营规模与农户的通用资产服务需求呈现U形关系，与农户的专用资产服务需求呈现倒U形关系，且自我服务与市场服务的替代与补偿关系是其主要作用机制。

（五）农业机械化和粮食产出

农业机械化对粮食产出的贡献其实是一个生产率的测算范畴，生产率的测算可以分为全要素生产率和偏要素生产率，后者是指农业产出和某一种生产要素的比率，如人均劳动生产率、土地生产率和资本生产率。

在发达国家的农业生产中机器是不可或缺的生产要素，贯穿于农业生产的各个环节，其重要性是显而易见的。大多数研究聚焦于在人多地少的发展中国家，农业机械对粮食产量的影响，尤其是分析在种粮劳动力大规模迁移的背景下，农业机械对劳动力的替代性。对于农业机械化是否能够促进粮食产出的问题，早期有学者指出，发展中国家的农业生产中普遍存在劳动力剩余的情况，所以一味地追求劳动效率的提高和农业机械化是行不通的（刘运梓、宋养琰，1980）。传统精耕细作的农业生产方式能够充分利用相对稀缺的土地资源，农业机械化虽然能够提高劳动生产率，但是不能增加每块土地的粮食产出（罗象谷，1985）。发展中国家忽略自身资源禀赋，一味效仿发达国家追求农业机械化的失败经验，使国内对农业机械化的讨论变得十分敏感。在一篇回应性的文章中，项南（1980）指出，粮食增产有很多办法，但是不搞农业机械化，就不可能实现农业现代化。他在对比发达农业国家的粮食产量数据后得出，农业机械化不仅能提高劳动生产率，还能提高土地产出率。

随着全球范围内发展中国家城镇化浪潮的兴起，在农业劳动力流失背景下农业机械化对粮食的增产效应得到了学界的普遍认同。学者普遍关注的是农业的规模化、农户的异质化对农业机械化增产效应的影响。Gollin（2014）对比分析了全球 80 个国家的粮食生产效率之后发现，国家之间生产率的巨大差异主要是由诸如农业机械化等农业技术的差异引致的。Yamauchi（2016）指出，在农业和非农劳动力价格上升的情况下，亚洲粮食主产区的国际竞争优势依赖于农业机械化的进步。Takeshima 等（2013）对非洲的研究表明，机械化已成为粮食增产和减贫的重要工具。Houssou 等（2013）认为，农业机械服务市场的构建必须依托于充足的市场需求、专业劳动力市场和农业机械维修等辅助系统的健全，由于地理、经济、法律制度的约束，诸如加纳、尼日利亚等国家并不具备开辟农业机械跨区服务市场的条件。全球范围内普遍的农业机械化潮流冲击着非洲小农户的种粮模式，机械化的进步客观上要求扩大种粮的规模（Collier and Dercon，2014）。

在对中国的研究方面，尽管 Lin（1987，1992）的研究发现，以家庭联产承包责任制为代表的制度性改革和市场化改革是 20 世纪 80 年代初中国粮食产量增加的主要诱因，但持续性粮食增产依赖于农业机械化等农业技术的进步（Fan，1991）。农业机械化水平的上升是中国在农业劳动力流失严重的情况下依然实现粮食产量十二连增的主要原因（Yang et al.，2016）。郑旭媛和徐志刚（2016）在诱致性技术变迁的理论框架下，利用 1993~2010 年的省级面板数据研究发现，农业劳动力成本的上升会促使农户更多地使用农业机械进行粮食生产。周振和穆娜娜（2015）利用省级数据测算出 2004~2013 年农业机械化水平对粮食产出的贡献率在 8.73%~9.62%。在另一篇更细致的研究中，周振和孔祥智（2019）利用县级面板数据和双重差分方法，估算出粮食产出关于农业机械化水平的弹性为 1.28。倪国华和蔡昉（2015）指出农业资本的提升可以逆转由非农就业导致的土地集中与单产的"反向关系"。王建英等（2015）的实证研究发现，农业机械化不仅促进了种粮农户的规模化经营，而且提高了土地单产。王欧等（2016）利用 2003~2014 年农户面板数据的研究同样表明，农业机械的发展有效替代了种粮劳动力并促进了粮食产量的提高，并且产出弹性逐年增加。

在农村青壮年劳动力流失及农村劳动力老龄化、妇女化的背景下，由于以农业机械服务为代表的社会化服务体系的支撑作用，各类粮食生产效率并未出现明显下降（胡雪枝、钟甫宁，2013；周宏等，2014；彭代彦、文乐，2016）。农业机械化的不同实现方式对粮食生产的影响是不同的。胡霞等（2022）的实证研究发现，农业机械服务减少了土地撂荒面积，提升了粮食主产区的粮食全要素生产率（张丽、李容，2021），且在农村人口大量外流的背景下促进了农业种植结构"趋粮化"（罗必良、仇童伟，2018）。杨青等（2023）利用 2007~2018 年全国农村固定观测点数据的实证研究发现，农业机械购置补贴通过促进农业机械社会化服务市场发育，增大了农户获得农业机械社会化服务的概率和服务规模，对土地生产率、劳动生产率和全要素生产率增长率均有显著的提升作用。另有研究表明，农业机械化对粮食生产具有"环境友好型"效应，如农业机械化降低了粮食生产过程中的碳排放强度（徐清华、张广胜，2022），同时农业机械化服务通过机械化施肥的采纳、农地经营规模的扩大和收入提升减少了粮食种植户的亩均化肥支出（朱建军等，2023）。

绝大多数研究关注的是微观层面农业机械化对粮食产量的直接影响，从宏观上来看，由于中国农业机械跨区服务的广泛存在，农业机械化水平的提升除了对当地粮食产出有正向影响外，还会辐射到周边地区（伍骏骞等，2017；方师乐等，2017；张露、罗必良，2018）。Yang 等（2013）通过江苏省沛县的案例分析指出，这种大型农业机械跨区服务是在中国农业劳动力转移背景下，小农户融入现代农业的有效途径，而这种模式的农业机械化发展是中国实现粮食连增的推动力。杨进（2015）和 Zhang 等（2017）的实证研究均表明，利用省级层面的宏观数据可以看出，农业机械对粮食产出的影响并不显著，而利用农户观察点的微观数据可以清晰地捕捉到农业机械对粮食产量的显著正向影响，这一对比结论从侧面推理出中国农业机械化对粮食产量的影响是具有空间溢出效应的。高鸣和宋洪远（2014）指出，农业机械跨区服务不仅避免了农业机械的重复投资与购买，还可以将先进的农业生产技术传播至周边地区，成为技术溢出的途径和工具，粮食生产的技术效率因而呈现空间自相关性。胡祎和张正河（2018）的实证研究发现，农业机械服务显著提高了小麦生产的技术效率，其路径来源于科技引入效应与劳动替代效应，前者以外包服务的形式将先进技术引入农业生产环节，后者通过保障农业劳动完成质量避免了当前农村因劳动力不足以及农户"偷工减料"而造成的技术效率损失。此外，农业机械服务和粮食生产效率的关系在地区之间存在明显的异质性（张丽、李容，2020），且在不同生产环节也存在较大差异（宦梅丽等，2022）。

已有的有关农业机械化和粮食产量的文献主要聚焦于全国或某个区域农业机械化对粮食产量有无直接影响，忽略了农业机械跨区服务所形成的空间溢出效应。对农业机械跨区服务的研究也局限于现象层面的探讨，至于这种空间溢出效应在统计上是否显著、在空间上呈现哪些特征、为什么会有这些特征，没有做定量的研究。

（六）农地产权稳定性与农业机械化发展

稳定的产权制度安排是农户进行长期农业投资的重要因素，主要表现在降低农户地权保护成本和提高农户地权稳定性预期两个方面（林文声等，2017；Gao et al.，2021）。孙琳琳等（2020）建立异质性农户模型，不仅从理论上分析了农地确权对农户资本投资的影响机制，还通过实证方法检验了土地产权稳定性具有促进农户资本投资的直接效用。陈飞和刘宣宣（2021）利用 CLDS 数据的实证研究发现，农地确权有利于提升农业劳均产出、降低农业劳动密集度、增加农户非农劳动时间，从而促进产业结构转型。张永峰和路瑶（2021）基于农业生产正规借贷和非正规借贷投资两个方面研究了农地确权对农业投资的影响，验证了农地确权存在强化地权稳定性的产权激励效应，并对正规和非正规借贷投资均有正向的激励作用。Goldstein等（2018）研究发现，通过界定土地权属来提高土地产权安全性，可使农户用于已确权地块的长期投资增加23%~43%，同时，女性经营土地的长期投资在平均水平上要比男性经营增加的程度更为明显。Chari等（2021）的研究表明，增强农地产权稳定性缓解了农地资源错配问题，带来农业生产率的提升。此外，稳定的农地产权促进了农户的长期投资和技术进步，从而降低了农业碳排放（王伟新等，2024）。

典型的农业长期投资包括有机肥和大型农业机械。黄季焜和冀县卿（2012）以农地有机肥投入为例研究了农地确权对农户长期投资的影响，发现农地确权可以增强农户土地使用权稳定性，从而激发农户长期投资的意愿。应瑞瑶等（2018）研究发现，地权较为稳定的农户确权后会增加农家肥投资，且自有农地的农户农家肥投资高于转入农地农户的投资水平，但并未对农业机械投资方产生影响。米运生等（2019）基于产品异质性角度分析农地确权对农业投资的影响，研究发现农地确权的长周期作物和资本密集型农产品具有投资激励效应。胡雯等（2020）将农地确权对农户投资的激励行为分为短期（服务外包）和长期（自购机械）两个方面，并以水稻种植户为例，实证研究发现农地确权促进了水稻种植户的长期投资行为，而对其短期投资行为存在抑制作用。

自2017年党的十九大报告明确提出"健全农业社会化服务体系，实现小农户和现代农业发展有机衔接"的目标任务之后，如何促进农业社会化服务发展成为农业经济学界研究的热点，其中为数不多的文献关注新一轮农地确权和社会化服务之间的关系。具有代表性的是李宁等（2019）的研究，他们利用2016年中国劳动力动态调查的数据分析发现，新一轮农地确权通过对农地经营权的进一步明晰与细分，降低了纵向分工的交易费用，进而使农户更倾向于选择农业机械外包服务。方师乐等（2020）利用全国农村固定观察点2011~2014年的数据实证研究发现，农地确权加速了农村优质劳动力的非农就业，在农地流转市场不成熟的约束下，理性农户会更倾向于选择社会化服务以替代劳动力。陈江华和罗明忠（2018）的研究发现，农地确权提升了转入方的经营规模稳定性预期，并提高了其直接投资农业机械的倾向，但对农业机械服务的购买呈现非线性影响。胡新艳等（2022）认为，农地确权方式的差异对农业服务规模经营发展具有不同的影响，相较于常规确权，整合确权促进农户农业机械服务外包的倾向更加显著。柯文静和周林毅（2022）采用福建省950户农户数据的实证研究表明，农地确权后农户更倾向于购买生产托管服务，这导致了种植结构的"趋粮化"。黄斌和高强（2021）利用黄淮海农区807户农户的调查数据，从服务规模和服务选择两个维度研究发现，农地确权显著增加了农业机械社会化服务规模。罗明忠和邓海莹（2020）从农户风险偏好的角度研究农业机械社会化服务契约的选择问题，他们发现，风险偏好越高的农户签订契约的可能性越小，而农地产权稳定性是影响农户风险偏好的重要因素。

  由于直到2018年底新一轮农地确权才在全国范围内完全铺开，而社会化服务也是党的十九大之后才开始逐渐成为农业经济学界的主流研究对象，有关二者之间基于长面板数据的政策效应研究尚处于起步阶段，仅从现有文献的结论来看，似乎这一效应也是模糊不定的，且内在机制也存在较大争议，这也是本书拟解决的关键问题之一。笔者认为，李宁等（2019）基于产权调整与农业分工的逻辑框架为类似研究提供了很好的借鉴，但同时不应忽略农地确权过程中农地流转所引致的农地规模调整对社会化服务需求的影响。

第三章 中国式农业机械化道路的理论内涵

一 理论背景

长期以来，有关中国的农业资源禀赋是否适合发展机械化的问题一直受到学术界和实务界的激烈讨论。首先，中国是一个典型的人多地少、耕地极度细碎化的国家。2018年全国农村固定观测点数据显示，中国农村地区户均耕地面积不足1公顷，远低于世界银行设定的小农户标准的上限2公顷；此外，中国平均地块面积不足1公顷（Yang et al.，2013），远低于Otsuka（2013）所论述的农业机械化门槛。从理论上看，由于农业机械这种生产要素的不可分性，中国发展农业机械化存在规模不经济的瓶颈，而农业机械的替代要素——农业劳动力在中国的广泛剩余进一步制约了机械化的发展。

尽管早在1959年，毛泽东就指出"农业的根本出路在于机械化"，但农业机械化发展在20世纪90年代前的中国举步维艰，不少学者对在农业劳动力剩余、农业规模过小的条件下发展农业机械化提出了怀疑（罗象谷，1985；董涵英，1986）。其他发展中国家忽略自身资源禀赋，一味效仿发达国家追求农业机械化最终失败的教训，也使得当时国内对农业机械化的讨论变得十分敏感。

自实施家庭联产承包责任制以来，中国农业一直都是以家庭为经营主体的小规模农业，户均耕地面积被限制在10亩左右（仇叶，2017）。在这一基本面并未发生根本性转变的情况下，中国的农业机械化进程却在21世纪开始加速，打破了以拉坦（Ruttan，2001）为代表的主流农业经济学家的悲观预期。2020年，全国农作物综合机械化率已经超过70%，较2000年的32.3%实现了大幅提升，而小麦、水稻、玉米三大粮食作物的综合机械化率分别达到 97.2%、84.4%、89.8%①，部分地区已经实现了全程机械化作业。中国农业机械化发展的实践经验表明，耕地细碎化的国家并非无法实现农业机械化，而小农户也可以和现代农业成功对接。

虽然改革开放以来中国的农业机械化水平一直平稳上升，但是增长模式在 2000 年前后出现了转折。1981~2000 年，中国经历了农业机械小型化的发展阶段，在此期间，小型拖拉机动力的年均增长率为 10.2%，而农用大中型拖拉机动力的年均增长率仅为 0.7%。自 21 世纪以来，城镇化的快速发展造就了就业非农化的浪潮，非农就业的小农户更倾向于购买农业机械服务而并非直接投资农业机械，大中型农业机械跨区服务流行起来，加之国家补贴政策逐渐向大中型农业机械倾斜，2000 年后，中国的农业机械化呈现明显的大型化趋势。2001~2020 年，小型拖拉机动力的年均增长率仅为 2.2%，且自 2013 年开始出现萎缩，而农用大中型拖拉机动力呈现指数型攀升，年均增长率达到 14.5%。

21 世纪以来农用大中型机械的迅速崛起，以及由此产生的横跨中国大江南北的农业机械服务，成为中国实现农业机械化的一道独特风景线（方师乐等，2017）。2000 年农业部颁发的《联合收割机跨区作业管理暂行办法》对农业机械跨区作业的组织管理、服务质量和信息服务做出了具体的规定，这标志着中国的农业机械跨区服务进入了综合管理和全面发展的阶段。2004~2013 年，农业机械跨区服务面积一直呈现稳步上升态势，小麦机收面积保持高位，而水稻、玉米机收成为新的增长点。但 2014 年中国农业机械跨区服务面积出现了骤减，比 2013 年减少了约 700 万公顷，下降幅度达 19%，机收面积下降了 32%，其中机收小麦、机收水稻、机收玉米面积同比分别下降 41.9%、36.5%、2.4%。仇叶（2017）在调研中发现，由于农村中"熟人社会"的特征，内生性农业机械服务开始替代外地市场占据主导地位，大范围的农业机械跨区服务市场萎缩，辐射空间变小。

以农业机械跨区服务为代表的中国农业机械化发展路径成为国内农业经济学者的研究热点（Yang et al.，2013；Zhang et al.，2017；罗必良，

---

① 《中国农业机械化年鉴（2021）》，中国农业科学技术出版社，2022。

2017；方师乐等，2017；黄炎忠、罗小锋，2020；庄晋财、李玥，2022），他们尝试从不同维度向传统经济学提出挑战。例如，Yang等（2013）认为，农业机械跨区服务的形成和壮大，证明以亚当·斯密为代表的主流经济学家认为农业不可分工的论断值得商榷；罗必良（2017）拓展了科斯定理，认为经营权的进一步细分使得服务的规模化可以取代土地的规模化，在耕地细碎化的约束下实现农业生产的规模经济；方师乐等（2017）的实证研究进一步证明，农业机械跨区服务形成了显著的农业技术空间外溢性，这是农业实现内部分工的雏形。目前，学术界对这一现象的研究需要上升到理论高度。

从经济学视角来看，农业机械跨区服务的出现标志着农业机械在中国具有俱乐部产品的属性，即非竞争性和排他性并存。非竞争性体现在大中型农业机械增加对一个小农户的服务的边际成本很低，排他性体现在农户不支付服务费则不能享受农业机械服务。这种特殊的农业机械供给模式成为极具中国特色的农业机械化发展路径，而由Buchanan（1965）和Olson（1965）所开创的经济学经典理论——俱乐部理论，则为分析这一现象提供了很好的理论框架。

从已有研究来看，虽然关于俱乐部理论的应用层出不穷，但尚未有研究将这一理论应用于分析中国的农业机械跨区服务。现有的有关中国农业机械跨区服务的案例研究（Yang et al.，2013；Houssou et al.，2013）可以揭示其形成的机制以及对中国粮食生产方式的影响，但只能局限于现象层面的探讨，部分实证研究（方师乐等，2017；伍骏骞等，2017）成功地揭示了农业机械跨区服务所引致的空间溢出效应及其分布规律，但以上研究均无法在理论层面系统回答中国农业机械化萌芽和发展过程中的如下关键性问题：①中国为何可以打破传统农业经济学家的预测，在耕地细碎化的资源禀赋约束下成功实现农业机械化的发展？②为什么中国农业机械化在21世纪由小型化向大中型化转变？③中国哪些特殊的自然资源禀赋和制度安排决定了农业机械会具有俱乐部产品的属性？④中国经济发展中的劳动力非农就业、耕地规模扩大等趋势如何影响农业机械化的发展路径？

本章利用俱乐部理论提出了一个关于中国特色的农业机械化发展路径的经济学模型，并在此理论框架下，运用静态均衡的分析方法，研究各种外生冲击对其发展路径的影响机制，以期丰富现有研究的理论内涵，并为未来中国农业机械化的发展方向提供理论层面的建议。

二 农户使用农业机械服务的俱乐部模型

（一）俱乐部理论下的中国农业机械服务市场

第二章详细讨论了俱乐部理论的思想，在俱乐部模型下，虽然小农户直接投资农业机械规模不经济，但是将大中型农业机械看作俱乐部产品，由农业机械服务供给主体（公司、合作社或农户）向缴费的农户提供专业化的农业机械服务是可行的。实际上，这样的市场模式使得农业机械成本在很多农户间进行了分摊，并且，由于这种边际成本很低，所以一个大中型农业机械可以形成一个规模很大的俱乐部。而且这个俱乐部是可以在空间上移动的，会员不需要在一个特定的地理范围内集中。布坎南外部性在空间上扩散，从而形成了农业机械对粮食产出的空间外溢。

正如布坎南指出的，任何一件商品无论其位于纯私人产品—纯公共产品区间的哪个范围，它对某一消费者的效用都取决于它的总量及其被多少消费者共同消费，即使是某些看上去很明显的私人产品，如鞋子，同样可以这样定义。鞋子之所以相比于游泳池更具有私人产品的属性，是因为共同使用某一双鞋子会迅速降低每个消费者的效用，这种效用的损失没有办法通过成本的分摊而弥补。再来看农业机械这种产品，暂且不论其供给模式，从购买者角度来看，它是农业生产中的中间投入品，其对农户的效用在于劳动力的替代或产出的增加。增加一位共同使用者可以节约50%农业机械成本（假设农户是同质的），而在中国现有的农业生产资源禀赋条件下，增加共同使用者对其边际成本（折旧费、交通费、时间冲突）的增加很小。所以，按照布坎南的观点，农业机械在小农户间是一种俱乐部产品。即使农业机械一开始作为私人产品被某一农户购买，理性的农户也会通过租赁形式降低成本，使其成为俱乐部产品。这一供给模式经常发生在早些年的小农户之间。大中型农业机械的兴起，理论上要求"俱乐部成员"的数量随之增加，这就形成了横跨全国的大规模农业机械跨区服务,这实际上就是一种大型"农业机械俱乐部"的形式。因此,在俱乐部模型的框架下,有利于理解中国农业机械跨区服务市场的形成、发展和演化。

(二) 数理模型

假设:①所有农户同质,包括生产规模和生产技术;②生产的投入要素为土地(A)、农业机械(M)和劳动力(L),其中A和租金r为外生变量,并将r标准化为1;③农业机械为n个农户所有,农业机械对单个农户农业生产的贡献受到M和n的共同影响,其函数为$h(M,n)$,且$h_M>0$,$h_n<0$,由于农户同质,标准化后的农业机械成本$\chi(M,n)$在n个农户间平均分配;④生产函数为$Y=F[A,L,h(M,n)]$。理性农户的目标是在特定的生产成本C的条件下,实现产出最大化,即:

$$\max F[A,L,h(M,n)], \text{s.t.} Lw = C - \chi(M,n)/n - A \quad (3.1)$$

其中w为标准化后农业劳动力的工资,为了能够求导,假设n连续。注意到式(3.1)的最优解可能是$n=1$或$n=0$。当$n=1$时,每个农户单独拥有农业机械,农业机械为私人投资品;当$n=0$时,所有农户不使用农业机械,此时的投入要素仅为土地和劳动力。俱乐部理论认为,当n很小时,拥挤成本较小,而农业机械投入的平均成本下降很快;而当n很大时,拥挤成本上升的速度变快,超过了农业机械的平均成本下降速度。所以存在一个最优的n^*。假设所有农户个数为N,当$1<n^*<N$时,农业机械为俱乐部产品。为了求最优解,对式(3.1)分别求M和n的倒数,得到:

$$nF_h h_M / F_L = \chi_M / w \quad (3.2)$$

$$\chi_n - nwF_n h_n / F_L = \chi/n \quad (3.3)$$

式(3.2)即公共产品供给的Samuelson均衡条件,此时,每一单位公共投入品的边际产出$nF_h h_M$和每一单位私人投入品的边际产出F_L之比等于其成本之比。式(3.3)的右边是农业机械投入的平均成本,左边第一项是增加一个农户的边际成本(交通费、折旧费等),第二项是边际拥挤成本,即增加一个农户对已有俱乐部成员的产出损失之和。Berglas(1976)

将这两项边际成本之和定义为边际社会成本（Marginal Social Cost）。在最优条件下，平均成本等于边际社会成本。在 w、F、χ 给定的条件下，联立式（3.2）、式（3.3）和预算方程可求出最优均衡解（M^*，n^*，L^*）。对于不同的 w、F、χ，都对应着一组不同的最优解（M^*，n^*，L^*）。

当农业劳动力工资 w 上升而其他条件不变时，农业机械和劳动力成本之比 χ_M/w 下降。由式（3.2）可知，在均衡条件下，$nF_h h_M/F_L$ 也应随之下降，即农户会使用更多的农业机械来替代劳动力。而 w 上升时，边际拥挤成本 $nwh_n\chi_n/F_L$ 上升，均衡时农业机械的平均成本上升，即 n^* 减小。

当其他变量一定而 χ_M 变小时，M^* 增加，L^* 下降，即随着农业机械供给成本的不断下降，农户会倾向于使用更多的农业机械来替代劳动力，而由于 M^* 上升、χ_M 降低，农业机械总成本 χ 变化不定，所以不能确定 n^* 的变化。

保持其他变量不变，当 χ_n 下降时，由式（3.3）可得，社会边际成本下降，对应 n 增加，而当 n 增加时，为了保持单位农业机械的边际产出 $nF_h h_M$ 不变（因为劳动力的边际产出和投入要素价格均不变），h_M 下降，即 M^* 上升。

（三）图形分析

在中国，家庭是农业生产的基本单位，虽然农忙时节家庭之间有互帮互助的行为，但是健全的农业劳动力市场是缺失的（LaFave and Thomas，2016）。为了模型的简洁性，假设不存在农业劳动力市场，每家农户从事农业的劳动力数量为固定值 L。

首先来看在农业机械规模（动力值）给定的情况下最优农户数的问题。假设一台给定的动力值为 M_1 的农业机械，用 n 代表使用这台农业机械的农户数。假设：①农业机械的总成本是 M_1 和 n 的函数，用 $\chi(M_1, n)$ 表示；②农户同质，那么每个农户为这台农业机械所付出的成本为 $C(M_1, n) = \chi(M_1, n)/n$，$n$ 的一阶导数 C_n 随着 n 的增大而递减，函数图形为图 3.1 中的 C_1。

农户数除了影响每个农户的农业机械成本之外，也会影响农户产出，这表现为拥挤成本，比如一开始这个俱乐部只有两三家农户，也许不会影响到各自的生产活动，但是随着农户数越来越多，拥挤成本变得越来

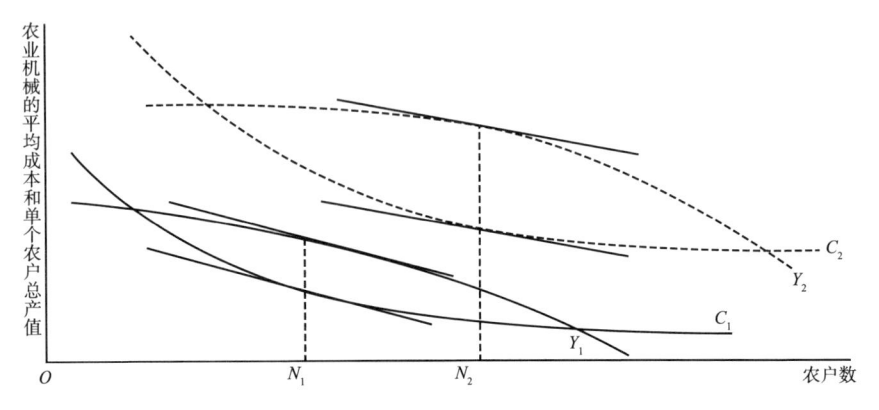

图 3.1 农业机械规模固定下的最优农户数

越大，每个农户的产量也会受到影响。假设生产函数为 $h(M_1, n)$，且 n 的一阶导数 h_n 随着 n 的增大而递增。假设农产品市场完全竞争，并将其价格设定为单位价格，从而农产品产量和产值在数字上相等，$Y(M_1, n) = h(M_1, n)$，在图形上表现为 Y_1。理性农户在选择最优农户数时以利润最大化为目标，在劳动力成本固定的情况下，这一目标即为最大化 $Y(M_1, n) - C(M_1, n)$。由图 3.1 可知，$Y(M_1, 1) < C(M_1, 1)$，意味着如果农业机械只能作为私人投入使用，将没有农户购买。最优解 N_1 满足 $(\frac{d_X}{d_{N_1}} - X)/N_1^2 = d_Y/d_{N_1}$。当单个农业机械的规模由 M_1 上升为 M_2 时（如小型农业机械变为大中型农业机械），$X(M_2, n)$ 和 $Y(M_2, n)$ 随之改变，此时的均衡点变为 N_2。由定义可知，d_Y/d_n 随着 M 的增加而减小，而 $\frac{d_X}{d_{N_1}} - X$ 增大，所以 $N_2 > N_1$。每一规模 M 的农业机械对应最优农户数 N^*，且 $M_N > 0$。

虽然现实中农业机械的动力值可能是离散的，但是为了方便使用微分，假设农业机械的动力是连续的，这一假设不会影响最终的结论。如图 3.2 所示，当农户数为 1 时，平均农业机械成本函数为 $C(M, 1)$，函数图形为 C_1，而总产值函数为 $Y(M, 1)$，函数图形为 Y_1。由于对于任意的 M，有 $C(M, 1) > Y(M, 1)$，所以当农户数为 1 时，最优的农业机械规模为角点解 $M = 0$。同样，当农户数为 k 时，农业机械平均成本和

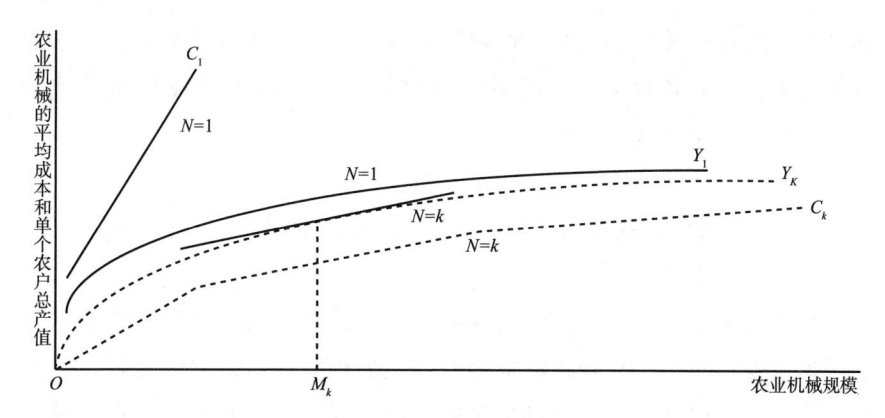

图 3.2 农户数固定下的最优农业机械规模

单个农户总产值与农业机械规模的关系可以用曲线 C_k 和 Y_k 表示,当 $\frac{\mathrm{d}_C}{\mathrm{d}_M}=\frac{\mathrm{d}_Y}{\mathrm{d}_M}$ 时,实现每个农户利润最大化,此时,$M=M_K$。每一个特定的 N 都对应着最优规模 M_N,且 $\mathrm{d}_M/\mathrm{d}_N>0$。

每一农业机械规模对应着最优农户数,而每一农户数又对应着最优农业机械规模,联立 N_M 和 M_N,可以求得唯一均衡解 (M^*, N^*)。由图 3.3 中的 G 点表示。无论初始状态如何,理性农户最终都会选择组合成数量为 N^* 的"农业机械俱乐部",共同使用规模为 M^* 的农业机械。例如,初始状态为 A (M_K, N_K),当农业机械规模为 M_K 时,扩大俱乐部成员数至 B (M_K, N_{K+1}) 点可以扩大农户利润,而当 $N=N_{K+1}$ 时,追求利

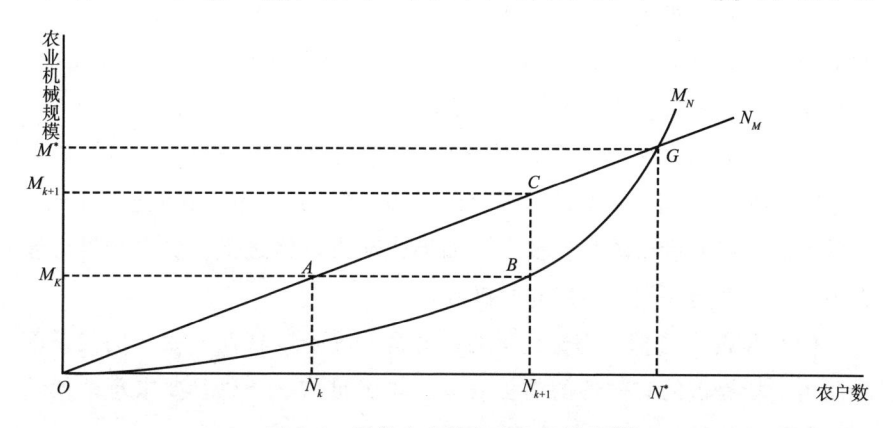

图 3.3 最优农户数和农业机械规模

润最大化的农户又希望农业机械规模扩大到 M_{K+1}。如此反复,直到达到均衡点 G。由此可以看出,当外生条件给定时,总是存在一组最优的 (M^*,N^*),并且这一点是唯一稳定解。

三 农业机械在中国成为俱乐部产品的可行性分析

由模型分析可以看出,虽然任何一种产品都有成为俱乐部产品的可能,但是在实践中,只有在特定的经济发展水平、自然禀赋条件和制度安排下,某种产品才有可能通过俱乐部的方式由市场提供。农业机械成为大规模俱乐部产品必须具备以下5点要求。

(1) χ_n 不能太大,即多增加一个农户的边际成本不能太大。比如说袜子这种商品,理论上两个人使用一双袜子以分摊成本不是不可行,但是这增加的第二个人对第一个人的影响太大,这种效用的损失在绝大多数情况下超过了成本的减少,所以袜子一般都是私人产品。

(2) 个体规模较小,单一个体消费俱乐部产品足够昂贵。由式(3.3)可得,在均衡条件下,社会边际总成本等于俱乐部产品的平均成本,俱乐部产品成本越小,个体通过共享分摊成本所获得的收益就越小,当这种收益不足以抵消共享所带来的成本时,个体会选择私人消费。总结(1)(2)两点,俱乐部产品所共有的特性是不变成本大而可变成本小。

(3) 大规模俱乐部产品的出现需要 N^* 足够大,即市场要足够大。农业是季节性特别强的产业,各生产环节必须按照既定的顺序在特定的时间完成,农业机械若想要实现游泳池一样的供给模式,需求必须在时间上交错,如果需求只发生在同一时间点,市场受自然生产规律限制,大规模的农业机械供给就不可能出现。

(4) 可替代的私人产品的价格要足够高,由式(3.2)可得,如果 w 过低,而 M 为离散变量时,就会出现 $M=0$ 的角点解。在农业生产中,劳动力是对农业机械的替代要素,如果劳动力价格过低,农户会尽可能多地投入劳动力而放弃使用农业机械。

(5) 供需双方都是完全竞争的,这是Berglas(1976)提出的俱乐部产品由市场提供的有效性的前提假设。要满足这一条件,要求每个俱乐部的最优成员数 N^* 和总人数 N 之比远小于1。

(一) 资源禀赋的可行性

中国幅员辽阔，国土在纬度上的跨度很大，这造成同类农作物在同一生产环节上的时间间隔性。例如，广西的早稻在6月初就开始收割，而黑龙江的水稻10月底还在收割。杨进（2015）通过对江苏省沛县农业机械合作社的采访总结出小麦和水稻的跨区路线图，其中小麦的跨区作业从4月初开始，会一直持续到7月初，路线为四川→陕西→湖南→湖北→江苏→山东→天津，水稻的跨区作业从7月中旬开始一直持续到11月底，路线为湖南→湖北→四川→陕西→江苏→上海→内蒙古→辽宁→吉林→黑龙江→江苏→广东→广西。

南北地区的农作物在生产环节上的时间差保证了农业机械作为俱乐部产品供给时俱乐部成员的数量可以足够大，这满足了大型"农业机械俱乐部"出现的第（3）点要求，也解释了为什么21世纪以来中国的农业机械化以大型农业机械的发展为主。

随着中国城镇化进程的推进，农业劳动力价格也相应提高了，即使一些农村地区不存在农业劳动力市场，其机会成本也会随着非农劳动价格的提高而提高。劳动力这种"私人产品"的价格提高使农户转而利用更多的农业机械服务，这满足了第（4）点要求。

(二) 制度安排的可行性

从1978年以来，中国一直实行家庭联产承包责任制，家庭成为农业生产和经营的主体，加之人多地少的生产条件，中国的农业耕地极度细碎化，规模过小。虽然中国城镇化的快速发展吸收了农业劳动力，但由于中国特殊的土地产权制度，农地流转市场在2013年之前尚未成熟，平均地块面积并没有因为农业人口的减少而增加。小农户无法承担私人投资农业机械的高昂费用，大农业机械进入小田地也存在规模不经济的问题，小农户更倾向于利用农业机械服务。而且由于农地面积小，多增加的农户的边际成本非常小。国家对大中型农业机械免收高速公路通行费，并加强了各类农村基础设施建设，这也进一步减少了农业机械俱乐部的边际成本。

中国家庭联产承包责任制和土地制度安排使农业机械对于单个农户

来说价格过高，服务农户数量增加的边际成本对于农业机械来说很低，满足了农业机械成为俱乐部商品的第（1）点和第（2）点要求。

（三）市场竞争的可行性

中国农业机械跨区服务市场是一个竞争性的市场。从供给方来看，2014年，全国范围内的农业机械服务组织超过17万家，农业机械服务专业户超过520万个[①]。虽然地区间农业机械服务组织化程度较高，但由于供给数量众多，竞争激烈。从需求方来看，中国需要农业机械服务的小农户数量庞大。农业机械服务的价格公开透明，一般是供给方和需求方将各自的信息和价格发布到"农业机械跨区服务直通车"平台自行匹配。所以无论是从供需双方数量、进入门槛还是价格形成机制来看，农业机械跨区服务市场都是充分竞争的。

四 俱乐部视角下中国式农业机械化的路径分析

中国的农业机械化发展在很大程度上是依赖农业机械跨区服务这种形式的。中国的大中型农用机械已经演变成为俱乐部性质的商品。运用俱乐部理论，能够更深入地理解中国经济发展过程中的劳动力非农就业、耕地规模扩大等趋势影响农业机械化发展路径的机制。1978年以来中国的农业机械化发展经历了由小型化向大中型化的过渡，而从2014年开始，农业机械跨区服务面积出现了减少。从俱乐部理论的视角来看，起初中国农业机械动力小，主要满足"左邻右舍"的生产需要，是一个小型的"农业机械俱乐部"，之后农业机械走向大中型化，跨区农业机械服务的发展让这个俱乐部越来越大，甚至可以覆盖到全国的范围，但是从2014年开始，农业机械的俱乐部产品属性开始消退，私人产品的属性增强。下文将利用经济学中常见的相对静态均衡分析方法研究中国农业机械化发展轨迹背后的形成机制。

（一）非农就业增加，农业劳动力工资上升

城镇化的快速发展深刻地影响了中国农业的生产方式。在期初人多

[①] 《中国农业机械化年鉴（2015）》，中国农业科学技术出版社，2016。

地少的资源禀赋下,农村存在大量剩余劳动力,即使没有农业机械也不影响农业产出,农业机械的边际生产率$F_?$为0,此时,$N_M=0$,$M_N=0$,即没有俱乐部市场。在城镇化吸收了大量的农村劳动力后,农业机械成为替代劳动力的必不可少的生产要素,边际生产率为正,并且伴随着劳均土地面积的下降,农业机械的边际生产率逐渐提高,反映在图3.2中即Y曲线在每一点的斜率增加,相应的M^*增加,在图3.3中表现为N_M向上移动。由于农业机械的边际生产率提高,当俱乐部过于拥挤时,对产量的影响会增大,所以图3.1中Y曲线在每一点斜率的绝对值增大,而农业机械供给成本函数$C(M,n)=X(M,n)/n$保持不变,因此最优的农户数N^*下降,表现为图3.3中M_N曲线向左移动。N_M和M_N可能的变化情况如图3.4所示,最后的均衡由G_1变为G_2,农业机械规模上升。

郑旭媛和徐志刚(2016)在诱致性技术变迁理论的框架下认为劳动力成本上升促进农业机械化的发展,而本书的研究将这一结论进一步上升为:农业劳动力流失不仅促进了农业机械化,而且促进了农业机械大中型化。这个道理如同私人产品的供给成本上升后,消费者更愿意共享可替代的俱乐部产品,在市场扩张后,俱乐部产品的最优供给规模变大。

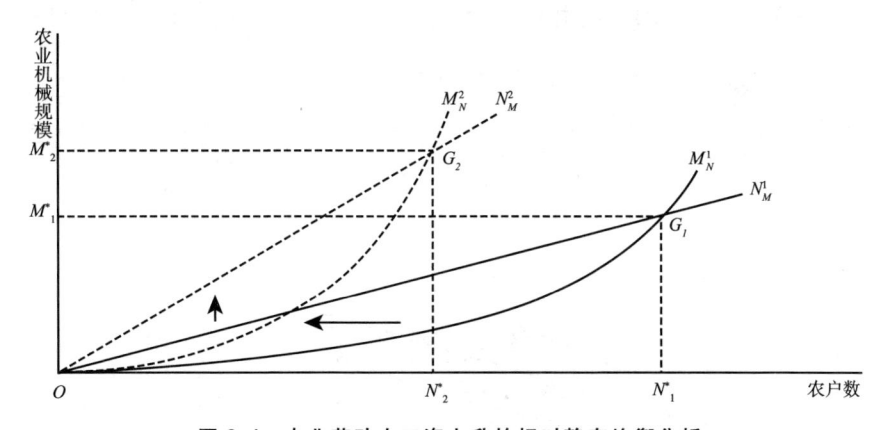

图3.4 农业劳动力工资上升的相对静态均衡分析

(二)国家扶持农业机械工业,对大中型农业机械给予补贴

随着工业化进程的不断加快,政府开始鼓励农业机械工业的发展,农业机械的供给成本不断下降。这表现在以下3点:①国家扶持了一批

优质的农业机械公司，鼓励科学研发，提升了中国自主供应高端大中型农业机械的能力；②以农业机械合作社为主的专业农业机械服务组织提升了农业机械跨区服务的组织化程度，对于加强信息沟通、降低交易成本、形成规模优势起到了至关重要的作用；③2004年《中华人民共和国收费公路管理条例》规定，对于跨区从事农业机械服务的联合收割机、运输联合收割机的车辆，免收车辆通行费。以上3点都显著降低了农业机械或农业机械服务的边际成本。这种边际成本的降低不仅体现在增加单位规模农业机械的边际成本下降，而且体现在增加一个"农业机械俱乐部"的边际成本减少，即d_C/d_M下降。由于农业机械的边际成本下降，图3.1中C曲线每一点的斜率减少，而生产函数曲线Y不变，在俱乐部成员数量N给定的情况下，最优农业机械规模M^*增加，反映在图3.3中即为N_M向上移动。另一方面，农业机械供给成本会降低到农业机械的平均供给成本$C(M,n)=\chi(M,n)/n$，但是图3.1中C曲线每一点的斜率$\dfrac{d_C}{d_n}=(n\dfrac{d_\chi}{d_n}-\chi)/n^2$的绝对值下降，给定农业机械规模下最优农户数$N^*$下降，反映在图3.3中为$M_N$曲线向左移动。$N_M$和$M_N$可能的变化情况如图3.5所示，均衡点由$G_1$变为$G_2$，农业机械的规模上升，而农户数未定。

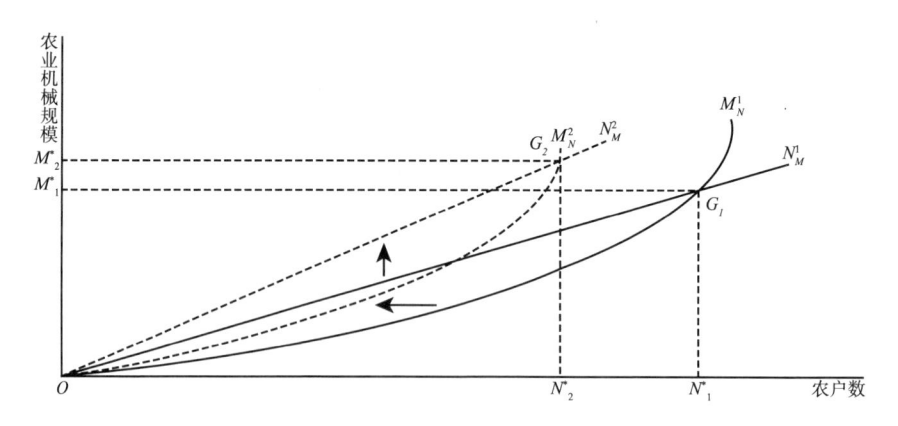

图3.5　大中型农业机械补贴的相对静态均衡分析

由上述分析可见，国家对大中型农业机械的补贴和对农业机械工业的支持降低了大中型农业机械的购置成本，产生的政策效应是农户更倾向于利用大中型农业机械服务,这实际上是形成了更大规模的"农业机械俱乐部"。实践经验也表明,随着城镇化的不断深入,农业劳动力工资的快速上涨,以及农业机械供应成本的下降,中国的农业机械化逐渐走上大中型化的发展趋势,这是在俱乐部理论下外界冲击自发得到的结果。

(三)农民收入提高,耕地规模增加

随着非农就业机会的增加和农业劳动生产率的提高,农民的收入和财富增加,这削弱了其对农业机械作为俱乐部产品的需求。一方面,俱乐部理论的基本假设是,边际拥挤成本是财富的正向函数,即当一个人的财富增加后,与其他人共享某件产品对他来说成本变大,这种成本可能不是实际的花费,而是心理上的成本;另一方面,随着财富的增加,贡献俱乐部产品所节约的成本对于农户的财富来说相对变小了。所以,农户共享农业机械的成本增加而收益减少,其更倾向于私人投资农业机械。这也是为什么随着经济的发展,之前一些俱乐部产品逐渐变成了私人产品,如私人游泳池、私家车等。

近些年,中国鼓励适度规模经营,支持资本下乡,开始出台政策支持农地流转,健全农地流转市场。随着农地流转,一批新型农业经营主体产生了,耕地规模随之增加。从俱乐部理论的角度看,耕地规模的扩大实际上是改变了俱乐部中会员的属性。比如说游泳池这种俱乐部,之前的会员是以家庭为单位,现在是以社区为单位,以前的社区游泳池是俱乐部产品,现在变成了社区内的私人产品,虽然规模没有变,但属性发生了变化。

农民收入提高、耕地面积增加对农业机械俱乐部的影响如图 3.6 所示。上述外部冲击导致农业机械俱乐部每增加一位会员的社会边际成本增加,图 3.1 中的 Y 曲线在每一点的斜率的绝对值增加,给定农业机械规模的情况下最优农户数 N^* 减小,M_N 曲线向左位移,均衡点由 G_1 变为 G_2。现实中可能发生的情况是由于社会边际成本的大幅度上升,M_N 曲线向左位移幅度也较大,以至于 $N_2^* = 1$,此时农业机械成为私人产品。即使 N_2^* 依然大于 1,其数值的减少也会使农业机械俱乐部规模缩减,可能一个村庄成为一个俱乐部,这不利于大规模农业机械跨区服务的开展。

这也解释了为什么自 2014 年中国农地流转进程加速后，农业机械跨区服务面积出现了断崖式下降。

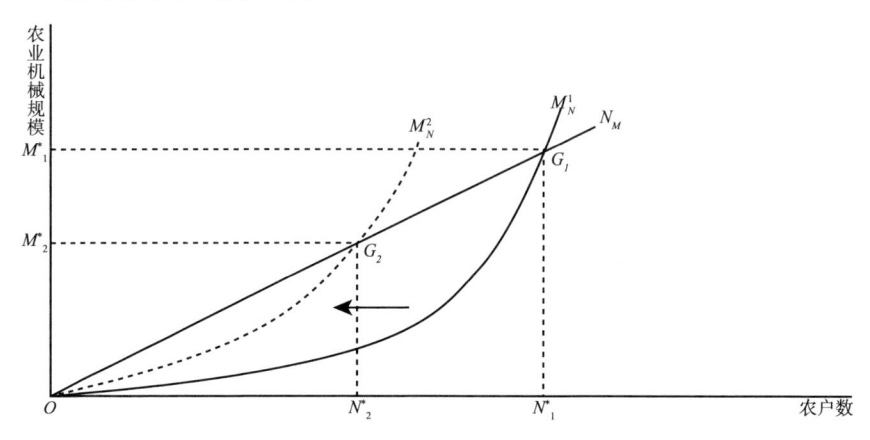

图 3.6　农民收入提高、耕地规模增加的相对静态均衡分析

五　本章小结

本章的主要目的是提供一个主流经济学的理论框架分析中国农业机械化发展历程中的路径转变。在俱乐部模型的框架下，农业机械跨区服务这一现象的本质其实是农业机械在中国已经成为俱乐部产品，农业机械的供给和需求模式同游泳池、公共汽车这些俱乐部产品极为类似。中国特殊的经济发展条件、自然资源和制度安排决定了农业机械俱乐部市场从萌芽到繁荣的可行性。其中包括：①中国家庭联产承包责任制造成了耕地的细碎化，而农地流转市场的缺失使耕地规模无法通过市场机制扩大，小农户单独使用大农业机械存在规模不经济的问题，决定了农业机械在中国无法成为私人产品；②伴随着城镇化的快速推进，农民的非农就业机会增加，农业劳动力的流失及其价格的上升促使农户更多地利用农业机械以替代劳动力，产生了对农业机械的现实需求；③中国国土辽阔，不同地区同一农作物同一生产环节的时间跨度大，为农业机械跨区服务赢得了时间差，保障了俱乐部成员的充足；④中国的道路等基础设施建设完善，各地区虽然存在制度差异，但决策主要受中央行政命令支配，保证了得到中央支持的农业机械跨区服务在地区之间畅行无阻。

以上（1）（2）两点是农业机械能够成为俱乐部产品的必要条件，而（3）（4）两点是农业机械这个俱乐部规模得以扩大的必要条件。可以看到，世界上很难再找到像中国一样幅员辽阔、基建完善、耕地极度细碎化的国家，这也是为什么中国走上了大规模农业机械跨区服务的农业机械化道路，而这种模式很难在其他发展中国家推行的原因。

此外，本章运用俱乐部理论和经济学中常见的相对静态均衡研究方法分析了在中国经济发展过程中，农业劳动力工资上涨、大中型农业机械供给成本降低、农地流转速度加快等外部冲击如何影响中国农业机械化的发展路径，得出以下两个结论。第一，农业劳动力工资的上涨和大中型农业机械供给成本的降低均会增加农业机械俱乐部的规模，即农户更偏好使用大中型农业机械，而农地流转速度的加快会削弱农业机械俱乐部产品的属性。这个结论与中国近十年来农业机械跨区服务发展的历程以及大中型农业机械在中国农业机械化中地位的变化是相吻合的。第二，随着近些年农地流转加速、农业经营规模扩大，以及农户收入水平上升，农业机械的俱乐部产品性质逐渐消退，其回归到私人产品的特征。

举个简单的例子，家庭是社会的基本组成单位，如果每个家庭都建造游泳池，显然存在规模不经济的问题。但是如果成立一个游泳俱乐部，小规模家庭通过购买会员卡入会的形式，依然可以享受这类消费，同时俱乐部能够赢利，即既定的小规模家庭这种制度安排并没有阻碍游泳池的供给。所以在看待农业机械化的问题上，要跳出"家庭联产承包责任制造成的小规模农业限制农业机械发展"这种思维模式，将农业机械看作类似于游泳池的俱乐部产品，在中国现有的资源禀赋条件下，健全农业机械服务市场是农业机械化发展的可行之路。

第四章 中国式农业机械化道路的动力机制：城镇化的视角

一 宏观视角下中国农业机械化发展的动力机制

在城乡二元经济理论的框架下，一国的经济增长始于城市工业部门的兴起和农村剩余劳动力的广泛存在，工业部门在一个略高于农业平均劳动生产率的工资水平处面临劳动力的无限供给。劳动力市场的无限供给为资本家创造超额利润，又通过扩大生产规模形成了对农村劳动力更大的需求，最终工、农边际劳动生产率差异收敛，城乡实现一体化（Lewis，1954；Ranis and Fei，1961；Jorgenson，1961）。

但这一理论框架是有缺陷的，首先，它默认工业化的发展是农村劳动力的"抽水机"；其次，它将工农关系、城乡关系混为一谈。事实上，在中国经济发展的初期，资本密集型投资倾向让中国工业化迅速发展，但城镇化相对工业化大幅落后（沈可、章元，2013）。20 世纪 80 年代初的农村经济改革和技术进步释放了大量剩余劳动力，但是剩余劳动力的存在和巨大的城乡收入差距并没有带来大规模的城乡人口流动（蔡昉，2022）。

由于大量劳动力滞留在农村，发展节约土地型的生化技术成为农业增长的着力点（刘凤芹，2006），农业机械化长期停滞不前，农业生产条件落后。1978 年，中国农用大中型拖拉机数量为 56 万台，2003 年为 98 万台。限制人口流动的策略也加剧了产业间劳动生产率的不平衡，工农业人均产出之比由 1982 年的 4.98 一度攀升至 2003 年的 8.32，劳动效率差异扩大也导致了城乡居民收入水平差距的拉大，城乡居民人均可支配收入之比由 1982 年的 1.98 上升至 2003 年的 3.23[①]。

中国正式的城镇化改革开始于 1992 年沿海城市的试点。在政策逐步

[①] 工农业人均产出之比通过第一、第二产业的增加值和就业人员计算得出，以上数据均来源于《中国统计年鉴（2015）》，下同。

第四章 中国式农业机械化道路的动力机制：城镇化的视角

放开的背景下，非农部门较高的工资率吸引了大批农业劳动力。截至 2021 年底，全国人户分离的人口为 5.04 亿，其中流动人口 3.85 亿。城镇化步伐的加快一方面优化了资源配置，使劳动力由低生产率部门向高生产率部门流转，提高了总体生产效率和人均收入（Cai et al.，2002）；另一方面，农业劳动力的流失及其影子价格的上升也为大规模的农业机械替代劳动力创造了条件（Hayami and Ruttan，1971；Kislev and Peterson，1981）。农业机械总动力由 2003 年的 6.0 亿千瓦上升至 2020 年的 10.6 亿千瓦，农用大中型拖拉机数量由 2003 年的 98 万台上升至 2020 年的 477 万台①。农业机械化的直接效应是农业劳动生产率和第一产业劳均增加值的显著提高。由图 4.1 可以看出，新中国成立以来工农业劳均增加值比率呈现双峰型态势，其中 2003 年为最近的一次高峰，第二产业和第一产业劳均增加值比率达 8.4，到 2021 年，这个比率降至 4.3。由此可见，中国的农业机械化水平是在工业化、城镇化的大背景下提升的，并且农业技术的进步和农业机械的广泛应用释放了更多的剩余劳动力，将工业化和城镇化推向新的高度。

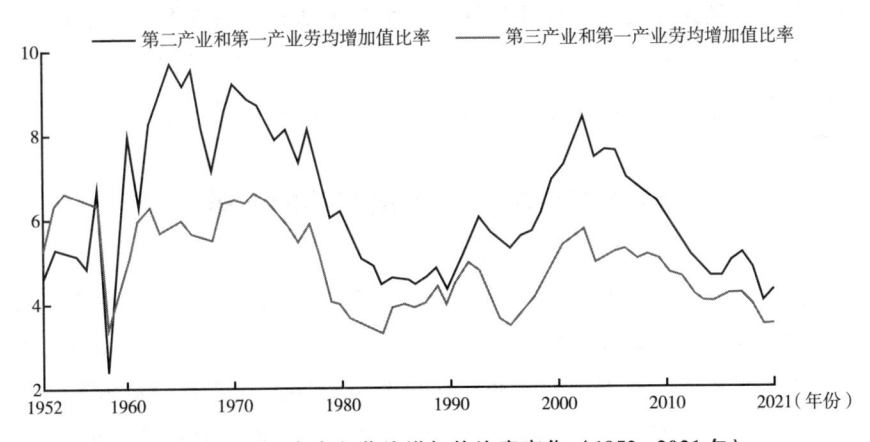

图 4.1 中国三次产业劳均增加值比率变化（1952~2021 年）

资料来源：原始数据来自国家统计局网站，经笔者计算得出。

但是，对于城镇化和农业机械化的关系，也有研究表明，大多数国家存在偏向城市精英的政治势力，让资源过多流向城市工业部门。Shifa

---

① 中国国家统计局网站，https://data.stats.gov.cn/easyquery.htm?cn=C01。

(2013)的模型和实证结果证实,即使不存在偏倚的政治势力,政府在市场经济引导下也倾向于优先发展城镇化。在信贷市场上,一个地区的工业投资机会越大,农户可从正规金融机构获得生产性投资贷款的机会越少(汪昌云等,2014)。近十年来随着城镇化的推进,农村劳动力大规模转移,导致优质的农业生产要素流失,农村劳动力普遍存在老龄化和女性化趋势(何凌霄等,2016),这部分人群无法适应现代化的农业生产和经营方式。城乡收入差距的扩大导致初始财富较少的农户无法进行人力资本投资,所以较低质量的劳动力被锁定在农业部门,不仅阻碍了农业生产效率的提升,也减少了劳动力在城乡之间的进一步重配(钞小静、沈坤荣,2014)。在农地流转市场尚不健全的条件下,农户举家迁移造成土地撂荒现象严重。这些现实因素都严重影响了农业生产性投资。所以在中国实际经济发展轨迹中存在一个基本事实,即城镇化长期滞后于工业化,而农业现代化又长期滞后于城镇化(黄祖辉等,2013)。

综上所述,本章通过理论模型和实证研究想要回答的问题是,在宏观层面,中国的农业机械化和城镇化究竟存在怎样的互动关系?是相互竞争关系,还是相互促进关系?这种关系在短期和长期是否存在差异?

本章利用2001~2020年全国260个地级市的数据,从更加微观的视角研究两者之间的逻辑关系,同时可以区分短期和长期效应。

二 城镇化和农业机械化互动的文献回顾

黄祖辉等(2013)从"三化"同步的视角出发,认为偏向城市工业的发展策略扭曲了资源在城乡之间的合理分配,城镇化的发展并没有改善农业生产条件,反而拉大了城乡居民收入差距。在定量研究方面,侯方安和李斯华(2015)收集中国1978~2013年的数据构建了三化指标,运用协整分析得出,中国的城镇化水平和农业机械化水平之间存在长期稳定关系,中国城镇化的发展正向影响农业机械化水平。苏发金(2012)利用全国1978~2009年的数据构建VAR模型得出,城镇化抑制了农业现代化,而工业化促进了农业现代化。全国性的数据掩盖了地域间的差异,且样本量少,传统的时间序列分析方法也无法揭示变量间的因果关系。谢杰(2012)利用1980~2009年的省级面板数据研究城镇化对农业机械化影响的门槛效应,通过面板门槛回归,得出随着城镇化水平的提高,其对农业机械化的拉动作用变大的结论。也有学者利用世界数据开展研究,如卫龙宝等(2013)利用171个国家1961~2011年的面板数据分析得出:城镇化促进了农业现代化,而工业化阻碍了农业现代化的发展。但是他采用第一产业占比作为衡量农业现代化的正向指标,这一做法有待商榷,因为一国农业机械化和现代化的发展虽然能够增加农业产出,但通常伴随着农业在总体经济中比重的下降(Rostow,1956)。

中国的农业机械化是在大规模农村劳动力迁移的背景下发生的(Yang et al., 2013)。但是这种劳动力流动对农业机械化的影响是未定的。刘荣茂、马林靖(2006)通过微观数据的实证分析得出,非农就业过程中伴随着农户生产性投资的减少。同时,农村青壮年劳动力的流失也降低了农业机械投资动机(马草原,2009)。但是,钟甫宁和纪月清(2009)实证发现,大规模的就业非农化过程可以促进土地规模化经营,从而增加农户的生产性投资。非农就业增加以后,农地流转加速(黄枫、孙世龙,2015),农业经营规模上升,农业机械有效替代了流失的劳动力(纪月清、钟甫宁,2013;林坚、李德洗,2013)。农业机械化不仅可以直接提高农业收入,还可以通过加速劳动力转移增加非农收入。

三 由城镇化到农业机械化:拉尼斯-费景汉模型的应用

为了构建城镇化和农业机械化之间的理论模型,借鉴 Ranis 和 Fei (1961)的工农两部门模型。首先来看期初的农业生产,假设:①在经济发展初期,农业部门存在剩余劳动力,其边际产出为0;②虽然有剩余劳动力的存在,但为了维持所有人最基本的生存需要,农业部门并没有显性失业,农业产出在所有劳动力之间平均分配,称之为制度性工资(Institutional Wage);③劳动力边际产出非负递减,生产函数为拟凹函数。如图4.2所示,OC 代表初始条件下农业部门的劳动力总储备,曲线 $OA'B'X$ 代表在给定的技术条件和其他资源禀赋下,农业产出随劳动力数量的变化而变化,当劳动力为 OB 时,产量达到最大值 OP,BC 为农业剩余劳动力的总数。由图4.2易得,制度性工资为 OP/OC,即直线 OX

的斜率，在曲线 OB' 上找到 A' 点，其切线的斜率等于 OX 的斜率。如果将 BC 命名为绝对剩余劳动力，那么 AC 则为隐性剩余劳动力，因为 A 点之后的劳动力边际产出低于其实际收入 W_0。

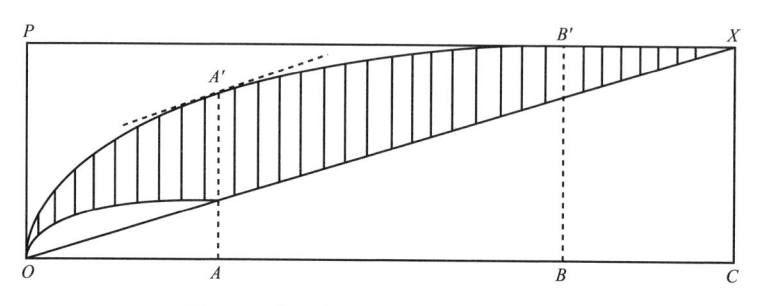

图 4.2　农业部门生产曲线和农业剩余

图 4.2 为在没有工业部门的封闭经济体中，农业部门的产出和劳动力之间的关系。当农业劳动力的数量小于 OC 时，农业部门存在剩余产品，在 A 点之前，剩余量为生产曲线 $OA'B'X$ 和成本曲线 OX 之间的距离，A 点之后，农业剩余由于农业工资率的上升（超过制度工资 OA）不再是两条线之间的距离，可由图 4.2 中的阴影部分表示。农业剩余是农业部门可向工业部门提供的农产品的总和，所以农业存在剩余是工业兴起的必要条件，其规模也是制约工业部门发展的瓶颈。

下面将工业部门引入模型。假设：①工业部门的劳动力只能来自农业劳动力的储备，为了吸引农民非农就业，工业部门将期初的工资率设定在制度性工资水平即可；②劳动力没有兼业行为，即不能同时从事农业和工业生产。因为在工业化尚未开始的阶段，人口的原始状态是在图 4.2 的 C 点，即所有劳动力集中于农业部门，为了方便分析，将图 4.2 旋转 180° 得到图 4.3 中的上图，即将 C 点作为初始状态，图 4.3 中的下图为工业部门的劳动力市场。由于初始状态下农民的工资为制度性工资 W_0，所以工业部门将工资率定在 W_0（此时农产品价格为 1），就会有农业剩余劳动力供给，即刘易斯模型中的无限供给。这种状态一直持续到 B 点，此时绝对剩余劳动力全部转移。过 B 点后，农业劳动力的进一步流失将导致农业减产，直接影响是农产品价格上升或工业部门贸易条件恶化，此时工业部门劳动力需要更多工资补偿，劳动力供给曲线 S 向上倾斜。当劳动力进一步转移到 A 点时，农业部门的边际劳动生产率等于制度性工资，劳动力的不断流失将促使农业部门依据利润最大化原则上调农业劳动力工资率同工业部门在劳动力市场竞争，其结果是农业剩余将不再是 OX 和 $OA'B'X$ 之间的距离，农业剩余的减少恶化了工业部门贸易条件，同时，工业部门也必须上调工资和农业部门在劳动力市场竞争此时"不再剩余"的劳动力。所以劳动力供给曲线在 A 点之后斜率进一步上升。一条典型的城市工业部门的劳动力供给曲线可由图 4.3 下方的 S 曲线表示。

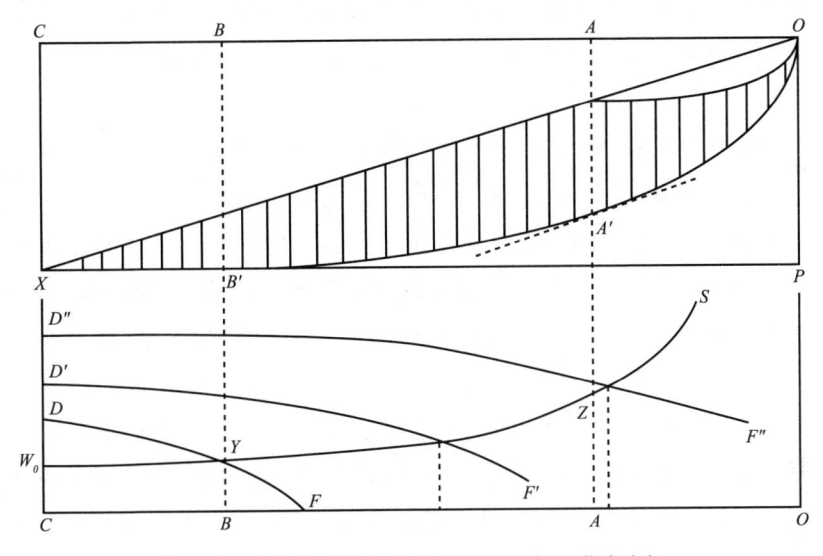

图 4.3 农业部门和工业部门劳动力市场联动分析

可以发现，在初期农业劳动力存在绝对剩余和相对剩余的假设下，劳动力供给曲线实际上存在两个拐点。在拉尼斯-费景汉模型中，Y 点被称为"短缺点"（Shortage Point），意味着 Y 点之后农业绝对剩余劳动力消失，工业部门的扩张将减少农业部门产出。Z 点被称为"商业化点"（Commercialization Point），意味着 Z 点之后，农业劳动力市场将完全商业化，农民工资等于其边际生产率，工业部门贸易条件加速恶化，且面对农业部门工资率上涨的竞争，这些都是在劳动力转移初期没有的压力。当工业部门对劳动力的需求曲线由 DF 扩张到 $D'F'$ 直到 $D''F''$，劳动力价格也在不断上升。

由此可见，如果农业部门没有技术进步，也没有农业机械等生产要素替代劳动力，城市的持续扩张能力是有限的。一味追求工业扩张而忽略农业进步的发展策略将使城市工业承受贸易条件恶化和农业部门工资率上升的双重挑战。所以在以城镇化、工业化为经济发展主旋律的中国，起初采取"以农哺工、城市优先"的战略让工业得以迅速扩张，但经济发展到一定阶段后，农业的萧条会成为城市化和工业化水平进一步提升的瓶颈，俄罗斯就是这一发展战略失败的典型。

下面分析农业部门增加资本储备、提高农业劳动生产率对城乡工农发展轨迹的影响。农业部门生产资本（如农业机械）的增加来自工业部门的工业品或利润，如市场条件下的工农贸易或者国家对农业机械的补贴。

初始状态下农业劳动力禀赋依然为 OC，土地资源不变，但机械存量增加、农业技术进步，将造成：①劳动力边际产量增加，即生产函数曲线向上旋转，由图 4.4 中的 $OA'B'X$ 位移至 $OE'D'X'$；②剩余劳动力增加，由原来的 BC 上升至 DC。农民的制度性工资依然维持在 W_0 的水平，由于农业剩余的增加，工业初始工资低于制度性工资①。随着劳动力的转移，人均农业剩余减少，直到生产函数曲线与 PX 相交于点 F'（此时转移的劳动力数量为 CF），人均农业剩余等于 W_0，工业部门工资上升至 W_0 的水平，F 点为新的短缺点。同样假设生产函数曲线 OX' 上存在 E' 点，其切线平行于直线 OX，当劳动力数量达到 CE 时，农业劳动力边际产出等于收入，超过 E 点后，农业部门劳动力市场出现供给短缺，工资率将上升，E 点为新的商业化点。由于新的生产曲线 $OE'D'X'$ 每一点的斜率比曲线 $OA'B'X$ 上相对应的点的斜率要大，所以 OE 大于 OA。

由此可见，随着机械化水平和农业技术水平的提升，新短缺点 F 相比于原短缺点 B 推迟，而新商业化点 E 相较于原商业化点 A 提前，短缺点和商业化点之间的距离在缩小，典型的变动路径如图 4.5 中的 S_1、S_2 和 S_3 所示。可以推断，当农业资本储备达到一定程度时，短缺点和商业

---

① 可以看成政府向农业部门征税，将农业劳动力的实际农产品所得维持在 CX/OC 的水平，征收的农产品用于补贴工业。工业部门为了吸引劳动力，只需将名义工资设为 W_0 乘以农产品价格（此时工业品为计价物）。当人均农业剩余大于 W_0 时，名义工资小于 W_0。

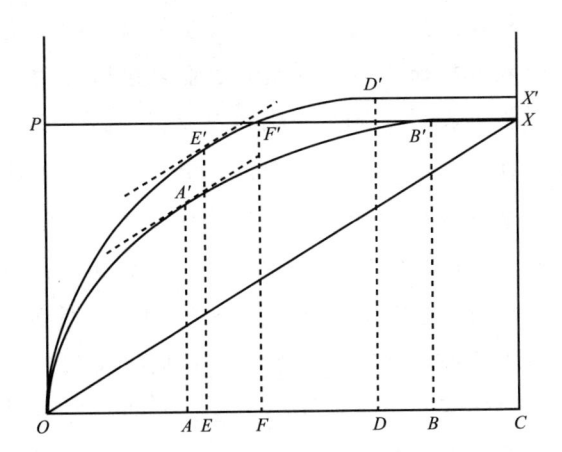

图 4.4 农业劳动生产率的进步对劳动力市场的影响

化点将重合，此时工业部门劳动力供给曲线将只有一个拐点，即为 Lewis（1954）所定义的刘易斯拐点。

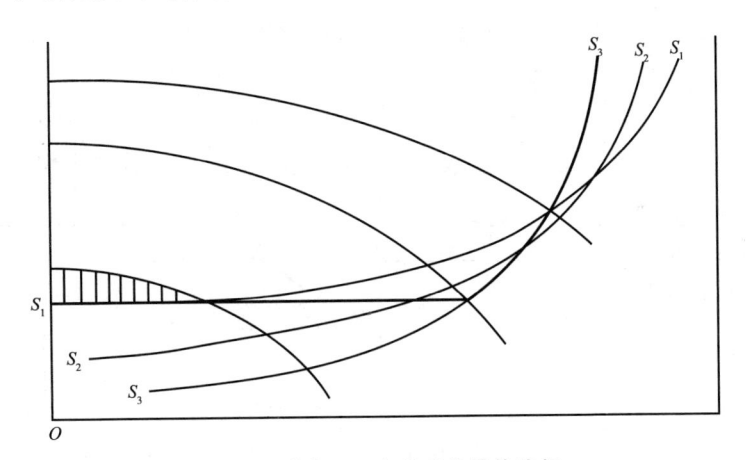

图 4.5 城乡、工农关系的最佳路径

如图 4.5 所示，期初由于农业剩余劳动力在 W_0 水平的无限供给，城市工业部门创造利润，利润总额为劳动力需求曲线和供给曲线所围成阴影部分的面积。工业部门所创造的利润有两个去向：一是扩大工业投资，结果是劳动力需求曲线的外移；二是增加农业投资，结果是劳动力供给曲线的变动（由 S_1 向 S_3 的变动）。可见，城镇化和农业机械化存在既相互促进又相互竞争的关系。没有城市工业的萌芽，农业部门永远无法转移剩余劳动力，农民只能平均分配维持基本生活所需的农产品；没有农业机械化，在既定的农业剩余劳动力人口转移完成后，工业化将面临工农贸易条件恶化和农业劳动力工资在短期内上升的挑战。但是，在一国经济起飞的初期，资金、人力等各种资源禀赋有限，此时，稀缺资源在工业化和农业机械化之间的合理配置尤为关键。在拉尼斯-费景汉模型中，最佳路径是通过供给和需求的调整一直将工业部门的劳动力价格维持在 W_0 的水平直到刘易斯拐点的来临。如果过于偏重城市工业部门，劳动力工资将在城镇化和工业化水平较低时就出现上升，最终不利于工业化的发展；而如果过于偏重农业机械化，将会导致大量的农业剩余劳动力，而城镇化水平不足以吸收，造成农村劳动力的大量隐性失业。

通过上述理论分析，中国式现代化情境下的工农城乡关系如图 4.6 所示，其中劳动力转移和农业机械化在城乡融合和工农协调发展中扮演着十分关键的角色。理论模型的推演可以得出如下理论假设（如图 4.7 所示）。

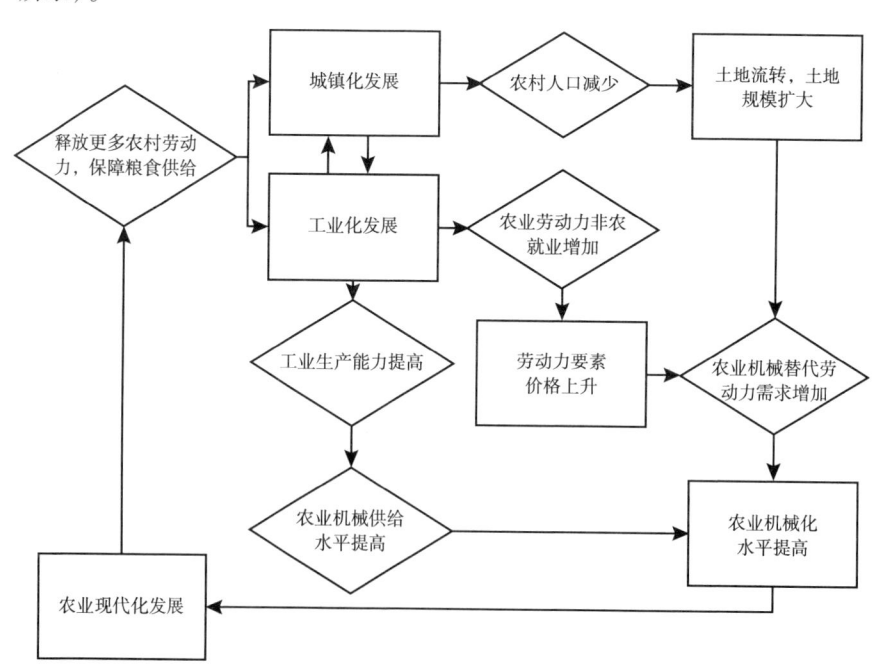

图 4.6 工农城乡关系的逻辑框架

第四章 中国式农业机械化道路的动力机制：城镇化的视角

假设一：从短期来看，资源的稀缺性决定了城镇化和农业机械化之间是负相关关系，将资源投向城镇化的发展，农业资本储备就会相对落后。

假设二：从长期来看，城镇工业的繁荣将创造大量的利润，为促进农业机械化的发展提供物质基础，而城镇化进程中对农业劳动力的吸收从客观上要求农业实现机械化，城镇化和农业机械化是正相关关系。

假设三：城镇化与农业机械化之间的关系是通过城乡劳动力流动实现的，所以农业劳动力密度在城镇化影响农业机械化这一逻辑链中起到中介作用。

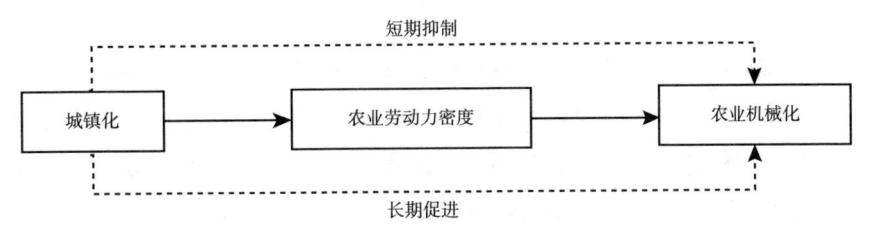

图 4.7 城镇化影响农业机械化的机制

四 城镇化拉动农业机械化的实证研究策略

（一）计量模型的设定

根据本章的研究目的及其理论假说，将核心计量模型设定为如下形式：

$$\ln ME_{it} = \alpha_0 + \alpha_1 \ln URB_{it} + \alpha_2 \ln URB_{it-n} + \alpha_3 \ln IND_{it} + \beta_n X_{it}^n + \eta_i + \varepsilon_{it} \quad (4.1)$$

其中，下标 i 表示地区，t 表示年份；ME_{it} 为被解释变量，即农业机械化指数；URB_{it} 为核心解释变量，表示城镇化指数，$\ln URB_{it-n}$ 为其滞后 n 阶变量，由于城镇化对农业机械化的滞后阶数无法通过理论模型确定，将通过 AIC 准则选择最优 n；IND_{it} 为工业化指数；X_{it}^n 为一系列可能影响农业机械化的控制变量，包括控制地域差异的地区虚拟变量、地区虚拟变量和主要解释变量的交互项等；η_i 为个体固定效应；ε_{it} 为随机误差项。由于不同地区之间各变量水平差异巨大，为了控制异方差，同时为了方便测算弹性，将模型中的连续性变量做对数处理。

由于城镇化提升农业机械化水平的机制是通过吸收农业劳动人口实现的，为了验证农业劳动人口密度将起到中介变量的作用，设定如下3个模型：

$$\ln ME_{it} = \gamma_0 + \gamma_1 \ln AL_{it} + \gamma_2 \ln IND_{it} + \beta_n X_{it}^n + \eta_i + \varepsilon_{it} \quad (4.2)$$

$$\ln AL_{it} = \theta_0 + \theta_1 \ln URB_{it-n} + \theta_2 \ln IND_{it} + \beta_n X_{it}^n + \eta_i + \varepsilon_{it} \quad (4.3)$$

$$\ln ME_{it} = \varphi_0 + \varphi_1 \ln URB_{it} + \varphi_2 \ln URB_{it-n} + \varphi_3 \ln AL_{it} + \varphi_4 \ln IND_{it} + \beta_n X_{it}^n + \eta_i + \varepsilon_{it} \quad (4.4)$$

模型（4.2）检验 AL_{it} 对 ME_{it} 的影响，模型（4.3）检验 URB_{it-n} 对 $\ln AL_{it}$ 的影响，模型（4.4）检验加入变量 AL_{it} 之后，URB_{it-n} 的系数的显著性。如果 γ_1 显著为负，θ_1 显著为负，φ_2 由显著为正变为不显著或虽然显著但小于 α_2，则可以证明 AL_{it} 的中介作用。

（二）变量的选取和说明

1. 被解释变量

被解释变量为农业机械化指数。目前存在多种衡量农业机械化水平的方法，如农业机械化综合指标体系、耕种收综合机械化率、农业机械服务支出。但是，所谓的农业机械化综合指标体系缺乏理论基础，指标选取和权重确定比较困难，耕种收综合机械化率仅覆盖种植业，且无法体现农业机械设备的更新换代。本书在综合考虑指标科学性和数据可得性的基础上，采用农业机械总动力和第一产业增加值之比作为衡量农业机械化水平的指标。

2. 核心解释变量

核心解释变量为城镇化指数。虽然国际上通常用城镇常住人口和总人口之比来衡量一个地区的城镇化率，但是中国的统计口径通常以户籍为标准。户籍不仅是人口管理工具，也与住房、社保、农地产权等福利挂钩，加之中国人口流动性大，户籍地和居住地脱节的现象较为普遍，学界普遍认为利用户籍口径估算的城镇化率会低估真实水平。第6次全国人口普查数据表明，户籍地在外而在居住地居住超过半年的人口数量已达到 2.6 亿，占 2010 年全国人口总数的 19.5%。所以，本书用城镇人口与上年末常住人口之比作为衡量城镇化率的指标。

3. 其余解释变量、中介变量和控制变量

绝大多数文章采用第二产业增加值占比作为工业化指数（卫龙宝等，2013）。由于中国幅员辽阔，各地域三产占比差异明显，很多东部沿海城市已经迈入了后工业化时代，如果用第二产业增加值占比作为衡量工业化的指标，就会出现工业化倒退的怪象，和本书理论模型中的定义不符。其实，只要是能够吸收农业劳动力人口的非农产业部门的扩张，都是本书所定义的工业化历程，所以本书采用第二、第三产业增加值之和的占比作为衡量工业化水平的指标。

农业劳动人口密度（AL）用农林牧渔业劳动人口和农作物播种面积之比表示。另外参考已有研究，还添加了如下控制变量以减轻遗落变量带来的内生性偏误：用省会（首府）城市（CAP）来表示政治因素；用东部地区虚拟变量（$EAST$）和中部地区虚拟变量（$MIDDLE$）来表示经济因素和地理因素。

（三）数据来源及描述性统计

本章实证研究的样本为 2001~2020 年全国 260 个地级及以上城市，由于观测年份内经历了数次市、区的重新规划，本章以 2020 年的市、区行政规划为标准，对历年的数据进行了相应的加总和拆分处理。其中东、中、西部的划分来自国家统计局网站，其余变量的数据来自 2002~2021 年《中国城市统计年鉴》，其中的缺失值尽可能通过各省、市级的统计年鉴补齐，同时放弃由于统计失误而造成的城镇化指数大于 100 的观测值，对于相近年份同一指标波动过大的观测值[①]，经各省、市级统计年鉴核对之后予以替换。对于农业机械总动力为 0 的观测值，笔者认为它们已经完全脱离农业，并不属于本章的研究对象，所以予以剔除。

---

① 例如绍兴 2012 年的农户数为 62 万户，但 2013 年变为 144 万户，总户数却未发生改变。此类问题还出现于农业机械总动力的指标，本书对 82 处观测值进行了更新，如需知道细节，请向笔者索要，在此不再赘述。

表 4.1 为主要变量的描述性统计，各类变量的均值同国家统计局公布的历年数值的平均值相近，因此样本覆盖了观测区间全国大多数地区和时间段的数据，具有代表性。

表 4.1　主要变量的描述性统计

变量	名称	计算方法（单位）	样本数	均值	标准差	最小值	最大值
ME	农业机械化指数	农业机械总动力除以第一产业增加值（万千瓦/亿元）	4541	3.00	2.61	0.03	63.8
IND	工业化指数	第二、第三产业增加值除以生产总值（%）	4883	83.70	11.00	7.08	100
URB	城镇化指数	城镇人口除以上年末常住总人口（%）	4738	39.60	20.80	0	100
AL	农业劳动人口密度	农林牧渔业劳动人口除以农作物播种面积（百人/千公顷）	2797	24.60	59.00	0.10	1348

五　计量检验与结果分析

（一）初步回归结果

表 4.2 报告了模型（4.1）的回归结果，所有估计系数的方差均做了怀特跨界面标准差和协方差调整，以克服不同区域间可能存在而又无法识别的异方差和截面之间的自相关性。通过 AIC 准则的甄别，城镇化的最优滞后阶数为 2。

表 4.2　模型（4.1）的回归结果

组合	(1)	(2)	(3)
lnURB	-0.25*** (-5.78)	-0.27*** (-6.98)	-0.23*** (-4.16)
ln$L2.URB$	0.19*** (4.67)	0.17*** (4.47)	0.16*** (4.30)

续表

组合	(1)	(2)	(3)
$\ln IND$	0.94*** (10.7)	1.84*** (19.62)	1.84*** (19.80)
CAP	—	-0.22*** (-4.24)	-0.28*** (-5.12)
$EAST$	—	-0.31*** (-9.62)	-0.71*** (-3.21)
$MIDDLE$	—	0.07** (2.51)	0.79*** (3.65)
$EAST \times \ln URB$	—	—	0.12* (1.88)
$MIDDLE \times \ln URB$	—	—	-0.20 (-3.30)
个体固定效应	有	有	有
时间固定效应	无	有	有
R^2	0.04	0.19	0.20
样本量	3464	3464	3464

注：*、**、*** 分别表示估计系数在10%、5%和1%的水平下显著，括号内为t值。

组合（1）是在不加入其他控制变量的情况下，将农业机械化和城镇化、城镇化的滞后项以及工业化进行回归。结果显示，城镇化当期的系数显著为负，而滞后2阶的系数显著为正，初步验证了假设1和假设2。当期的城镇化水平越高，固定资产投资越集中在城市，导致农业生产性投资不足，对农业机械化产生消极影响。但从动态视角来看，城镇化水平的提高有助于城市对农业人口的吸纳，农业人口减少，有利于农业生产中机器对人工的替代。从系数大小来看，城镇化指数每提升1%，当期农业机械化指数下降0.25%，而两年之后的农业机械化指数增加0.19%。此外，工业化系数为正，说明受工业制造水平影响的农业机械供给能力对当地的农业机械化有正向影响，这也是符合理论预期的。

在组合(2)中加入省会（首府）城市、东部地区和中部地区等控制变量，并加入年份虚拟变量以控制时间效应。主要解释变量系数的符号和显著性与组合(1)类似。值得注意的是，省会（首府）城市的系数为-0.22，经 Stata 统计分析，在其他条件相同的情况下，省会（首府）城市的农业机械化水平仅为非省会（首府）城市的80.3%，说明政治因素导致省会（首府）城市的农业机械化水平普遍较低，虽然这些地区城镇化水平高、经济发达，但农业生产条件相对落后。

组合(3)考虑到地区间城镇化和农业机械化关系的差异性，添加了区域控制变量和城镇化的交互项，以测算地区在城镇化和农业机械化中的调节效应。回归结果表明，城镇化对当期农业机械化的负向影响在不同地区间差异显著：东、中、西部的弹性系数分别为-0.11、-0.43和-0.23。这说明，中部地区城镇化和农业机械化之间在短期内矛盾更大，面临着更加艰难的发展路径选择，而东部地区资金充裕，在对城镇大规模投资的同时，并没有对农业机械投资产生过多负向影响。通过组合(3)中 EAST 和 MIDDLE 的系数可以看出，中部地区的农业机械化水平要明显高于东、西部地区，而东部地区的农业机械化水平又显著落后于西部地区[①]，呈现明显的"中强东弱"的格局。

（二）农业劳动人口密度中介效应的检验

对农业劳动人口密度中介效应的检验遵循模型(4.2)、模型(4.3)、模型(4.4)的步骤，回归结果如表4.3所示。在组合(4)中，被解释变量是 ME，解释变量 AL 的系数显著为负，说明农业劳动人口密度越低，农业机械化水平越高。在组合(5)中，被解释变量是 AL，URB 滞后2阶的系数为负，说明城镇化指数越高的地区，农业劳动人口密度越低，城镇化的发展有效地吸收了农业劳动人口。在组合（6）中，将 L2.URB 和 AL 同时放入模型，L2.URB 的系数不再显著，而 AL 的系数依然显著为负，说明城镇化对农业机械化的拉动作用是完全通过劳动力流动传导的。

---

① 经过 Stata 统计分析，在其他条件相同时，东部地区的农业机械化水平仅为西部地区的49.2%，而中部地区是西部地区的2.2倍。

表 4.3　中介模型回归结果

组合	模型(4.2) (4) lnME	模型(4.3) (5) lnAL	模型(4.4) (6) lnME
lnURB	—	—	-0.31*** (-4.28)
lnL2.URB	—	-0.44*** (-9.10)	0.01 (0.24)
lnAL	-0.08*** (-5.28)	—	-0.17*** (-7.19)
lnIND	1.39*** (7.53)	-0.50** (-2.51)	1.80*** (15.02)
CAP	-0.18*** (-3.20)	0.007 (0.10)	-0.18** (-2.49)
EAST	-0.31*** (-7.49)	-0.44*** (-7.79)	-1.59*** (-5.92)
MIDDLE	-0.04 (-1.32)	-0.39*** (-8.06)	0.05 (0.20)
EAST×lnURB	—	—	0.33*** (4.28)
MIDDLE×lnURB	—	—	-0.04 (-0.54)
个体固定效应	有	有	有
时间固定效应	有	有	有
R^2	0.16	0.83	0.20
样本量	2740	1890	1825

注：*、**、*** 分别表示估计系数在10%、5%和1%的水平下显著，括号内为t值。

（三）稳健性检验

1. 当期城镇化的内生性问题

虽然前文的模型使用固定效应模型可以控制不随时间变化的个体特征，但仍无法很好地解决当期城镇化的内生性问题，当期城镇化水平可能和农业机械化水平互为因果关系，同时工业化水平、城镇固定资产投资也可能会影响当期城镇化水平。为了解决这一问题可能对模型估计造成的偏差，本节构建了一个以当期城镇化为被解释变量的计量模型，形式如下：

$$\ln URB_{it} = \psi_0 + \psi_1 \ln IFA_{it-n} + \psi_2 \ln ME_{it} + \psi_3 \ln ME_{it-n} + \psi_4 \ln IND_{it} + \beta_n X_{it}^n + \eta_i + \varepsilon_{it}$$
(4.5)

其中，IFA_{it-n} 表示 i 地区城市固定资产投资的 n 阶滞后项，之所以采用其滞后项是考虑到固定资产投资的滞后效应以及可能存在的内生性；ME_{it-n} 表示 i 地区农业机械化的 n 阶滞后项，以考察农业机械化对城镇化的短期和动态影响的差异。通过 AIC 准则，最终确定以上两个变量的最优滞后阶数均为 2。联立方程 (4.1) 和 (4.5)，采用结合二阶段最小二乘（2SLS）和似不相关回归（SUR）的三阶段最小二乘（3SLS）估计，组合（7）报告了联立方程的估计结果。由表 4.4 可以发现，当期的 URB 对 ME 的影响依然显著为负，而滞后 2 阶的 URB 的系数依然显著为正。说明即使考虑了城镇化的内生性问题，依然不改变之前得出的研究结论。与组合（3）相比，URB 和 $L2.URB$ 的系数均大幅上升，说明考虑内生性加强了城镇化对农业机械化的短期和动态效应。

另外，组合（7）中模型（4.5）的估计结果表明，农业机械化对城镇化的影响同样存在短期和动态的差异。从短期来看，农业机械化和城镇化存在争夺有限资源的矛盾，偏向农业的发展战略会导致城镇化投资水平下降，影响城镇化发展，这可以从当期农业机械化水平的系数为负看出。但从动态来看，滞后 2 阶的农业机械化的系数为正，说明二者呈正相关关系，一个地区农业机械化水平的提高能够促进当地农业劳动力转移，从而为城镇化水平的提升创造有利条件。

2. 不同发展阶段的异质性问题

城镇化对农业机械化的影响是有门槛效应的，可能并非传统意义上的线性关系那样简单。考虑到不同阶段城镇化对农业机械化的影响可能具有异质性，本节采用分位数回归进一步验证。首先，建立基于分位数回归的面板数据模型：

$$Quant_\theta(ME_{it} \mid X_{it}) = \beta^\theta X_{it}' + \eta_i + \varepsilon_{it}$$
(4.6)

其中，θ 代表分位数水平，通常 θ 的取值为 0.25、0.5 和 0.75，分

别代表 ME 在 1/4 分位、中分位和 3/4 分位的水平时各个解释变量 X_{it}' 对其的影响；η_i 和 ε_{it} 分别代表个体固定效应和随机误差项。当 θ 在 $[0, 1]$ 区间变动时，与 θ 对应的系数向量 β^θ 是通过最小化加权残差得到的，即：

$$\hat{\beta}^\theta = argmin_{(\theta, \eta)} \sum_{i=1}^{N} \rho_\theta [ME_{it} - X_{it}'\beta_{(\theta)} - \eta_i] \tag{4.7}$$

ρ 为各个分位数相应的权重。文献中常采用 Bootstrap 方法对分位数回归系数 β^θ 进行估计，也就是说，通过不断抽样而获得样本的置信区间，从而对系数加以推断，本章的自助法重复次数为 5000。

组合（8）~（10）分别报告了 θ 取值为 0.25、0.5 和 0.75 时，解释变量的系数和 t 值。从结果来看，URB 和 $L2.URB$ 系数的符号和显著性同组合（3）并无明显差异。说明在不同的农业机械化水平下，城镇化对其的影响程度和规律大致相同。从数值上来看，随着 θ 的增加，URB 和 $L2.URB$ 的系数都有下降的趋势。这说明在经济较为发达、农业机械化水平较高的地区资本也相对充裕，短期内城镇化和农业机械化发展的矛盾得到缓解。此外，随着 θ 值的上升，工业化水平的系数逐渐增加，说明在农业机械化较为发达的地区，其进一步上升的空间不再取决于农业劳动人口密度的降低，而是农业机械装备水平的提升。

表 4.4 稳健性检验

组合	三阶段最小二乘		分位数回归		
	（7）		（8）	（9）	（10）
	$\ln ME$	$\ln URB$	$\ln ME$	$\ln ME$	$\ln ME$
$\ln URB$	-1.97** (-2.52)	—	-0.31*** (-3.89)	-0.26*** (-4.07)	-0.24*** (-4.44)
$\ln L2.URB$	0.49** (2.13)	—	0.15*** (2.59)	0.13*** (2.77)	0.11*** (2.8)
$\ln L2.IFA$	—	0.19** (2.41)	—	—	—
$\ln ME$	—	-2.61*** (-11.80)	—	—	—
$\ln L2.ME$	—	0.86*** (5.69)	—	—	—

续表

组合	三阶段最小二乘		分位数回归		
	(7)		(8)	(9)	(10)
	lnME	lnURB	lnME	lnME	lnME
lnIND	2.62*** (9.21)	3.89*** (12.83)	1.36*** (9.59)	1.93*** (14.41)	1.96*** (16.58)
CAP	-0.12** (-2.06)	-0.13 (-1.09)	-0.19*** (-2.89)	-0.27*** (-4.43)	-0.28*** (-5.33)
EAST	-5.17** (-2.29)	-0.71*** (-8.62)	-1.01*** (-3.33)	-0.87*** (-3.41)	-0.82*** (-3.79)
MIDDLE	-4.63* (-1.92)	0.25*** (3.49)	0.36 (1.15)	0.40 (1.58)	0.48** (2.20)
EAST×lnURB	1.32** (2.12)	—	0.20** (2.28)	0.14 (1.89)	0.14** (2.35)
MIDDLE×lnURB	1.30** (1.97)	—	-0.06 (-0.69)	-0.11 (-1.52)	-0.13** (-2.13)
个体固定效应	有	有	有	有	有
时间固定效应	有	有	有	有	有
Wald-chi2	520.8	892.8	—	—	—
R²	—	—	0.13	0.12	0.11
样本量	2079		3464	3464	3464

注：*、**、*** 分别表示估计系数在10%、5%和1%的水平下显著，括号内为t值。

六　本章小结

本章借鉴诱致性技术变迁理论，沿着 Ranis 和 Fei（1961）的思路，从劳动力转移的角度阐明了农业机械化和城镇化之间的短期效应和长期互动，进而用2001~2020年全国260个地级及以上城市的数据验证了拉尼斯-费景汉关于城乡之间相互竞争、相互促进关系的假说，从侧面验证了"最优发展路径"的存在性。

通过理论和实证分析，本章得出以下几个基本结论：①资源的稀缺性决定了短期内城镇化和农业机械化之间是竞争关系，资源贫乏的中部地区面临着更加矛盾的抉择；②从长期来看，农业机械化所释放的大量剩余劳动力会促进城镇化发展，而城镇化进程中对农业劳动力的吸收从客观上要求农业实现机械化，二者是正相关关系；③即使考虑到当期城镇化的内生性问题，利用三阶段最小二乘的估计方法也得出了相同的结论；④在不同的农业机械化发展阶段，城镇化对农业机械化的影响规律大致相同，但在较高农业机械化水平下，资本的相对充裕缓解了短期内其与城镇化之间的矛盾。

当然，本章关于农业机械化和城镇化关系动态变化的结论绝非否定城镇化对农业机械化的拉动作用。事实上，笔者认为，如果没有城镇化的经济发展效应，农业根本不可能实现机械化，这也是相关经典文献的结论。笔者是在认清这一基本结论的基础之上，希望进一步探讨拉尼斯-费景汉模型中关于农业反作用于工业的论点，从而更加全面和深刻地认识两者之间的关系。

同时，本章的研究内容和前一章紧密相关。在第三章中，笔者指出，农业机械之所以能够成为俱乐部产品，是因为伴随着城镇化的快速推进，农民的非农就业机会增加，农业劳动力的流失及其价格的上升促使农户更多地利用农业机械替代劳动力，产生了对农业机械的现实需求。而本章用数据证明了这一理论观点。但是，本章只是站在宏观的视角研究城镇化和农业机械化的互动关系，所以本章的研究结论无法回答以下几个问题：①为什么在城镇化的背景下，中国的农业机械化路径由小型化向大中型化转变？②这种路径的转变与中国正在发生的大规模农业机械跨区服务有何内在联系？③当农民实现非农就业后，农户是否会增加农业机械支出？

在接下来的章节，本书将对以上3个问题进行详细讨论，试图从更微观、更全面的视角研究农业机械化发生、发展的背景和动力机制，进而形成一个更加完整的理解中国式农业机械化发展道路的框架。

第五章　中国式农业机械化道路的动力机制：非农就业的视角

一　微观视角下中国农业机械化发展的动力机制

在工业化、城镇化主导的经济发展模式下，中国的粮食生产条件发生了深刻变革（杨进等，2016）。首先，农民的就业非农化进程加速，农业劳动力数量下降，田间用工成本上升。农业劳动力不仅绝对数量下降，内部结构也出现变化，留守在农村的劳动力普遍呈现老龄化、女性化的趋势（Alvarez-Cuadrado and Poschke，2011）。在农业劳动力数量和质量双降的压力下，"谁来种粮"一度成为中国经济快速发展下的社会担忧。Rozelle等（1999）的研究发现，农村劳动力流转至少是造成20世纪90年代中国粮食增长率下降的部分原因。与此同时，农业机械化水平大幅提高，中国早在2007年就步入了农业机械化的中级发展阶段（农业部，2008），2020年机耕、机播、机收率分别为85.5%、59.0%和64.6%，综合机械化率达到71.3%，2021年农业机械总动力为10.8亿千瓦，为1978年的9.2倍[①]。农业机械化促进了农村劳动力转移（周振等，2016a），缓解了城镇化背景下农业劳动力大量流失所引致的种粮危机（Yang et al.，2013）。

虽然改革开放以来中国的农业机械化水平一直平稳上升，但是增长模式在2002年前后出现了转折。1981～2001年，中国经历了农业机械小型化的发展阶段，在这一期间，小型拖拉机数量的年均增长率为10.0%，而农用大中型拖拉机数量的年均增长率仅为1.4%。但自2002年以来，大中型农业机械成为中国农业机械化发展的主要动力，2004～2020年，小型拖拉机数量的年均增速为1.1%，并在2013年首次出现负增长，而

[①] 数据来自历年《中国农业机械化年鉴》。

农用大中型拖拉机数量的年均增长率达到 9.5%①。21 世纪以来，在经历了长期的高速增长后，农用大中型拖拉机动力在 2014 年首度超过小型拖拉机动力，成为农业生产中最重要的农业机械②。

从中国农业生产要素投入量的宏观分析可以看出，农业劳动力迁移的过程一直伴随着农业机械化水平的提升。但是这一宏观加总现象背后是否存在稳固的微观主体行为作为基础？尤其是 20 世纪 80 年代初农业市场化改革后，农户取代政府成为农业投资的主体，农户的农业机械投资决策在很大程度上决定了未来中国农业机械化的走向。那么非农就业的冲击如何影响农户的生产决策，从而影响农户对农业机械的投入？中国是一个人多地少且耕地极度细碎化的国家③，资源禀赋并不适合在农业生产中引入大中型农业机械，为什么在非农就业发展最为迅速的时期，中国的农业机械化发展模式发生了由小型化向大中型化的转变？本章在理论分析的基础上，利用 2009~2017 年全国农村固定观察点种粮农户④的微观面板数据，通过 Tobit 模型实证研究种粮农户非农就业与农业机械投入之间的关系。

二 非农就业影响农业机械化路径的文献综述

根据诱致性技术变迁理论的观点，非农就业增加了农业生产中劳动力的相对稀缺性，提高了农业劳动力的价格，即使不存在农业劳动力市场，其从事农业生产的机会成本也会增加，所以会增加农业机械的需求（Hayami and Ruttan，1971）。已有的关于城镇化和农业机械化关系的宏观实证研究均表明，当城镇化吸收了农业劳动力后，农业机械化水平相应提升（Chenery et al.，1986；Tiffen，2003；侯方安、李斯华，2015）。当劳动力相对于土地变得稀缺时，农业机械的使用量也会相应增加

---

① 若考虑到 2016 年农用大中型拖拉机统计口径的改变，实际上两者的增长率差异更为显著。
② 原始数据均来自《中国农业机械化年鉴》，年均增长率的数据由原始数据计算而得。
③ 2009~2017 年全国农村固定观察点数据显示，样本期内中国劳均地块面积不足 2 亩，而根据世界银行网站的数据，2007 年中国农业劳动力人均耕地面积仅为 0.4 公顷，同期美国的数据为 62.5 公顷。
④ 本章所界定的种粮农户为种植水稻、小麦或玉米的农户，而不论其是否同时种植其他农作物或者从事其他行业。

(Goldsmith et al. , 2004)。

新劳动迁移经济学（New Economics of Labor Migration）认为，迁移或流转的农村劳动力虽然不直接参与农业生产，但是他们仍然通过各种路径影响农业投资等农户生产行为，而这些影响因素也构成了当初劳动力迁移的动因。Stark（1991a）认为，发展中国家的农业由于缺乏健全的金融体系，农户在生产投资决策过程中面临信贷风险的约束。迁移的劳动力通过向家庭汇款的方式实际上是起到了金融媒介的作用，可以降低农户面临的金融瓶颈，从而增加农户的农业生产性投资。这一观点随后得到了 Adams（1998）与 Barham 和 Boucher（1998）的验证。Rozelle 等（1999）认为，劳动力非农就业对粮食产出具有直接的负向影响，但是外出务工者向家庭汇款的行为可以提高农业生产投资。非农就业不仅改变了农业生产中的资源禀赋，而且增加了劳动者的收入（纪月清、钟甫宁，2013），依据劳动经济学的观点，收入增加，享受闲暇的需求增加，从而进一步减少了农业劳动投入，从而增加了农业机械投资（Reardon et al. , 2000）。

但是，部分来自中国农户的数据分析得出了不同的结论。有研究发现，农户外出务工会减少对农业机械等固定资产的投资（刘承芳等，2002；许庆、章元，2005；刘荣茂、马林靖，2006）。年轻的农户在非农就业机会增加后，会减少农业生产性投资，劳动力外出务工对农户的资金支持不能抵消劳动力流失的消极作用，也并未促使他们转而生产资本密集型的农产品（郑黎义，2010）。这些文章对这一现象给出的解释是，非农就业增加后，农户会减少农业产出甚至完全脱离农业部门，在农地流转市场不完善的条件下，出现大片土地撂荒的现象，这降低了对农业机械的需求。一些国内学者表达了对于过度偏向城镇化的经济发展战略会阻碍农业机械化发展的担忧。

在理论与实证结果脱节的背景下，国内学者开始反思农业机械化的内涵。例如，曹阳和胡继亮（2010）认为，农业机械化并不意味着家家户户都要有农业机械，关键点不是农业机械动力的多与少，而是在农业生产的各个环节农业机械参与率的高低。对农业生产有实际意义的是农业机械服务的覆盖面，而不是特定时间点农户持有的农业机械数量（纪月清，2010）。一些学者试图从农业机械外包服务的视角研究非农就业与农户农业机械需求之间的关系。Yang 等（2013）认为，种粮劳动力的大量流失刺激了农户对农业机械服务的需求,在耕地极度细碎化的条件下,大规模的农业机械跨区服务市场是中国农业机械化得以快速发展的主要动因。劳动力外流造成的分、散、小、弱的农业生产特征从需求端刺激了内生性农业机械服务市场的形成(李洪波等,2022)。纪月清和钟甫宁(2013)通过对安徽省453个农户样本的实证分析发现,非农就业增加了对农业机械服务的需求,从而提高了农业机械化水平。Zhang等(2017)研究发现,纵横全国的农业机械跨区服务解释了为什么在种粮劳动力流失的情况下中国粮食产量依然连增。在农业劳动成本不断攀升的背景下,农业机械服务外包模式不断壮大,但这一机制受到市场容量的调节。

已有研究对认识中国特色农业机械化的内涵具有参考价值,部分实证研究从不同视角阐述了非农就业对农户农业机械利用行为的影响,但是也存在以下不足:①样本量小,研究的对象大多是某个地区或者某一类农作物的农户,得出的结论不具有普遍性和推广性;②现有的实证研究都是单方面分析非农就业对农业机械投资或农业机械服务需求的影响,没有使用同一套数据对这两个方面同时进行分析,从而无法揭示非农就业对这两方面影响的差异;③样本选择偏误,大部分研究的调研对象为使用农业机械服务的种植户或者普遍存在农业机械服务市场的地区,而忽略了没有农业机械服务发生的农户或地区,实证的结论是有偏的;④现有的实证研究没有考虑到非农就业的内生性问题,将非农就业作为模型之外的给定冲击,计量模型的设计存在缺陷。基于此,本章利用2009~2017年全国固定观察点约12万份农户家庭成员的数据,共计39187个有效样本,通过Tobit模型研究非农就业对农户直接投资农业机械和使用农业机械服务的影响,并在考虑到异常值干扰和非农就业内生性的基础上,构建面板Logit模型和倾向得分匹配模型(Propensity Score Model,PSM)对Tobit模型的回归结果进行稳健性检验。

三 由非农就业到农业机械使用:农户模型的应用

本章的研究对象为微观农户行为,利用农户模型研究农户农业机械投入，一是可以从理论上分析非农就业对农业机械投入的影响机制，二是为实证部分构建计量模型。在中国，农户利用农业机械有两种途径：一是直接投资农业机械；二是购买农业机械服务。在前一种方式中农业机械是私人投资品，在后一种方式中农业机械具有俱乐部产品的属性，非农就业对这两种农业机械供给形式的影响机制存在差异，构建农户对农业机械需求的俱乐部模型，可以分析非农就业对农业机械需求方式变化的影响，并解释中国农业机械化路径由小型化向大中型化的转变。有关俱乐部模型的理论基础和数理推导已在第四章详细阐述，在此不再赘述，下面仅介绍农户模型。

农户模型是从新古典的微观经济学理论发展而来，采用边际分析的方法得出农户在各个市场的均衡策略。农业经济学家在研究农户的农业生产、劳动供给和消费行为时发现，单一的生产理论、劳动力供给理论或者消费理论无法解释在外生变量的冲击下农户在各个市场中的行为变化。考虑到身份的多重性以及它们的相关性，在研究微观农户问题时需要将这些理论进行整合，构建多个市场的一般均衡模型。

出于研究目的，本章假设：①农产品商品化率为100%，即农户不消费自家生产的农作物；②农户对闲暇和消费品总是存在需求；③农户效用函数为严格凹函数；④存在农业机械服务交易市场，市场价格外生给定；⑤农业机械与农业劳动力有替代关系，而与其他生产要素不存在替代或互补关系；⑥不存在农业劳动力市场，即农户无法通过市场雇用农业劳动力；⑦不存在土地交易市场，即农户的土地禀赋外生给定。

农户的效用函数为：

$$U = U(L, Y \mid N) \tag{5.1}$$

其中，U 代表农户的效用水平，L 代表农户的闲暇时间，Y 代表农户消费的一组商品数量，N 代表农户特征。根据假设，$\frac{\partial U}{\partial i} > 0$，$i = L, Y$。

追求效用最大化的农户受到技术约束、时间约束和收入约束。

技术约束：

$$Q_a = \phi(T_a, K_m, K_{\bar{m}}, \bar{A}) \tag{5.2}$$

时间约束：

$$T_a + T_{of} + L = \bar{T} \tag{5.3}$$

收入约束：

$$P_Y Y = Q_a P_a - K_m P_{Km} - K_{\tilde{m}} P_{K\tilde{m}} + T_{of} W_{of} + E \tag{5.4}$$

其中，Q_a是农户生产一组农产品数量的向量，T_a代表农户的农业劳动时间，K_m代表农业机械投入，$K_{\tilde{m}}$代表除农业机械之外的可变投入要素向量，如种子、农药、化肥等，$\bar{A}$代表土地资源禀赋，T_{of}代表非农劳动时间，$\bar{T}$是农户的时间禀赋，P_Y是农户购买的一组消费品Y的价格向量，P_a是农户生产一组农产品Q_a的价格向量，P_{Km}是农业机械服务的价格，$P_{K\tilde{m}}$是其他可变投入要素价格向量，W_{of}代表农户非农劳动的工资，E代表资产和转移支付收入。

求解上述最优化方程，可以得到农户农业机械投入最优金额：

$$K_m P_{Km} = \varphi(P_a, W_{of}, T_{of}, T_a, \bar{T}, \bar{A}, E \mid N) \tag{5.5}$$

由式（5.2）、式（5.3）、式（5.4）可得，农户在农业劳动和非农劳动时间分配达到均衡时，农业劳动边际收入等于非农劳动边际收入，即$(\partial Q_a / \partial T_a) \times P_a = W_{of}$。所以当非农劳动工资率$W_{of}$提高而其他条件不变时，$T_a$减少，表现在农户决策中即农户的非农就业比例增加。虽然此时不存在农业劳动力市场，但是非农劳动力市场工资率的上升通过农户对劳动时间的分配提升了农业劳动的影子价格。农业劳动力影子价格的提高和非农就业比例的增加对农户的农业生产决策产生了以下冲击：①减少农业产出，从而减少所有农业生产要素的投入，这是产出减少效应；②农户会减少劳动密集型农产品的生产，转而将耕地偏向资本密集型农产品的生产，从而增加农业机械的投入，这是结构变动效应；③无论是生产何种农产品，农户都会倾向用更多的农业机械替代劳动力，这是要素替代效应。从农户模型的分析可以得出，非农工资率提升所引致的农户非农就业比例增加对农业机械投入的影响存在不确定性，在现实中，一部分农户在实现非农就业后将土地抛荒或者减少播种面积，从而降低了对农业机械的需求，而另一部分农户在非农就业后购买更多的农业机械服务以替代农业劳动力的不足。

四 非农就业、农业机械投资和农业机械服务利用的实证策略

(一) 数据来源

本章所使用的数据来自全国农村固定观察点的数据, 2009~2017 年, 该调查系统实施了家庭成员、农村住户和行政村三级问卷调查, 其中农村住户问卷由 "家庭成员构成情况" "土地情况" "固定资产情况" "农户家庭生产经营情况" "家庭全年收支情况" 等 9 部分构成, 较为全面地反映了中国各地区农村住户及其家庭成员的生产、消费、收入等各项活动。数据库涵盖了本研究所需的全部变量, 且提供了大量一手的微观数据, 如表 5.1 所示, 2009~2017 年, 合计分别获得农村住户和家庭成员数据 185534 份和 704576 份, 其中种粮农户数据 112607 份。本章的核心解释变量外出就业比例和本地非农就业比例是基于 "家庭成员表" 计算得出, 分别表示一户中外出就业的家庭成员和本地非农就业的家庭成员占总家庭成员数的比例, 家庭劳动力数量也是由 "家庭成员表" 整理得出, 然后以户主为标示编码, 把家庭成员数据和住户数据对接。每一年的数据通过住户编码 (ID) 合并形成本章实证研究所需的面板数据。丢弃数据库中出现的重复编码、异常值、逻辑矛盾的数据, 最终得到可为本研究所用的有效种粮农户样本 93092 份, 该数据为非平衡面板数据, 样本在各年的分布如表 5.1 所示。

表 5.1 样本量统计

年份	农户数	家庭成员数	种粮农户数	有效种粮农户数
2009	21275	83529	14652	11758
2010	20545	80061	13426	10863
2011	19926	77546	12354	9992
2012	20010	77087	12273	10016
2013	20426	78079	12250	9852
2014	20640	78032	12195	9927
2015	21264	76631	12639	11095
2016	20968	77238	11835	10571
2017	20480	76373	10983	9018
合计	185534	704576	112607	93092

(二) 计量模型和估计方法

本章旨在考察农户非农就业行为对其农业机械投入的影响。如前文所述，农业机械投入包括直接使用自家农业机械和购买农业机械服务两种。非农就业对这两种农业机械投入形式的作用机制可能存在不同，有必要使用同一套数据分别考察，以揭示其差异性。一些文献的研究发现，农户在外地非农就业和在本乡镇内从事非农劳动对农业投资的影响是有差异的，所以本章将区分这两种不同的非农就业形式。由第三部分农户模型的分析可得，影响农户农业机械投入的因素主要有农户既有的粮食播种面积（sa）、家庭劳动力数量（$laborn$）、农业劳动时间（$agrilabor$）、外地就业比例（out）、本地非农就业比例（$infn$）、粮食价格（$fprice$）、家庭总收入（$income$）、地块数（nol）和户主的个人特征（$character$），包括年龄（age）、性别（$gender$）、健康状况（$health$）、受教育水平（edu）、是否参加过农业技术培训（$train$），以及省控制变量（S）、村控制变量（C）和一些不可观测的个体效应 μ_i。基于此，本章将计量模型设定为：

$$m_{it} = \alpha + \beta_1 out_{it} + \beta_2 infn_{it} + \beta_3 sa_{it} + \beta_4 laborn_{it} + \beta_5 agrilabor_{it} + \beta_6 fprice_{it} + \beta_7 income_{it} + \beta_8 nol_{it} + \delta character_{it} + \gamma_1 S_i + \gamma_2 C_i + \mu_i + \epsilon_{it} \quad (5.6)$$

$$pam_{it} = \alpha + \beta_1 out_{it} + \beta_2 infn_{it} + \beta_3 sa_{it} + \beta_4 laborn_{it} + \beta_5 agrilabor_{it} + \beta_6 fprice_{it} + \beta_7 income_{it} + \beta_8 nol_{it} + \delta character_{it} + \gamma_1 S_i + \gamma_2 C_i + \mu_i + \epsilon_{it} \quad (5.7)$$

m_{it} 为 i 农户 t 年用于购买农业机械服务的支出，pam_{it} 为 i 农户 t 年使用自家农业机械产生的动力值。模型（5.6）用于研究各解释变量对农户购买农业机械服务的影响，模型（5.7）用于研究各解释变量对农户使用自家农业机械的影响。为了方便估计解释变量的弹性系数和半弹性系数，并缓解可能存在的异方差问题，对变量 m、pam、sa、$fprice$ 和 $income$ 做自然对数处理。在现实的农业生产中，相当一部分农户的农业机械支出为 0，即农业机械投入存在角点解的现象，对于这些农户而言，不使用农业机械是其最优解。如果农户既不购买农业机械服务也不投资农业机械，则无法观测到其农业机械投入金额，所以本章所使用的样本为"截取样本"。如果忽略了这部分农户，或者采用 OLS 的回归方法，实证结果将会产生无法消除的渐进性偏误。因此，有必要使用面板 Tobit 模型对所有样本数据进行分析。

面板 Tobit 模型最先由詹姆斯·托宾提出，其不同于离散选择模型和一般的连续变量选择模型，它的特点在于因变量是受限变量，模型实际上由两类方程组成，主要研究在某些选择行为下，连续变量如何变化的问题。面板 Tobit 模型的基本结构为：$Y_{it}^* = X_{it}\beta + \alpha_i + \epsilon_{it}$，$Y_{it} = \max(0, Y_{it}^*)$。其中，$i$ 代表个体，t 代表时间，ϵ_{it} 服从均值为 0、标准差为 $\sigma_{\varepsilon,t}$ 的标准正态分布。

面板 Tobit 模型可以根据随机项和解释变量相关性假设的不同分为固定效应 Tobit 模型和随机效应 Tobit 模型，但是固定效应 Tobit 模型尚无法在统计学中进行条件参数回归，Honoré（1992）提出了一个半参数的固定效应 Tobit 模型估计方法，但是非条件固定效应估计是有偏的。由于理论上和实际运算中均无法解决带有固定效应的 Tobit 模型的参数估计问题，本章采用随机效应 Tobit 模型，并结合本章所使用的数据特征（短面板），采用一阶差分形式的面板 Tobit 估计方法（FD-Tobit）。随机效应可以表示为：

$$\alpha_i = \bar{X}_i\gamma + \mu_i, \bar{X}_i = \frac{1}{T}\sum_1^T X_{is}, \mu_i \sim N(0, \sigma_\mu^2)$$

具有个体随机效应的面板模型可标记为：

$$Y_{it}^* = X_{it}\beta + \bar{X}_i\gamma + \mu_{it}$$
$$Y_{it} = \max(0, Y_{it}^*)$$

其中，$\mu_{it} = \mu_i + \epsilon_{it}$，$\mu_{it} \sim N(0, \sigma_t^2)$，$\sigma_t^2 = \sigma_\mu^2 + \sigma_{\varepsilon,t}^2$。利用 FD-Tobit 方法对具有个体随机效应的面板模型相邻时间的两个变量进行差分以消除个体效应：

$$\Delta Y_{it}^* = \Delta X_{it}\beta + \eta_{it}, \quad \Delta Y_{it} = \begin{cases} \Delta Y_{it}^*, \text{如果 } Y_{it}^* > 0 \text{ 且 } Y_{is}^* > 0 \\ 0, \text{其他} \end{cases}$$

其中，$s=t-1$，$\Delta Y_{it}^* = Y_{it}^* - Y_{is}^*$，$\Delta X_{it} = X_{it} - X_{is}$，$\eta_{it} = \mu_{it} - \mu_{is}(\equiv \epsilon_{it} - \epsilon_{is})$，$\eta_{it} \sim N(0, \sigma_{\eta,t}^2)$，$\sigma_{\eta,t}^2 = \sigma_s^2 - 2\rho_t\sigma_s\sigma_t + \sigma_t^2$。一阶差分的极大似然估计参数 $\theta_t = (\beta_t, \gamma_t, \sigma_s, \sigma_t, \rho_t)$。

$$\hat{\theta}_t = \text{argmax} \sum_1^n [1 - I_{(0,\infty)}(Y_{is})] \ln(1 - F_{it}) + I_{(0,\infty)}(Y_{is}) I_{(0,\infty)}(Y_{it})$$
$$\ln[f(\Delta Y_{it} - \Delta X_{it}\beta | Y_{it} > 0, Y_{is} > 0)] \times F_{it} \quad (5.8)$$

其中，$I_{(0,\infty)} = \begin{cases} 1, & \text{如果} Y_{it} \geq 0 \\ 0, & \text{如果} Y_{it} < 0 \end{cases}$，$F_{it}$ 为 Y_{it}^* 和 Y_{is}^* 的联合分布函数。

（三）样本描述性统计

在本章所使用的93092个有效种粮农户样本中，户均农业机械服务支出为672元，户均农业机械动力值为6.82千瓦，但二者的标准差都较大，说明农户的农业机械投入方式和水平存在较大差异。其中，不使用农业机械服务（$m=0$）的农户有9970人，不直接投资农业机械（$tpam=0$）的农户有26634人，反映出样本具有截断的性质，最小二乘估计是有偏的，需要使用面板Tobit模型。样本中农户的农业劳动时间、本地非农就业时间和外地就业时间呈现50%、20%、30%的分布，粮食售价的平均值为2.26元/千克，户均劳动力人数约为3人，户均总收入约为53000元，95%的农户户主为男性，这些基本与之前相关研究的调研数据情况相吻合。表5.2列出了本章所使用的全部变量种类、各变量的定义和计算方法及其均值、标准差的情况。

表 5.2　变量设置和描述性统计

变量	定义	计算方法（单位）	均值	标准差
m	农业机械服务支出	用于稻谷、小麦和玉米生产的农业机械服务费用之和(元)	672	1136
pam	农业机械动力值	用于稻谷、小麦和玉米生产的农业机械动力之和(千瓦)	6.82	89.8
out	外地就业比例	家庭成员外地就业天数除以家庭总劳动天数(%)	31.3	34.2
$infn$	本地非农就业比例	家庭成员本地非农就业天数除以家庭总劳动天数(%)	21.3	29.5
sa	粮食播种面积	稻谷、小麦和玉米播种面积之和(亩)	9.16	12.8
$laborn$	家庭劳动力数量	每户的劳动力数量(人)	3.01	1.25
$agrilabor$	农业劳动时间	用于稻谷、小麦和玉米生产的投工日之和(天)	79.3	96.1
$fprice$	粮食价格	种粮收入除以粮食产出(元/千克)	2.26	0.42
nol	地块数	(块)	5.32	5.19

续表

变量	定义	计算方法（单位）	均值	标准差
$income$	家庭总收入	家庭所有成员收入之和（元）	53321	50277
age	户主年龄	（岁）	54.4	10.6
$health$	户主健康状况	1=优,2=良,3=中,4=差,5=丧失劳动力能力	1.72	0.94
edu	户主受教育水平	受教育年限（年）	6.88	2.48
$train$	户主是否参加过农业技术培训	1=是,0=无	0.07	0.26
$gender$	户主性别	1=男性,0=女性	0.95	0.21

五 回归结果和讨论

（一）基准回归结果

利用 Stata/SE16.0 软件，对模型（5.6）和模型（5.7）做面板 Tobit 模型的回归分析，回归结果如表5.3所示。两个模型的 Wald-chi2 值分别为 7526 和 3429，在 1% 的条件下显著，说明模型整体的显著性良好。

对于本章的关键解释变量，外地就业比例（out）和本地非农就业比例（$infn$）在模型（5.6）中的系数均显著为正，而在模型（5.7）中的系数均显著为负，说明非农就业比重的增加提高了农户对农业机械服务的投入，从而降低了其对农业机械的直接投资。这一结果解释了长期以来学术界对这一问题的争论，非农就业对农户农业机械投入两种形式的影响机制是完全相反的。既有研究关于非农就业降低农户农业机械投资的结论只是从一个方面揭示了两者之间的关系，选择非农就业的农户会倾向于增加农业机械服务的支出，以替代农业劳动力的不足，这一实证结果是符合诱致性技术变迁理论预期的。从系数大小来看，种粮农户外地就业时间占总劳动时间的比例每增加10%，将增加农业机械服务支出6.4%，而减少粮食生产中使用自家农业机械所产生的动力值4.9%；本地非农就业时间占总劳动时间的比例每增加10%，将增加农业机械服务支出8.0%，而减少粮食生产中使用自家农业机械所产生的动力值6.3%。

表 5.3 模型（5.6）和模型（5.7）的面板 Tobit 模型计量回归结果

变量	被解释变量:农业机械服务支出的对数		被解释变量:农业机械动力值的对数	
	系数	标准误	系数	标准误
常数项	-0.83**	0.36	-6.17***	0.38
外地就业比例	0.64***	0.06	-0.49***	0.06
本地非农就业比例	0.80***	0.07	-0.63***	0.07
粮食播种面积	1.62***	0.03	0.59***	0.03
家庭劳动力数量	-0.13***	0.02	0.08***	0.02
农业劳动时间	-0.06**	0.03	-0.06**	0.03
粮食价格	0.12*	0.07	0.23***	0.07
地块数	-0.08***	0.004	-0.002	0.004
家庭总收入	0.09***	0.03	0.35***	0.03
户主年龄	0.0047**	0.0023	-0.01***	0.002
户主健康状况	0.03	0.02	-0.03	0.02
户主受教育水平	0.08***	0.01	-0.01	0.01
户主是否参加过农业技术培训	-0.09	0.08	0.04	0.08
户主性别	0.09	0.10	0.49***	0.11
是否控制年份	是		是	
是否控制省	是		是	
是否控制村	是		是	
是否控制作物	是		是	
Sigma_u	2.60***	0.02	2.27***	0.28
Sigma_e	1.73***	0.009	0.99***	0.008
Wald-chi2	7526***		3429***	
样本量	93092		93092	

注：*、**、***分别表示估计系数在10%、5%、1%的水平下显著。

对于粮食生产过程中农户投入的其他生产要素的变量，在其他条件相同时，粮食播种面积（sa）越大，农业机械服务支出和自家农业机械动力值也越大，弹性分别达到1.62和0.59，证明土地和机械在粮食生产中是互补的投入要素，这一结论和Ji等（2017）的实证结果一致。而农业劳动时间（$agrilabor$）越多，农业机械服务支出和自家农业机械动力值越少，弹性均为-0.06，证明劳动力和机械在粮食生产中是互相替代的投入要素，随着农业劳动力的流失，农业机械成为重要的种粮生产要素，这一结论和王欧等（2016）的实证结果一致。

粮食价格（$fprice$）越高，农户对农业机械的投入也越多，这说明最终商品的价格正向影响了农户在农业生产中的中间要素投入,而这一系数在模型(5.7)中更为显著,数值也较大,说明非农就业后粮农的生产行为可能没有以务农为主的粮农理性,对市场价格波动的灵敏度相对较低,这可能与他们的收入来源变化有关。家庭劳动力数量($labom$)越多,农业机械服务支出越低,可能的原因是家庭劳动力数量代表了时间禀赋,时间禀赋高的农户投入农业生产的劳动时间较多,从而降低了农业机械的投入。而家庭劳动力数量与农户直接投资农业机械呈正相关关系,可能是因为家庭劳动力禀赋越高,产生农业机械手的概率越大。从地块数(nol)来看,地块数越多,农户对农业机械服务的投入越少,说明土地的细碎化程度影响了农业机械的使用量。从家庭总收入($income$)来看,家庭总收入越高,对农业机械服务的投入越多,这可能是因为家庭总收入的增加提高了农户对闲暇的偏好,即提高了农业劳动的机会成本,由农户模型的推理可知,农户更倾向于使用更多的农业机械以替代劳动力。而家庭总收入对农户投资农业机械的影响更大,原因是家庭总收入代表了农户的投资能力和信贷能力,这证明了新劳动迁移经济学关于非农就业者的汇款效应影响农业生产的观点。

从户主的个人特征来看,是否参加过农业技术培训($train$)在两个模型中的系数均不显著,而样本中 $train$ 的均值仅为 0.07,即只有 7% 的户主参加过农业技术培训。首先,这反映了现阶段中国的农业技术培训体系尚不健全,力度不够,覆盖面过窄;其次,农业技术培训并没有显著增加农户的人力资本,受过农业技术培训的户主在实际生产过程中没有显著地增加诸如农业机械之类的先进生产要素的投入。而户主受教育水平(edu)显著增加了农户对农业机械服务的需求。在 5% 的显著性水平下,户主的年龄(age)越大,越倾向于使用农业机械服务,而减少对农业机械的直接投资,女性户主也会显著减少农业机械的购买,但不会降低农业机械服务支出。这说明虽然由于青壮年劳动力的大量流失,留守农村的劳动力呈现老龄化和女性化的趋势,但这并未严重影响到农业生产条件,农业机械服务市场的存在缓解了农业劳动力弱质化对粮食产量的影响,这与胡雪枝和钟甫宁(2012)、彭代彦和文乐(2016)的研究结论一致。从回归系数来看,户主健康状况($health$)越差,越倾向于使用农业机械服务,而降低农业机械直接投资,但均不显著。

(二) 稳健性检验

1. 异常值的干扰问题

在随机效应 Tobit 模型中，被解释变量的异常值可能会对回归结果产生较大干扰，尤其是 $tpam$ 的差异非常大，为了减少异常值对结论造成误差的可能性，在稳健性检验中，将被解释变量转换为 0-1 变量。具体方法为，在模型 (5.6) 中，若 m_{it} 不等于 0，则记 $m_{it}=1$；同理，在模型 (5.7) 中，若 $tpam_{it}$ 不等于 0，则记 $tpam_{it}=1$。采用面板 Logit 回归方法对模型 (5.6)、模型 (5.7) 进行回归，结果如表 5.4 所示。

表 5.4 模型 (5.6) 和模型 (5.7) 的面板 Logit 模型回归结果

变量	被解释变量:是否购买农业机械服务		被解释变量:是否投资农业机械	
	系数	标准误	系数	标准误
常数项	-2.62***	0.66	-5.27***	0.32
外地就业比例	1.15***	0.12	-0.44***	0.05
本地非农就业比例	1.35***	0.13	-0.55***	0.06
粮食播种面积	1.84***	0.05	0.51***	0.02
家庭劳动力数量	-0.23***	0.03	0.08***	0.01
农业劳动时间	-0.19***	0.05	-0.02	0.02
粮食价格	0.06	0.13	0.23***	0.06
地块数	-0.13***	0.01	-0.004	0.004
家庭总收入	0.08	0.06	0.29***	0.03
户主年龄	0.01***	0.004	-0.008***	0.002
户主健康状况	0.04	0.04	-0.03	0.02
户主受教育水平	0.12***	0.02	-0.01	0.01
户主是否参加过农业技术培训	-0.08	0.14	-0.001	0.07
户主性别	0.05	0.17	0.43***	0.10
是否控制年份	是		是	
是否控制省	是		是	
是否控制村	是		是	
是否控制作物	是		是	
Sigma_u	3.60***	0.07	12.9***	0.18
RHO	0.80***	0.006	0.98***	0.0005
Wald-chi2	2700***		2157***	
样本量	93092		93092	

注：*、**、*** 分别表示估计系数在 10%、5%、1% 的水平下显著。

由面板 Logit 模型的回归结果可以看出，关键解释变量的系数符号和显著性并未发生明显变化，说明即使仅考虑是否投入而不考虑投入的多少，有关非农就业对农户购买农业机械服务和投资农业机械影响机制的结论依然不变，从而验证了面板 Tobit 模型回归结果的稳定性。

2. 内生性问题

已有研究发现，农业劳动力是否参与非农就业受到个人资本、社会资本和其他社会经济因素等诸多方面的影响。在本章所构建的基准模型中，影响农户农业机械投入的变量可能也会影响农户的非农就业决策，如果不考虑非农就业的内生性，可能会对 Tobit 回归结果造成系统性误差。

为解决上述问题，可以考虑寻找一组假定和误差项正交的工具变量，但工具变量的方法一是具有随意性，二是无法保证工具变量自身的外生性，三是可能与内生变量弱相关，非但不能解决内生性问题，可能还会对既有模型造成新的干扰。准确度量非农就业对农业机械投入影响的问题在于无法找到在其他变量均相同的情况下，非农就业比例高的农户和非农就业比例低的农户的对照，同一农户在同一年份只可能处于非农就业的某个水平点上，无法获得实验组和对照组的两套数据，这属于典型的反事实因果推断分析框架。反事实匹配思想假定：如果非农就业比例高和比例低的两类农户能够被一组相同的影响因素解释，则可利用这些共同因素进行分层匹配，使每层有两类农户即高比例非农就业农户和低比例非农就业农户，且这些农户在各层中的唯一区别就是他们非农就业比例的高低，以考察两类农户农业机械投入的差异。进一步将各分层差异和分层所占比例做适当加权，则可得到 ATE（平均处理效应）、ATT（处理组效应）和 ATC（控制组效应）估计。Rosebaum 和 Rubin（1983）提出了 PSM 方法，其可定义为在既定可观测特征条件下，基于参与者条件概率即倾向得分来匹配处理组和控制组的一种算法。倾向得分表达式为：

$$P(X_i) = Pr\{exp_i = 1 \mid X_i\} \tag{5.9}$$

如果给定倾向得分条件下的样本满足随机分布的假设，那么 ATT 可以由以下公式计算得到：

$$ATT = E\{Y_{1i} - Y_{0i} \mid D_i = 1\} = E\{E[Y_{1i} - Y_{0i} \mid D_i = 1, P(X_i)] \mid D_i = 1\}$$
$$= E\{E[Y_{1i} \mid D_i = 1, P(X_i)] - E[Y_{0i} \mid D_i = 1, P(X_i)] \mid D_i = 1\}$$
$$= E\{E[Y_{1i} \mid D_i = 1, P(X_i)] - E[Y_{0i} \mid D_i = 0, P(X_i)] \mid D_i 1\} \quad (5.10)$$

在式 (5.10) 中, D_i 是处理变量, 取 1 时表示接受处理, 取 0 时表示未接受处理 (在本章中接受"处理"就是指非农就业比例高)。Y_{1i} 表示接受处理的农户接受处理之后的结果 (本章表示非农就业比例高的农户的农业机械服务支出或其自家农业机械动力值), Y_{0i} 表示接受处理的农户倘若未接受处理的结果。

PSM 方法的第一步是计算个体接受处理的倾向得分, 较为流行的方法是通过 Logit 或者 Probit 回归来计算倾向得分。第二步是依据第一步计算所得结果对处理组和对照组进行分层匹配。匹配的方法有很多, 目前常用的有最小近邻匹配 (Nearest Neighbor Matching)、半径匹配 (Radius Matching)、核匹配 (Kernel Matching)、分层匹配 (Stratification Matching) 等 (Becker and Ichino, 2002)。倾向得分匹配法的 ATT 可以用如下公式表示。其中 N^T 代表匹配后处理组中的处理样本数量, Y_i^T 和 Y_j^C 分别是处理个体 i 和对照个体 j 的结果, ω_{ij} 表示权重。

$$ATT = \frac{1}{N^T} \sum_{i \in T} \left[Y_i^T - \sum_{j \in C(i)} \omega_{ij} Y_j^C \right] \quad (5.11)$$

为了使用 PSM 方法, 首先生成新的变量 fn, 将样本中的农户分为高比例非农就业农户 ($fn = 1$) 和低比例非农就业农户 ($fn = 0$) 两类。fn 的赋值方法为:

$$fn = \begin{cases} 1, \text{如果 } out \text{ 与 } infn \text{ 之和大于等于 } 0.5 \\ 0, \text{如果 } out \text{ 与 } infn \text{ 之和小于 } 0.5 \end{cases} \quad (5.12)$$

选择这一方法的原因为, 由前文的实证结果可知, 无论是农业机械服务支出还是自家农业机械投资, 外地就业和本地非农就业估计系数的符号和显著性均保持一致, 所以将两者合并作为表示农户非农就业比例只会有共振效应而不会有中和效应。此外, 选择 50% 作为区分高比例和低比例非农就业的临界值也是既有文献的共识。

生成 fn 之后, 使用 Logit 模型估算出每户 $fn = 1$ 的概率, 然后将概率相近的实际上 $fn = 1$ 的农户 (处理组) 与实际上 $fn = 0$ 的农户 (对照组)

进行匹配，匹配方法为核匹配。在匹配的样本群中计算处理组和对照组的 m 以及 $tpam$ 的差异。由此得到的 ATT 就是纠偏后非农就业对农业机械投入的作用效应。

PSM 的处理效应如表 5.5 所示，由结果可知，处理组和控制组的差异方向与 Tobit 模型的结果一致，且均在 1% 的条件下显著。这说明，即使在考虑内生性后，非农就业依然显著增加了农户的农业机械服务支出，而降低了农户的农业机械直接投资。

表 5.5　模型（5.6）和模型（5.7）的 PSM 的处理效应

被解释变量	处理效应	处理组	控制组	差距	标准误
$\ln(m)$	匹配前	4.77	4.45	0.32***	0.03
	ATT	4.77	4.25	0.52***	0.04
$\ln(pam)$	匹配前	0.52	0.75	-0.23***	0.01
	ATT	0.52	0.66	-0.14***	0.02

注：*、**、*** 分别表示估计系数在 10%、5%、1% 的水平下显著。

从农业机械服务支出来看，经过倾向匹配得分之后处理组的平均处理效应达到了 52%，即高比例非农就业的农户比低比例非农就业的农户投入农业机械服务的支出平均要高出 52%，这一数值在未经匹配之前是 32%，表明非农就业内生性的假设加强了其对农业机械服务支出的影响。可能的解释是粮食播种面积等正向影响农业机械服务投入的变量与非农就业的关系是负向的，所以经过 PSM 处理之后，非农就业比例的提高对粮食播种面积的负向影响不再体现为对农业机械服务支出的消极影响，从而非农就业的估计系数显著提升。

从农业机械的直接投资来看，经过倾向匹配得分之后处理组的平均处理效应为 -14%，即高比例非农就业的农户比低比例非农就业的农户投入农业机械服务的支出平均要少 14%，这一数值在未经匹配之前是 23%。考虑内生性后非农就业对农业机械直接投资负向效应的减弱可能是因为非农就业与播种面积负相关，若不考虑内生性，非农就业降低农户农业机械直接投资可能是通过播种面积的减少实现的。

3. 来自山东省调研数据的验证

全国农村固定观察点的数据由于其大样本的性质而被广泛地运用到

各类实证研究中,但是其统计口径可能存在地区差异。而且笔者在整理数据的过程中发现,仍然存在个别样本录入错误的问题①,虽然笔者在进行实证研究时剔除了明显的异常值,以尽量排除这些错误对回归结果的影响,但无法确定完全过滤。全国性数据得出的结论也可能不适用于单个地区。

为此,笔者利用2019年4~5月山东省玉米种植户的调研数据对研究结果的稳定性进行检验。调研团队在山东省选取3个玉米生产市(县),然后选取其中9个样本镇(街道),再在其中选取16个样本村(样本分布见表5.6)。此次调查共收回300份问卷,剔除关键变量缺失的问卷,最终获得有效问卷255份,其中有203户购买农业机械服务收获玉米,其余52户不使用农业机械。

表5.6 山东省调研地点分布

样本市(县)	样本镇(街道)	样本村
诸城市	舜王街道、石桥子镇、百尺河镇、贾悦镇	胡戈庄村、石桥子村、大顺河村、管家朱村、孟家屯村、永吉官庄村、后马庄村
桓台县	新城镇、田庄镇	罗苏村、邢家村、史家村、高楼村
莱州市	文峰路街道、朱桥镇、程郭镇	南十里堡村、前宋家村、大王村、高家村、侯家村

计量模型参考前文,考虑问卷的变量设置,采用模型(5.13):

$$m_i = \alpha + \beta_1 out_i + \beta_2 sa_i + \beta_3 laborn_i + \beta_4 income_i + \beta_5 nol_i + \beta_6 fragility_i + \delta character_i + \mu_i \quad (5.13)$$

各变量所表示的意义参考前文的变量描述,但模型(5.13)中的m_i为二元变量,取0表示没有购买农业机械服务,取1表示购买农业机械服务。out_i表示i农户家庭中非农就业人数占总劳动力的比例,$character$表示户主的个人特征,包括年龄、性别、受教育水平和是否参加过农业技术培训。从问卷中可以获得农户每块耕地的面积,据此可以计算出耕地细碎化程度,用$fragility$表示。计算公式如下,由公式(5.14)可知,$fragility$越小,耕地越细碎化。

---

① 例如播种面积不到10亩的农户的农业机械动力值高达10万千瓦。

$$fragility_i = \frac{i \text{农户每块耕地平方的和}}{i \text{农户耕地之和的平方}} \tag{5.14}$$

各变量的描述性统计如表 5.7 所示。利用 Stata/SE16.0 软件，对模型（5.13）进行 Logit 回归，回归结果如表 5.8 所示。模型的 Wald-chi2 值为 42.7，在 1%的条件下显著，R^2 为 0.72，说明模型整体的显著性良好。非农就业比例的系数为 0.12，在 1%的水平下显著，进一步求出非农就业对是否使用农业机械服务的平均边际贡献为 0.19%[①]，在 5%的水平下显著，这验证了基准模型中关于非农就业增加了农业机械服务需求的结论。

表 5.7 模型（5.13）中变量描述性统计

变量	定义	计算方法（单位）	均值	标准差
m	是否购买农业机械服务	0=否，1=是	0.80	0.40
out	非农就业比例	家庭成员中非农就业人数除以总劳动力人数（%）	50.40	28.60
sa	玉米播种面积	（亩）	5.79	3.40
$fragility$	耕地细碎化程度	参见公式（5.14）	0.41	0.27
$laborn$	家庭劳动力数量	每户的劳动力数量（人）	2.81	0.82
nol	地块数	（块）	2.24	1.17
$income$	家庭总收入	家庭所有成员收入之和（元）	52741	24707
age	户主年龄	（岁）	51.40	9.90
$health$	户主健康状况	1=很好，2=一般，3=较差	1.81	0.63
edu	户主受教育水平	1=初中及以下，2=高中、中专、技校，3=大专及以上	1.48	0.79
$gender$	户主性别	1=男性，0=女性	0.85	0.36

表 5.8 模型（5.13）的 Logit 回归结果

变量	系数	标准误
out	0.12***	0.03
$lnsa$	4.80***	1.31
$fragility$	−1.61	3.36
$laborn$	0.71	0.47

---

① 利用 Stata 做 Logit 回归后，输入 margin 命令可得。

续表

变量	系数	标准误
nol	-2.46**	1.21
lnincome	2.32***	0.59
age	0.05	0.04
health	0.58	0.40
edu	0.45	0.43
gender	0.37	0.74
Wald-chi2	42.7***	
R^2	0.72	
样本量	255	

注：*、**、*** 分别表示估计系数在 10%、5%、1% 的水平下显著。

六　本章小结

　　市场化改革以来，农户家庭层面的农业机械投资一直是中国改善农业生产物质装备、实现农业现代化发展的重要内容。在国家层面始终以工业化、城镇化为经济发展主导模式的大背景下，大量农民选择非农就业，本章从微观农户的视角探讨就业非农化如何影响农业机械化的两种实现方式，即农业机械投资和农业机械服务利用，为探讨城镇化和农业现代化的宏观问题奠定微观基础，具有重要的理论意义和现实价值。本章借鉴农户理论模型，利用 2009~2017 年中国农村固定观察点的数据和山东省调研数据进行实证分析，所得基本结论如下。

　　第一，由面板 Tobit 模型的实证分析得出，无论是外地就业还是本地非农就业，都会对农户的农业机械服务需求产生正向影响，而对农户的农业机械直接投资产生负向影响。非农就业增加了农户的农业机械服务需求，促进了一批专业农业机械户和农业机械队的产生。所以从总体上来看，非农就业有利于中国农业机械化水平的提高。在控制非农就业的内生性后，基于 PSM 的回归结果显示，高比例非农就业的农户在农业机械服务上的投入要比低比例非农就业的农户高 52%，但直接投资农业机械的倾向比后者低 14%。这解释了为什么已有部分研究发现非农就业会降低农业机械投资，但农业机械化水平总体呈上升趋势。

第二，除非农就业外，农户的其他特征也对农业机械服务投入和农业机械直接投资产生了影响。其中，粮食播种面积对两者均产生了显著的正向影响，而农业劳动时间对两者均产生了负向影响，验证了农业生产过程中农业机械对土地和劳动力的互补和替代效应。当青壮年劳动力非农就业后，留守的老人和女性更倾向于使用农业机械服务，表明农业机械服务市场缓解了城镇化进程中种粮劳动力流失对国家粮食安全的威胁。此外，土地细碎化程度、粮食价格和劳动力禀赋也对农户的农业机械利用方式和使用量产生了显著影响。

本章的研究目标和研究内容与前一章密切相关，是前一章的微观延续。两者在逻辑上是衔接的，综合这两章的结论，可以对本书在绪论中所提出的问题三做出完整的回答。在宏观层面，中国的农业机械化和城镇化在短期内存在争夺资源的竞争关系；从长期来看，城镇化吸收了农业劳动力，从而为农业机械化的发展创造条件。在微观层面，当农户的部分家庭成员实现非农就业后，农户购买农业机械服务的倾向增强，而减少了直接投资农业机械，总体效果是增加了农业生产中机器的使用量。中国的农业机械化是在快速城镇化和非农就业化的背景下发生的，这是对本书第一章历史研究的数据验证。

第六章　中国式农业机械化道路的动力机制：农地制度的视角

一　农地制度改革和共享式农业机械化发展

"以新发展理念引领经济高质量发展"是习近平新时代中国特色社会主义思想的重要组成部分，其中"共享"是新发展理念的核心，是中国特色社会主义的本质要求。共享发展注重解决社会公平正义问题，坚持全民共享、全面共享、共建共享、渐进共享，通过共享与发展不断推进全体人民共同富裕（李实，2021）。上述新发展理念在农村地区体现为构建小农户和现代农业发展有机衔接的体制机制，让小农户共享农业现代化的红利。

长期以来，"大国小农"一直是中国的基本国情，小规模农户经营存在的种种弊端，如土地极度细碎化、农业生产效率低、农民收入低、环境污染严重等，严重阻碍了中国农业现代化进程。如何在小农经济的基础上实现乡村振兴，并在发展中突出对弱势小农户的包容性，让小农成为乡村振兴的真正受益者，最终实现共同富裕，成为中央农村工作的重要课题。

中国的实践表明，农业机械社会化服务能在一定程度上破解"人多地少"的禀赋约束，为小农经济再造和在小农经济基础上实现农业现代化提供可能性（赵晓峰、赵祥云，2018）。2017年党的十九大报告做出了"培育新型农业经营主体，健全农业社会化服务体系，实现小农户和现代农业发展有机衔接"的重要指示。2021年农业农村部印发《关于加快发展农业社会化服务的指导意见》，指出"探索建设多种类型的农业综合服务中心，围绕农业全产业链，提供集农资供应、技术集成、农机作业、仓储物流、农产品营销等服务于一体的农业生产经营综合解决方案"，并强调农业社会化服务是实现中国特色农业现代化的关键，对提高农业生产效率、推动乡村振兴进程、保障国家粮食安全具有重要意义。

2021年颁布的《"十四五"规划和2035年远景目标纲要》强调,"加快培育家庭农场、农民合作社等新型农业经营主体,健全农业专业化社会化服务体系,实现小农户和现代农业有机衔接"。可见,着眼于现实国情、农情,促进农业机械社会化服务发展,完善农业机械社会化服务体系是贯彻习近平新时代中国特色社会主义思想、构建中国特色农业现代化体系的重要内容。

学术界围绕农业机械社会化服务的影响因素开展了一系列研究,但是少有文献关注农地产权稳定性与农业机械社会化服务之间的关系。在中国,"三权"分置的农地产权制度降低了地权稳定性。地方政府不可预期的征地和土地调整行为是造成产权不稳定的主要原因,中央政府出台了多项政策致力于缓解该问题。随着2008年《中共中央关于推进农村改革发展若干重大问题的决定》的出台,中央开启了新一轮的农地确权工作,并挑选成都作为"全国统筹城乡综合配套改革试验区",率先开展农村产权制度改革,成功实践了农地确权颁证。该轮农地确权颁证工作进一步强调了所有权、承包权和经营权的分离,通过对地块的精确测绘解决了上几轮确权中存在的土地"四至不清,面积不准"的问题。农地产权制度改革主要通过重构农地的占有、使用、收益、处分等各项财产权利,实现更有效率的制度安排,充分激发微观主体的积极性,促进生产要素在城乡之间以及农业内部的合理分配。作为一项重要的顶层设计,农地产权制度改革是整个农村改革的核心所在。

新一轮农地确权政策的施策初衷是通过产权制度改革激发要素主体活力,促进各类要素自由有序流动,实现资源的优化配置。自实施以来,该项政策受到了学术界的广泛研究。目前关于农地确权政策的研究主要集中在以下几个方面:一是农地确权对农地流转的影响(程令国等,2016;Holden et al.,2011);二是农地确权对劳动力转移的影响(陈媛媛、傅伟,2017;Field,2007;Mullan et al.,2011);三是农地确权对农业生产率的影响(林文声等,2018;Newman et al.,2015)。除了上述视角之外,少数学者开始关注农地产权稳定性与农业机械社会化服务发展之间的关系。其中具有代表性的是李宁等(2019)的研究,他们利用2016年中国劳动力动态调查(China Labor Dynamic Survey,CLDS)的数据分析发现,新一轮的农地确权通过对农地经营权的进一步明晰与细分,降低了纵向分工的交易费用,进而使农户更倾向于选择农业机械服务。鉴于社会化服务是中国特色农业现代化的实现方式,体现了"共享与发展"的共同富裕精髓,从农村产权制度改革的视角对其开展理论研究和实证研究,不仅丰富了制度经济学的理论内涵,而且能够利用中国数据讲好中国故事,体现中国特色。

本章利用中国劳动力动态调查 2014 年和 2016 年两期的面板数据构建双重差分模型,从土地和劳动力资源配置的双重视角研究农地产权稳定性如何影响农业机械社会化服务发展,并探讨其内在机制。该视角本身具有如下重要性和必要性:第一,社会化服务作为农业生产中资本要素在不同主体间的再配置,必然受到土地和劳动力资源配置的影响,因此本章的研究视角能形成跨要素、全方位、多维度的逻辑链条,对这一领域的研究框架进行有效的补充;第二,当前中国提出了以县城为重要载体的城镇化发展战略,其目的就是在中国特色的制度安排和资源禀赋条件下,盘活农村资本、劳动力和土地等生产要素,促进城乡融合发展,土地和劳动力配置作为协调城镇化和农业现代化的纽带,决定了以农地制度改革为主线的农村产权制度改革是否能够促进资源优化配置、释放发展红利,因此本章的研究视角体现了当下中国特色现代化发展道路的内涵。

本章的研究意义主要体现在以下三个方面。首先,在理论层面,有关农地产权稳定性对农业机械社会化服务的影响是大多数研究中国农村产权制度的学者所忽视的内容,农业机械社会化服务作为中国特色农业现代化的发展模式,相关理论研究尚处于萌芽阶段,从农地产权制度出发对这一现象进行探讨,有利于丰富这一领域的理论成果。其次,在现实层面,国家希望通过农地产权制度改革促进要素的合理流动,实现资源的优化配置,农业机械社会化服务作为小农户与现代农业有机衔接的关键纽带,背后体现了更深层次的资源配置问题,本章的研究主题契合了新时代高质量发展背景下的重要国家战略转型思路和方向。最后,在政策层面,本章从理论和实证层面详细探讨了农地产权稳定性影响农业机械社会化服务的机制和异质性问题,为相关政策建议提供了理论支撑和实证基础,更具针对性和层次性,同时,受益于本章研究视角的多维性,相应的政策建议呈现跨要素市场的立体性特征。

二 文献综述

第二章已经详细罗列了有关农地产权稳定性和农业机械化发展关系的文献,并进行了文献评述,这里不再赘述。下面的文献综述从两个方面展开,首先,回顾有关农业机械社会化服务的发展及其影响因素的文献,并指出已有文献对产权问题的忽视;其次,回顾农地产权稳定性影响农地流转和农村劳动力转移的文献,为本章后面的机制分析打下基础。

(一)农业机械社会化服务的发展及其影响因素

农业社会化服务是一个具有中国特色的概念,自1983年中央一号文件首次提出"社会化服务"的概念以来,其发展过程始终与中国的农业改革进程紧密结合。近年来,中国农业机械社会化服务发展迅速,对农业发展的支撑和保障作用明显增强,学术界也对此展开了广泛的讨论,并从不同视角对农业机械社会化服务的影响因素进行了研究。

首先,从社会组织化发展角度来看,农业机械社会化服务的发展离不开村集体的统筹功能,村集体通过合作社等形式对体制内外资源进行有效整合,统筹购置先进农业机械,提高农业机械服务队伍的水平,可以提高村级农业机械社会化服务能力。其次,从微观农户角度来看,农户对农业机械社会化服务的需求是农业机械社会化服务市场繁荣发展的前提条件,农业劳动力与农业机械的相对价格提高所诱发的农户对农业机械技术的需求刺激农业机械服务市场发展,同时农户面临的小规模经营与地貌类型等土地资源条件也显著影响农户对农业机械服务的需求。周娟(2017a)研究发现,生产力分化所形成的不同农业经营阶层对农业机械社会化服务的需求存在异质性,其中,大生产者阶层与小生产者阶层的生产方式差异是产生农业机械社会化服务需求异质性的直接原因。

已有文献在分析农户的农业机械使用行为时忽略了产权这一重要视角。农户是否选择农业机械社会化服务涉及农地产权的细分,这是因为农户需要将部分土地经营活动的权利让渡给服务主体,而产权让渡能否实现受到农地产权稳定性的制约,农地产权不稳定直接影响农户采用服务的积极性。因此，从产权变迁视角去理解农业机械社会化服务行为是重要且必要的。

（二）农地产权稳定性、农地流转和农村劳动力转移

国家旨在通过实施农地确权政策增强农地产权稳定性，从而促进农地有效流转，实现农地资源的优化配置。众多学者对农地确权与土地流转关系进行了研究，但是学术界对农地确权和农地流转的关系存在较大争议。以程令国为代表的学者认为农地确权通过提升农户的土地产权强度、提高土地产权安全性、降低土地调整的制度风险，减少了农户对土地流转的顾虑，使农地流转过程中的交易成本减少，促进了土地流转（程令国等，2016；付江涛等，2016；刘玥汐、许恒周，2016；杨广亮、王军辉，2022）。然而，以罗必良为代表的农业经济学者运用"禀赋效应"的概念分析产权强化对农户农地流转的抑制效应，认为农地确权在提升农户产权强度的同时，有可能因土地的人格化财产特征而强化禀赋效应，并进一步因"产权身份垄断"与"产权地理垄断"而加剧对经营权流转的抑制（罗必良，2017；胡新艳、杨晓莹，2017；许佳贤等，2022）。关于农地产权稳定性增强是否优化了农地资源配置的问题，目前的文献大多给出了肯定性的结论，如 Brant（2002）认为农地产权不稳定造成农户的失地恐慌，因而不愿意流出农地经营权，该现象会导致农地流转交易量低于最优交易量，造成资源配置的效率损失。市场自发的农地流转行为能够促使农地流向那些农业生产效率较高的农户，提高资源配置效率。其主要的作用机制在于厘清农地的所有者，明晰产权，降低农地流转过程中的交易成本，提高资源配置效率（Alston and Martin，1995；Gavian and Fafchamps，1996；Besley and Ghatak，2010）。

农地产权制度的完善不仅促进了农地资源配置效率的提高，同时也带动了劳动力资源的重新配置，这种重新配置可以分为两个维度：一是农业内部的劳动力分工；二是农业劳动力的非农化转移。相较于农地产权与农地流转及资源配置，有关农地产权稳定性对劳动力转移影响的研究较少。目前主流文献在这一领域的争议同样存在，国际研究基本达成一致结论，认为稳定的农地产权将会促进农村劳动力外流（Mullan et al.，2011；Alvarez-Cuadrado and Poschke，2011；de Janvry et al.，2015）。

在较早的一篇文献中，Feder 和 Feeny（1991）研究发现，倘若农地的产权归属主要依据农户对农地的使用权，则将阻碍劳动力的自由流动。在一篇经典文献中，de Janvry 等（2015）利用墨西哥长期面板数据发现，农地所有权和使用权的分离加速了农村劳动力流向城市。但部分国内学者对此持不同态度，例如：罗必良和张露（2020）认为，当前中国农地确权政策并不存在促进劳动力转移的效应；罗美娟和申小亮（2021）基于 2016 年 CLDS 的实证研究发现，确权能显著增加劳动力的农业就业概率；郑淋议等（2020）利用浙江大学中国农村家庭追踪调查（CRHPS）的实证研究同样发现，农地确权增加了农户投入劳动力和投资农业机械的数量；杨金阳等（2016）则通过理论推导和数值模拟发现农地确权对劳动力转移的影响并不单调，存在先促进后抑制的趋势。

直到 2018 年底新一轮农地确权才在全国范围内完全铺开，而社会化服务也是党的十九大之后才开始逐渐成为农业经济学界的主流研究对象，将新一轮农地确权作为拟自然实验，并基于面板数据进行农地产权稳定性和农业机械社会化服务发展关系的研究尚处于起步阶段。从现有文献的结论来看，两者之间的关系也是模糊不定的，且内在机制也存在较大争议。

本章的边际贡献体现为如下三点。第一，从研究内容来看，虽然已有文献将农地确权与农业机械社会化服务纳入统一框架，但是忽略了土地流转、农户家庭经济特征、家庭农业劳动力特征在农地确权影响农业机械社会化服务发展中发挥的作用，因此，本章基于土地和劳动力资源配置的双重视角研究农地产权稳定性对农业机械社会化服务发展的具体影响路径，重点关注土地和劳动力的资源配置问题，不仅可以更加深刻地理解在中国特色社会主义制度下农地产权稳定性对农业现代化发展的影响，还有利于丰富和完善社会化服务相关理论研究。第二，从研究方法来看，已有研究普遍将个别年份、个别省份的微观截面数据作为研究样本，而本章研究使用全国范围内的面板数据，利用双重差分模型能够更加精准地识别农地产权稳定性对农业机械社会化服务发展的影响。第三，从研究发现来看，本章的实证研究表明了农地产权稳定性通过土地和劳动力资源配置促进农业机械社会化服务发展，体现了农地产权制度改革激发要素主体活力，促进土地、劳动力和资本要素自由有序流动，实现资源优化配置的重要作用。从异质性角度进一步分析发现，地区因素、农户生产特征、经营土地特征对农户农业机械社会化服务需求的影响存在差异，这些发现对于探索具有中国特色的农业发展道路具有重要意义。

三 理论分析与研究假设

（一）农地确权影响农业机械社会化服务的理论分析

现代产权理论认为，人们在使用稀缺资源而发生利益冲突时，可以通过产权界定和改善产权结构来降低或消除市场体制运行的社会交易费用，从而提升资源配置效率，促进经济增长。新兴古典经济学认为，分工和专业化才是实现规模报酬递增的关键（杨小凯、黄有光，1999），而有效的分工是建立在健全的产权制度的基础之上。产权作为经济行为主体的一项财产权利，涵盖的内容比较广泛，可以对其进行细分，产权细分扩展了产权配置及其效率改进的潜在空间，同时为分工深化提供制度可能，促进可交易性的实现（廖文梅等，2020）。

农地确权的产权含义，就是将土地产权细分为承包权、经营权、使用权、处置权等一组权利束，不同的权利在时间、空间上规定不同，就对应了不同的交易方式（陈昭玖、胡雯，2016）。农地确权强化了农户的产权主体地位，明晰了产权范围，增强了产权的可交易性，促使经营权细分给不同优势主体，推动交易市场发展，扩大市场容量，驱动农业生产横向分工和纵向分工深化，提高农业生产专业化水平，给农业机械社会化服务提供了发展空间。另外，确权的本质是产权界定，有利于多种产权主体的进入，从而促进农业机械社会化服务市场发展。因此，农地确权通过产权界定和产权细分促进了农业分工深化，促进了农业机械社会化服务的发展。

基于上述分析，本章提出假说H1：农地确权对农业机械社会化服务具有直接促进作用。

（二）中介机制分析

1. 农地产权稳定性、农地流转与农业机械社会化服务

农地流转的加速可以促进农业机械社会化服务的发展。首先，农户参与农地流转加速了农地集中，促进农业规模化发展，同时这一流转过程提升了农地资源配置效率（高叙文等，2021），无论是规模效应还是配置效率的提升都会增加农业机械服务需求，与此同时规模化农户的出现又增加了农业机械服务的供给，促进农业机械社会化服务的聚集（胡新艳等，2018）。经营规模的扩大同样能够降低农业机械社会化服务的交易成本（钟真等，2020），进而推动农业机械社会化服务的规模化发展。

基于上述分析，提出假说 H2a：农地确权通过促进农地流转优化农户资源配置，刺激农户对农业机械社会化服务的需求，进而推动农业机械社会化服务的发展。

2. 农地产权稳定性、农户收入与农业机械社会化服务

农地确权主要通过产权经济激励、农地流转、农业投资、农地抵押贷款4个方面促进农户收入的增加。首先，产权具有经济激励的特性，农地确权赋予农户明确的农地产权，通过使用权排他、收益权独享、促进交易自由化提高产权的稳定性和安全性，激发农户进行农业经营生产，增加农业投资的积极性，从而提高农业生产效率，促进农民收入的增加。其次，农地确权通过农地流转实现流转双方收入水平的提高。农地确权有效保障了产权主体的流转收益，提升了产权主体的资源配置效率，使农地资源流向农地需求更迫切、农业生产效率更高、农业经营能力更强的农户手中，实现流转双方收入水平的提高。对于农地转出方来说，农户可以放心租出自己的农地，同时随着农地流转交易行为逐渐规范化，农地市场价格上涨，这提高了农户的财产性收入；对于农地转入方来说，可以扩大农业生产规模，进行规模化、专业化的生产，从而获得更多农业收入。再次，农地确权赋予了农地承包经营权充当抵押物的权利，农地作为一种生产要素进入金融市场，稳定的农地产权作为抵押物更容易被金融机构所接受，农户通过抵押农地承包经营权拓宽收入来源渠道、缓解融资压力，从而增加了收入。最后，产权代表着一种物质利益关系，产权主体在利润最大化原则指导下行使产权，产权不稳定会使农户缺乏对农地进行长期投资的预期和信心，降低增加农户收入的概率。农地确权通过提高农地产权的稳定性直接促进了农户资本投资，也可以通过增强农户的未来收入预期刺激农户进行投资，从而提高农户收入。

收入水平是农户是否选择购买农业机械社会化服务的重要因素。目前,中国农业机械社会化服务体系建设还不够完善,服务市场建设缺乏规范性,没有达到一定的服务规模,导致服务价格较高、服务范围有限等问题,严重阻碍了农业机械社会化服务的发展。对于大多数小农户来说,一方面,服务价格过高会抑制其对农业机械社会化服务的需求;另一方面,农户自身收入水平也会限制其对农业机械社会化服务的选择空间,收入水平较低的农户难以承担服务费用,会倾向于用自身劳动替代服务。虽然随着农业机械社会化服务体系的不断完善,服务供给市场繁荣,在竞争激励下服务价格逐渐降低,但是农户收入对农户是否选择农业机械社会化服务仍然具有重要影响。农地确权后,农户收入增加,承担成本的能力提高,选择服务的空间扩大,会倾向于使用农业机械社会化服务,从而刺激了农业机械社会化服务的发展。

基于上述分析,提出假说H2b:农地确权通过增加农户收入扩大了农户对农业机械社会化服务的选择空间,进而推动农业机械社会化服务的发展。

3. 农地产权稳定性、劳动力资源配置与农业机械社会化服务

家庭内部劳动力结构对农户的农业生产决策具有重要影响(Ji et al.,2012)。农地确权可以提高劳动力的专业化分工水平,促进拥有不同劳动力资源的农户发挥自身比较优势。首先,农地确权能激励具有农业生产经营比较优势的农户增加农业劳动投入。农地确权有助于提高地权稳定性和安全性,促进农地交易自由化,可以节省农户用于农地产权保护的额外成本,激励农户增加农业劳动的投入强度,提高劳动力资源配置效率,改善农户家庭内部的劳动分工。其次,农地确权影响劳动力转移成本效应和生产率效应(张莉等,2018)。农地确权通过强化农户投资收益预期、降低农地流转交易费用、提高农地成为抵押品的可能性增强了农户的农业投资能力,进而提高农业生产效率,当农地确权的生产率效应大于劳动力转移成本效应时,农业劳动力人数增加。最后,农地确权促进了农业生产分工环节的增加和分工水平的提高,为农业部门就业机会的增加创造了条件,促进了劳动力在农村内部的流动(唐超等,2019)。

农户家庭劳动分工会影响农户对农业机械社会化服务的选择。家庭农业劳动力短缺会阻碍农业新技术的采用,造成农地经营粗放。农业机械社会化服务为农户提供的技术机械等支持,会受到小农户自身机械操作水平、家庭农业生产人力资本等条件的限制,农户使用服务的效率会

影响到农户对农业机械社会化服务的选择。一般来说，新增加的这部分农户家庭农业劳动力，会具有更强的学习能力和专业化的生产能力，随着家庭人力资本条件的改善，农户家庭农业生产对新技术的接纳程度和使用效率也会提高。农业机械社会化服务可以给农户带来更高效的技术和机械设备，可供农户选择的服务空间延伸，提高农户选择社会化服务的可能性，为农业机械社会化服务的发展创造条件。

基于上述分析，提出假说 H2c：农地确权促进了农业分工与劳动力转移，改善了农户家庭内部劳动分工和农户家庭生产人力资本状况，进而推动了农业机械社会化服务的发展。

农地产权稳定性对农业机械社会化服务发展的影响机制见图 6.1。

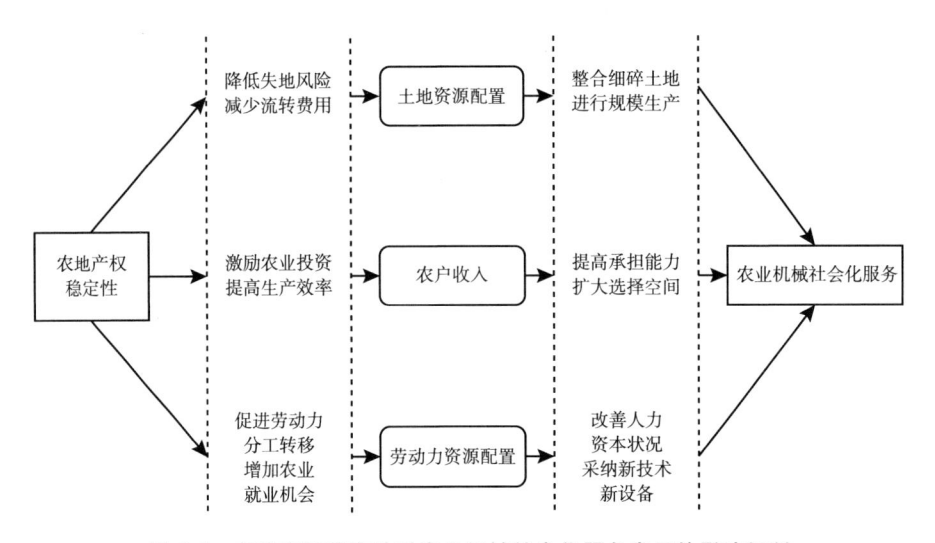

图 6.1 农地产权稳定性对农业机械社会化服务发展的影响机制

四 农地产权稳定性影响农业机械社会化服务的实证研究策略

（一）数据来源及样本筛选

本章数据来源于中国劳动力动态调查，该数据库以中国城乡为追踪范围，对个体、家庭和村庄 3 个层次的数据进行追踪，根据研究需要，本章选取2014年和2016年两轮调查中家庭和村庄两个层次的样本数据进行变量处理和样本筛选，最终得到由3190户农户共6380份样本组成的两期平衡面板数据，数据范围涉及全国27个省份93个市/区，因此，本章使用的农户样本数据具有较强的代表性。同时，为避免回归过程中产生多重共线性，对控制变量间的相关性进行了检验。结果发现，控制变量间的相关性均处于较低水平，方差膨胀因子（VIF）均处于1.0~1.2，远低于VIF=10的标准，因此可以证明回归中不存在多重共线性。

（二）变量选取和识别策略

1. 被解释变量

本章的被解释变量为农业机械社会化服务，用农户选择农业机械社会化服务的程度来衡量农业机械社会化服务的发展程度（李宁等，2019）。农业机械社会化服务是一种专业化分工，可以提高生产效率，农户对这一服务的需求会促进其发展，农户在农业生产中采用社会化服务的程度越高，对其发展的激励效用越大，因而农业机械社会化服务的发展水平越高。参考已有文献的做法，选择CLDS数据调查问卷中"目前，您家粮食作物生产的农田耕种方式是什么"和"请问您家机械化耕种的生产工具属于以下哪种情况"两个问题，将农户选择农业机械社会化服务分为3个等级，采用传统耕种方式且农业机械全部自有的农户赋值为1，采用机械化耕种方式且部分租用农业机械的赋值为2，全部租用农业机械的赋值为3。

2. 解释变量

本章的解释变量是农地确权，在CLDS数据的调查问卷中提出了"目前，您家是否已经领到了"农村土地承包经营权证""的问题，将已经取得"农村土地承包经营权证"的农户赋值为1，没有取得"农村土地承包经营权证"的农户赋值为0。

3. 控制变量

本章的控制变量分为个体、家庭、村庄3个层面的数据。在个体层面，选取CLDS家庭数据中的户主年龄、户主受教育水平、户主性别、户主健康状况、户主婚姻状况、户主政治面貌；在家庭层面，选取CLDS家庭数据中的家庭人口数、农业收入占比；在村庄层面，选取CLDS中的村农业用地面积、村实际居住人数、村到政府距离。同时,为保证数据稳健性,对村农业用地面积、村实际居住人数做对数处理。

4. 中介变量

(1) 农地流转。由于本章的研究对象是农户对农业机械社会化服务的需求,所以农地流转指标选取的是农户参与土地转入的行为。本章根据问卷中"农户代耕他人的面积是多少"这一问题的答案设置虚拟变量,农户代耕他人面积大于0赋值为1,表明农户参与农地流转;农户代耕他人面积为0则赋值为0,表明农户没有参与农地流转。

(2) 劳动力转移。根据问卷中"去年,您家从事农业生产(年从事农业生产超过3个月)的人数是多少"这一问题来衡量。

(3) 农户家庭收入。根据问卷中"2013年全年,您家的总收入大概是多少元"这一问题来衡量。

主要变量的设定及描述性统计见表6.1和表6.2。

表6.1 主要变量设定

变量类别		变量名称	变量含义和赋值
被解释变量		农业机械社会化服务	农户选择农业机械社会化服务的程度
解释变量		农地确权	农地确权=1;农地未确权=0
控制变量	户主特征	年龄	单位:岁
		性别	男性=1;女性=0
		受教育水平	根据受教育水平分为9个等级
		健康状况	非常不健康=1;比较不健康=2;一般=3;健康=4;非常健康=5
		婚姻状况	已婚=1;未婚=0
		政治面貌	中共党员=1;其他=0
	家庭特征	家庭人口数	农户家庭总人数(包括家庭同住人口和非同住人口)
		农业收入占比	家庭农业收入占总收入的比例
	村庄特征	村农业用地面积	单位:亩;取自然对数
		村实际居住人数	农户所在村实际居住人数;取自然对数
		村到政府距离	农户所在村到县(市)政府的距离
中介变量		农地流转	参与农地流转=1;未参与农地流转=0
		农户家庭收入	家庭年收入;取自然对数
		劳动力转移	家庭农业生产人数占家庭总人数的比例

表 6.2　变量的描述性统计

变量类别	变量名称	全部农户		已确权组农户		未确权组农户	
		均值	标准差	均值	标准差	均值	标准差
被解释变量	农业机械社会化服务	1.560	0.875	1.569	0.880	1.552	0.870
解释变量	农地确权	0.489	0.500	1.000	0.000	0.000	0.000
控制变量	户主特征						
	年龄	52.916	12.296	53.179*	11.703	52.664	12.834
	性别	0.922	0.268	0.928*	0.258	0.916	0.277
	受教育水平	2.507	1.004	2.518	0.964	2.497	1.040
	健康状况	2.465	1.047	2.432**	1.06	2.496	1.034
	婚姻状况	0.504	0.499	0.539***	0.499	0.470	0.499
	政治面貌	0.066	0.249	0.086***	0.281	0.047	0.211
	家庭特征						
	家庭人口数	5.712	3.143	5.602***	2.992	5.817	3.277
	农业收入占比	0.357	0.422	0.397***	0.427	0.318	0.414
	村庄特征						
	村农业用地面积	8.314	1.326	8.423***	1.364	8.208	1.278
	村实际居住人数	7.623	0.886	7.521***	0.764	7.721	0.980
	村到政府距离	26.181	21.243	28.96***	22.903	23.514	19.147
中介变量	农地流转	0.125	0.330	0.142***	0.350	0.108	0.310
	农户家庭收入	9.989	1.146	9.979	1.116	9.999	1.173
	劳动力转移	0.257	0.270	0.287***	0.279	0.228	0.258

注：*、**、*** 分别表示变量在已确权组和未确权组的农户样本之间的差异 t 检验结果在 10%、5% 和 1% 的统计水平下显著。

为检验农地确权对农业机械社会化服务的影响，参考 de Janvry 等（2015）的经典研究，设定如下基准模型：

$$serve_{ijt} = \alpha_0 + \alpha_1 certif_{ijt} + aK + \varphi_j + \phi_t + \varepsilon_{ijt} \tag{6.1}$$

$serve_{ijt}$ 是一个离散型变量，衡量第 t 年村庄 j 中农户 i 选择农业机械社会化服务的情况；$certif_{ijt}$ 同样是离散型变量，表示第 t 年村庄 j 中农户 i 是否农地确权；$certif_{ijt}$ 的系数 α_1 是基准模型中的核心参数；K 表示一系列影响农业机械社会化服务发展的随时间变化的个体、家庭、村庄层面的控制变量，具体如上文所示；φ_j 表示不随时间变化的村庄层面的固定效应；ϕ_t 表示时间固定效应；ε_{ijt} 为随机项。将新一轮农地确权政策作为拟自然实验，上述双固定效应模型将未确权农户作为参照组，实现了双重差分的估计效果。

五 实证结果分析

(一) 基准回归结果

本章的基准回归采用的是村庄和年份双向固定效应模型,表 6.3 为农地确权对农业机械社会化服务发展影响的逐步回归结果。模型 (1) 表明,农地确权对农业机械社会化服务发展存在显著的正向关系,在 1% 的显著性水平下,农地确权对农业机械社会化服务的边际影响为 9.2%。为了剔除其他相关变量的干扰,模型 (2) ~ (4) 逐步加入户主特征、家庭特征、村庄特征变量,回归结果显示农地确权对农业机械社会化服务仍然在 1% 的统计水平下存在显著正向关系,但是农地确权对农业机械社会化服务的边际影响系数逐渐递减。

表 6.3 农地确权对农业机械社会化服务发展的影响:基准回归

变量	(1)农业机械社会化服务	(2)农业机械社会化服务	(3)农业机械社会化服务	(4)农业机械社会化服务
农地确权	0.092*** (4.19)	0.087*** (3.95)	0.083*** (3.77)	0.078*** (3.41)
户主年龄		0.001 (0.91)	0.000 (0.17)	0.000 (0.03)
户主性别		0.039 (1.11)	0.029 (0.84)	0.045 (1.21)
户主受教育水平		0.018* (1.77)	0.020** (1.98)	0.022** (2.05)
户主健康状况		-0.008 (-0.78)	-0.008 (-0.83)	-0.009 (-0.87)
户主婚姻状况		0.046 (1.60)	0.031 (1.08)	0.032 (1.05)
户主政治面貌		0.016 (0.43)	0.020 (0.53)	0.019 (0.49)
家庭人口数			0.010*** (2.95)	0.010*** (2.70)
农业收入占比			0.177*** (7.06)	0.179*** (6.85)

续表

变量	（1）农业机械社会化服务	（2）农业机械社会化服务	（3）农业机械社会化服务	（4）农业机械社会化服务
村农业用地面积				0.012 (1.00)
村实际居住人数				-0.129*** (-5.15)
村到政府距离				0.003 (1.03)
样本量	6380	6380	6380	5987
R^2	0.355	0.356	0.362	0.361
村庄固定效应	是	是	是	是
年份固定效应	是	是	是	是
调整后 R^2	0.338	0.339	0.344	0.342

注：*、**、*** 分别表示估计系数在 10%、5% 和 1% 的水平下显著，括号内为 t 值。

在控制变量方面，户主受教育水平越高，对农业机械社会化服务的认知越深入，在参与农业劳动时越倾向于选择农业机械社会化服务，对农业机械社会化服务发展具有积极促进作用；家庭人口数越多，农户经营土地规模越大，越愿意选择农业机械社会化服务来提高农业生产效率，以获得更高的收入维持家庭成员生活；农业收入占比越高，说明农户对农业生产的依赖性越强，对农业生产的重视程度越高，越倾向于选择农业机械社会化服务来提高农业生产效率，增加农业收入；村实际居住人数对农业机械社会化服务发展存在显著的负向效应，原因可能在于村庄人数越多，参与农业生产的人数越多，农户之间生产合作越多，在农业经营规模不变的情况下，越会抑制农户对农业机械社会化服务的需求，阻碍农业社会化服务的发展。总体来说，基准回归结果表明，农地确权对农业机械社会化服务存在积极的促进作用，证明了假说 H1。

（二）中介效应分析

1. 农地流转的中介效应分析

表 6.4 中农地流转的中介效应回归结果显示，农地确权在 1% 的统计

水平下显著正向影响农业机械社会化服务。当考虑了农地流转变量后，农地流转与农业机械社会化服务的估计系数显著为正，表明农地流转在农地确权影响农业机械社会化服务的路径中存在部分中介效应。农地确权增强了土地产权的稳定性和安全性，保障了农户的土地权益，提高了农户对土地收益的预期，刺激农户参与农地流转，进行规模化、专业化分工生产，增加了农户对农业机械社会化服务的需求，从而促进了农业机械社会化服务的发展。

表 6.4　中介效应回归结果：农地流转

变量	（1）农业机械社会化服务	（2）农地流转	（3）农业机械社会化服务
农地确权	0.078*** (3.41)	0.020** (1.97)	0.075*** (3.29)
农地流转			0.135*** (4.58)
控制变量	控制	控制	控制
样本量	5987	5987	5987
R^2	0.361	0.122	0.363
村庄固定效应	是	是	是
时间固定效应	是	是	是
调整后 R^2	0.342	0.0966	0.344
F 统计值	8.748	8.458	9.714

注：*、**、***分别表示估计系数在10%、5%和1%的水平下显著，括号内为t值。

2. 劳动力转移的中介效应分析

表 6.5 中劳动力转移的中介效应回归结果显示，农地确权在1%的统计水平下显著正向影响农业机械社会化服务。当考虑了劳动力转移变量后，劳动力转移与农地确权的估计系数显著为正，表明劳动力转移在农地确权影响农业机械社会化服务的路径中存在部分中介效应。原因在于，农地确权可以提高劳动力的专业化分工水平，促进拥有不同劳动力资源的农户发挥自身比较优势，进而影响农业机械社会化服务的发展。

表 6.5　中介效应回归结果：劳动力转移

变量	(1) 农业机械社会化服务	(2) 劳动力转移	(3) 农业机械社会化服务
农地确权	0.078*** (3.41)	0.090*** (3.05)	0.055** (2.52)
劳动力转移			0.262*** (27.31)
控制变量	控制	控制	控制
样本量	5987	5987	5987
R^2	0.361	0.278	0.433
村庄固定效应	是	是	是
时间固定效应	是	是	是
调整后 R^2			
F 统计值			

注：*、**、*** 分别表示估计系数在 10%、5% 和 1% 的水平下显著，括号内为 t 值。

3. 农户家庭收入的中介效应分析

表 6.6 中农户家庭收入的中介效应回归结果显示，农地确权在 1% 的统计水平下显著正向影响农业机械社会化服务。在考虑了农户家庭收入变量后，农户家庭收入与农业机械社会化服务的估计系数显著为正，表明农户家庭收入在农地确权影响农业机械社会化服务的路径中存在部分中介效应。原因在于，农地确权激励了农户进行农业经营生产和农业投资，增加了农户收入，降低了农户参与农业机械社会化服务的难度，刺激了农业机械社会化服务的发展。

表 6.6　中介效应回归结果：农户家庭收入

变量	(1) 农业机械社会化服务	(2) 农户家庭收入	(3) 农业机械社会化服务
农地确权	0.078*** (3.41)	0.071*** (2.41)	0.076*** (3.31)
农户家庭收入			0.039*** (3.82)
控制变量	控制	控制	控制
样本量	5987	5987	5987

续表

变量	（1） 农业机械社会化服务	（2） 农户家庭收入	（3） 农业机械社会化服务
R^2	0.361	0.361	0.363
村庄固定效应	是	是	是
时间固定效应	是	是	是
调整后 R^2			
F 统计值			

注：*、**、***分别表示估计系数在10%、5%和1%的水平下显著，括号内为t值。

（三）稳健性检验

为验证上文实证结果的稳健性，本章通过替换被解释变量的方法进行检验，结果如表6.7所示。表6.7中的模型将农户是否参与农业机械社会化服务作为被解释变量的替代指标，模型结果显示，农地确权显著促进了农业机械社会化服务的发展，在逐步加入个体层面、家庭层面、村庄层面的控制变量后，虽然影响系数小于原基准回归结果系数，但促进作用依然显著。户主受教育水平、家庭人口数、农业收入占比仍然正向影响农业机械社会化服务的发展，村实际居住人数仍负向影响其发展。总体来说，替换被解释变量后的稳健性检验结果与前文结果基本一致，故本章的结果是稳健的。

表 6.7　稳健性检验：替换被解释变量

变量	（1）	（2）	（3）	（4）
农地确权	0.045 *** （3.91）	0.042 *** （3.66）	0.040 *** （3.46）	0.037 *** （3.09）
户主年龄		0.000 （0.51）	-0.000 （-0.28）	-0.000 （-0.41）
户主受教育水平		0.010 * （1.94）	0.011 ** （2.16）	0.012 ** （2.20）
户主性别		0.025 （1.35）	0.019 （1.06）	0.027 （1.43）
户主健康状况		-0.004 （-0.70）	-0.004 （-0.75）	-0.004 （-0.84）

续表

变量	（1）	（2）	（3）	（4）
户主婚姻状况		0.024 (1.62)	0.016 (1.06)	0.016 (1.00)
户主政治面貌		0.014 (0.69)	0.016 (0.80)	0.016 (0.77)
家庭人口数			0.006*** (3.17)	0.006*** (2.90)
农业收入占比			0.098*** (7.46)	0.101*** (7.42)
村农业用地面积				0.009 (1.38)
村实际居住人数				-0.064*** (-4.88)
村到政府距离				0.001 (0.96)
样本量	6380	6380	6380	5987
R^2	0.358	0.359	0.365	0.363
村庄固定效应	是	是	是	是
时间固定效应	是	是	是	是
调整后 R^2	0.340	0.341	0.347	0.344
F 统计值	15.29	3.909	10.07	9.251

注：*、**、*** 分别表示估计系数在 10%、5% 和 1% 的水平下显著，括号内为 t 值。

导致估计偏差的原因可能是遗漏了农户-时间层面的变量，本章参考高叙文等（2021）的研究，采用随机抽取实验组的安慰剂检验法检验基准回归的稳健性，从样本中随机抽取领到农地确权证书的农户对结果进行安慰剂检验。本章的样本共包含 3190 个农户，其中领到农地确权证书的农户有 1408 个。因此，从 3190 个样本中随机抽取 1408 个农户，将其设定为"伪"处理组领到农地确权证书的农户，并将剩余的农户设定为没有领到农地确权证书的农户，从而构建一个安慰剂检验的虚拟变量"treat"。之后生成政策时间虚拟变量"period"，并构建安慰剂检验交互项"treat×period"。由于"伪"处理变量随机生成，因此安慰剂检验交互项不大会对模型因变量产生显著影响。因此，如果没有显著的遗漏变量偏差，安慰剂检验的交互项系数应该是不显著的，重复1000次上述的过程进行回归。图6.2显示了1000次随机生成组的估计系数核密度和对应P值的分布。可以发现回归系数大致呈对称分布，且绝大部分P值大于0.1。由此可知，基准回归结果并没有遗漏变量而导致严重的偏误。

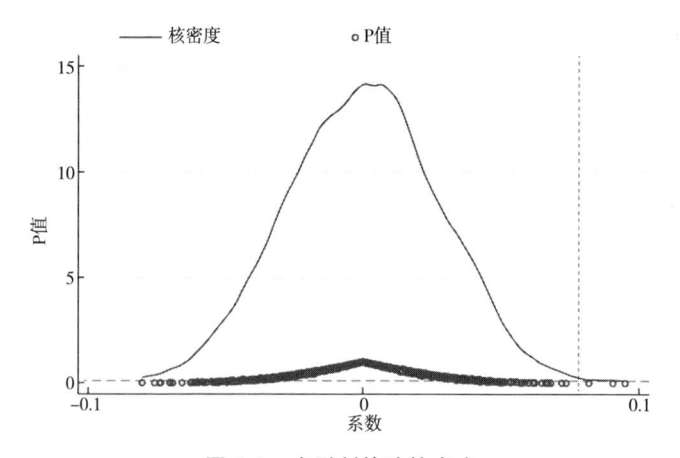

图 6.2 安慰剂检验核密度

（四）异质性分析

本章对不同地区的农户进行了异质性分析。由表6.8可知，农地确权对不同地区农户选择农业机械社会化服务均具有显著促进作用。本章发现，农地确权对东部地区农业机械社会化服务发展的促进作用比中部和西部地区更为显著。这可能是因为区域农业生产力水平和经济发展阶段与农业机械社会化服务之间存在相关关系。东部地区相较于其他地区，信息服务、技术服务、金融服务以及生产资料供给服务水平更高，农业生产环境开放，更年轻化的劳动力接受新事物的能力较强，因而该地区农业机械社会化服务的传播效率较高，农地确权对农业机械社会化服务发展的促进作用更明显。

第六章　中国式农业机械化道路的动力机制：农地制度的视角

表 6.8　异质性分析一：地区

变量	东部	中部	西部
农地确权	0.091 ** (2.57)	0.077 * (1.72)	0.068 * (1.72)
特征变量	控制	控制	控制
样本量	2747	1711	1529
村庄固定效应	是	是	是
时间固定效应	是	是	是
调整后 R^2	0.329	0.309	0.419
F 统计值	5.090	7.921	1.758

注：*、**、*** 分别表示估计系数在 10%、5% 和 1% 的水平下显著，括号内为 t 值。

通过对种植不同种类作物的农户进行异质性分析可发现，农地确权对种植粮食作物的农户选择农业机械社会化服务具有更显著的促进作用（见表 6.9）。这可能是因为在粮食作物生产过程中劳动消耗较低，更易于用机械代替劳动力，生产环节分工更明显，对农业机械社会化服务的接纳程度更高；而经济作物的生产过程烦琐，一般需要更多劳动力投入，使用农业机械社会化服务的机会较少。在粮食作物生产中使用农业机械社会化服务可以促进粮食作物增收，因此，发展农业机械社会化服务、完善农业分工体系可以促进中国农业种植结构"趋粮化"，从而保障国家粮食安全、提高农业经营绩效。

表 6.9　异质性分析二：作物种类

变量	粮食作物	经济作物
农地确权	0.073 ** (2.26)	0.022 (0.34)
特征变量	控制	控制
样本量	3326	461
村庄固定效应	是	是
时间固定效应	是	是
调整后 R^2	0.453	0.511
F 统计值	4.089	1.171

注：*、**、*** 分别表示估计系数在 10%、5% 和 1% 的水平下显著，括号内为 t 值。

从表 6.10 中可以看出，农地确权对土地规模中等的农户选择农业机械社会化服务具有显著的正向影响。原因可能在于，小规模农户由于土地规模小、细碎化程度严重，制约了农业机械社会化服务的使用，且面临的服务费用较高，而大规模农户由于生产经营范围较大，农业生产投资较多，一般有能力为自己提供相应的专业化耕种工具，对农业机械社会化服务的需求较少。农业生产规模适中的农户有使用农业机械社会化服务的土地条件，面临的服务费用不高或者可承担较高的服务费用，但其自我服务的专业能力没有大规模农户强，因此购买农业机械社会化服务是这类农户的理性选择。同时，生产效率较高的土地可以给农户带来更多的农业生产收入，增加农户对农业生产的未来预期，农户购买农业机械社会化服务的意愿会更加强烈，因此，农地确权对土地生产效率较高的农户选择农业机械社会化服务的促进作用更明显。

表 6.10 异质性分析三：土地规模与土地生产效率

分组	土地规模			土地生产效率	
	小	中等	大	较低	较高
农地确权	0.025 (0.71)	0.135*** (3.47)	0.044 (0.93)	0.022 (0.77)	0.086** (2.41)
特征变量	控制	控制	控制	控制	控制
样本量	1930	2208	1816	2910	3068
村庄固定效应	是	是	是	是	是
时间固定效应	是	是	是	是	是
调整后 R^2	0.263	0.356	0.339	0.281	0.361
F 统计值	1.434	3.591	2.400	2.373	3.046

注：*、**、*** 分别表示估计系数在 10%、5% 和 1% 的水平下显著，括号内为 t 值。

CLDS 数据库的家庭问卷中询问了农户是不是农业生产专业户，本章根据该问题将农户分为农业生产专业户和非农业生产专业户两种类型进行异质性分析。由表 6.11 的回归结果可得，农地确权政策对农业生产专业户的农业机械社会化服务需求没有显著的影响，而对非农业生产专业户的农业机械社会化服务需求有显著的正向影响。

表 6.11　异质性分析四：农业生产专业户及农业生产合作社

分组	农业生产专业户		农业生产合作社	
	是	否	加入	未加入
农地确权	-0.097 (-0.87)	0.066** (2.32)	0.108*** (3.50)	0.042 (1.53)
特征变量	控制	控制	控制	控制
样本量	288	3814	1597	4389
村庄固定效应	是	是	是	是
时间固定效应	是	是	是	是
调整后 R^2	0.544	0.472	0.260	0.393
F 统计值	1.132	4.908	4.889	3246

注：*、**、*** 分别表示估计系数在 10%、5% 和 1% 的水平下显著，括号内为 t 值。

农业生产专业户对农业生产有更加长期的规划，而且开展农地确权以后，农户对长期经营土地有了更强烈的信心，因此为了减少农业耕种的长期总成本，其会倾向于加大对农业机械及其他一些投入品的直接投资，减少相应的农业机械社会化服务需求，而且农户对相关农业机械及投入品的投资属于沉没成本，为了减少损失，其对农业机械社会化服务会缺乏敏感性甚至产生抗拒心理。

非农业生产专业户由于对各种农地缺乏长期的规划，因此会减少相应的农业生产投资，这会降低其承担的沉没成本，而且农地确权之后，产权更稳定，相应的失地风险将会降低，对于非农业生产专业户而言，其不必投入太多的监督成本，而且为了更好地从事非农工作，其会增加农业机械社会化服务的需求。

本章依据 CLDS 数据库中农户是否加入农业生产合作社这一问题，将农户分为加入农业生产合作社的农户和未加入农业生产合作社的农户两种进行异质性分析。回归结果如表 6.11 所示。农地确权政策对加入农业生产合作社的农户的农业机械社会化服务需求有显著的影响，而对未加入农业生产合作社的农户的农业机械社会化服务需求则没有显著的影响。

农业生产合作社的主要功能是实现社员之间在农业生产过程中的互帮互助，实现社内的规模化经营。农户加入农业生产合作社之后，行为的示范作用更大，当其中一个农户尝试购买农业机械社会化服务时，会刺激其他农户也购买农业机械社会化服务。另外，由于农业生产合作社是一个小型的生产互助体，在购买农业机械社会化服务的过程中相应的议价能力更强，相较于没有加入农业生产合作社的农户，合作社成员能够获得更多的优惠。因此，在开展农地确权之后，农户对土地的权能会增加，而且农户由于加入了农业生产合作社，保护农地的成本也会降低，所以农地确权对加入农业生产合作社的农户的农业机械社会化服务需求有显著的影响。未加入农业生产合作社的农户面临更高昂的服务价格以及监督成本，而且对其他农户的示范行为了解得不深入，因此农地确权对此类农户的农业机械社会化服务需求的影响不显著。

六　本章小结

促进农业机械社会化服务的发展，对破解小农户有效投资不足困境、提高小规模农业生产效率、促进农业现代化发展具有重要意义。本章基于全国劳动力动态调查数据库2014年和2016年的面板数据，采用双向固定效应模型研究农地产权稳定性提升对农业机械社会化服务的影响，得出以下结论。

首先，农地确权可以显著提升农业机械社会化服务的发展水平。农地确权对产权进行细分，将小农户卷入分工合作，使农业生产活动分工化、专业化，为农业机械社会化服务提供发展机会。同时，农地确权提升了地权稳定性，保障了农户的土地权益，提高了农户对未来收益的预期，增加了其对农业机械社会化服务的需求，刺激了农业机械社会化服务的发展。

其次，农地流转、农户家庭收入、劳动力转移在农地确权影响农业机械社会化服务发展的路径中都具有中介效应。农地确权增强了土地产权的稳定性和安全性，保障了农户的土地权益，提高了农户对土地收益的预期，刺激农户参与农地流转，进行规模化、专业化分工生产，增加了农户对农业机械社会化服务的需求，从而促进了农业机械社会化服务的发展。农地确权通过产权经济激励，激发农户进行农业经营生产和农业投资的积极性，增加了农户收入，降低了农户参与农业机械社会化服务的难度，刺激了农业机械社会化服务的发展。

最后，通过异质性分析发现以下4点。第一，农地确权对东部地区农业机械社会化服务的促进作用更明显。原因可能是东部地区相较于其他地区，信息服务、技术服务、金融服务以及生产资料供给服务水平更高，农业生产环境开放，更年轻化的劳动力接受新事物的能力较强，因而该地区农业机械社会化服务的传播效率较高。第二，农地确权对种植粮食作物的农户选择农业机械社会化服务具有更显著的促进作用。这可能是因为在粮食作物生产过程中劳动消耗较低，更易于用机械代替劳动力，生产环节分工更明显，对农业机械社会化服务的接纳程度更高。第三，农地确权对土地规模中等和土地生产效率较高的农户选择农业机械社会化服务具有更显著的作用。原因在于土地规模较小时，农户面临的单位服务成本较高，而随着土地规模扩大到一定程度，农业机械社会化服务的单位成本下降，中等规模农户会倾向于使用农业机械社会化服务，而大规模农户一般资本雄厚，会倾向于进行农业长期投资，如自购农业机械，因此对农业机械社会化服务的需求较低。同时，较高生产效率的土地能够给农户带来更多的收入，增加农户对农业生产的预期，增强其购买农业机械社会化服务的意愿，因此其对农业机械社会化服务发展的促进作用更加明显。第四，农地确权对非农业专业户和加入农业生产合作社的农户选择农业机械社会化服务具有显著的作用。原因在于，在农地确权后，土地产权安全性和稳定性得到保障，农业生产专业户对长期经营土地的信心增强，会加大对农业生产的投资，购买大型生产工具以提高生产效率，减少对农业机械社会化服务的需求，而非农业生产专业户缺乏对土地的长期投资，自我服务能力弱，会倾向于选择农业机械社会化服务，从而促进农业机械社会化服务的发展。加入农业生产合作社的农户相较于未加入的农户面临的农业机械社会化服务价格更低，使用服务的监督成本更低，使用服务的意愿更强，因此更能显著促进农业机械社会化服务的发展。

第七章 中国式农业机械化道路的技术溢出：农业机械跨区服务的视角

第四章、第五章和第六章研究的是中国的农业机械化从何而来、有何特色的问题，本章所要回答的是这种极具特色的农业机械化发展路径对中国的粮食生产有何深远影响的问题。

一 农业机械跨区服务发展及其理论含义

2015年中央农村工作会议首次提出"农业供给侧结构性改革"的概念，这不仅是2015年中央经济工作会议所提出的"供给侧结构性改革"的延续，也是快速城镇化背景下中国农业生产条件深刻变革的内在要求（杨进等，2016）。农业供给侧结构性改革的目的是培育新型农业经营主体，变革传统农业发展模式，实现农业现代化和"四化"同步发展（孔祥智，2016）。其中，农业机械社会化服务体系是新型农业经营主体的表现形式之一（李显刚，2013）。2017年中央一号文件指出，鼓励发展农业生产全程社会化服务，扶持培育农业机械作业等经营性服务组织。以农业机械服务为主要载体的农业社会化服务是中国式农业现代化的必要条件（孔祥智、李愿，2024）。

事实上，早在500多年前，中国就出现了横跨数百公里提供专业割麦服务的"麦客"（伍骏骞等，2017）。而在现代，城镇化的快速发展导致了农村劳动力的大量流失[①]，在某些地区开始出现驾驶大中型农业机械提供粮食收割服务的"现代麦客"。20世纪90年代中期以后，农业机械服务的社会化、市场化进程加快，1995年以来出现的横跨全国范围的小麦机收服务就是这一进程的典型（李斯华，2004）。值得一提的是，

---

① 1990~2015年，第一产业就业人员的数量减少了约1.7亿人，占全部就业人员的比重由60%缩减至28.3%。数据由历年《中国统计年鉴》计算而得。

这种跨区作业是农业机械户在现实农业生产中摸索出的一种极具中国特色的商业模式。它的出现、推广与成熟推动了中国小农户在耕地细碎化的约束下实现机械化生产（Yang et al., 2013）。

农业机械跨区服务的出现改变了中国农业机械化的发展路径。由于非农就业的小农户和兼营农户更倾向于购买农业机械服务而非直接投资农业机械，因此通过大型农业机械提供农业机械服务成为小农户实现农业机械化的主流，加之国家政策逐渐向大中型农业机械倾斜，2001年后，中国的农业机械化呈现明显的大中型化趋势。与此同时，大范围的农业机械跨区服务使得农业机械对粮食产量产生了空间溢出效应。这种效应表现为某个地区的农业机械储备不仅服务于当地的粮食生产，也对周边地区的粮食生产产生辐射作用。

研究农业机械跨区服务有多重意义。首先，从理论研究来看，农业难以实现生产环节的分工和专业化是主流经济学家的共识。斯密认为分工是经济增长的源泉，但是农业由于其自身特性，无法实现工业生产那样流水线式的分工。马歇尔在规模经济、报酬递增等古典经济学的框架下讨论分工效应。但他认为这种分工局限于工业领域，农业难以实现分工的规模经济。此后，学界从不同角度论述了农业分工的不可能性，例如，农业生产的季节性、中间产出的不可剥离性导致分工会产生较高的协调费用和考核费用，农产品的鲜活易腐性导致农业分工伴随着很高的交易费用并限制了农产品市场规模的扩大。虽然农业在自身领域内难以实现分工，但其专业化水平可以通过利用农业机械从工业"进口"分工经济、提高生产迂回度而提升。因此，农业机械化是农业和工业部门间分工的表现形式。而农业机械跨区服务进一步提高了农业部门内部的分工水平，产生了只参与农业生产某一特定环节的专业化服务组织。因此，研究农业机械跨区服务能够打破传统经济学理论对农业不可分工的假定，为中国现阶段推行社会化、专业化的现代农业经营体系提供理论支撑。其次，从实证研究来看，如果将农业机械总动力作为衡量农业机械化水平的指标但不考虑其对粮食产量的空间溢出效应，将高估农业机械化发展水平对当地粮食产出的直接影响，而低估农业机械发展水平对粮食产出的总效应（直接影响和空间溢出效应的总和）。例如，王跃梅等（2013）利用农业机械总动力表征农业资本，得出其对粮食产量没有显著性影响的结论。最后，从政策研究来看，农业机械跨区服务是极具中国特色的农业机械化实现方式，研究这一现象能够立足中国全局，在家庭联产承包责任制的制度约束和土地细碎化的资源禀赋下，科学地制定符合中国国情的农业机械化推进战略和发展政策。

二 农业机械化空间溢出效应的文献综述

随着全球范围发展中国家城镇化浪潮的兴起，在农业劳动力流失的背景下农业机械化对粮食的增产效应得到了学界普遍的认可。现阶段的研究热点是小农户如何在全球化的背景下适应农业规模化发展的趋势，其中一个重要的方面是小农户如何对接大中型农业机械。不少学者指出，中国土地产权制度所造成的耕地细碎化阻碍了农业机械化的实现，从而难以突破小农经营的困境。部分学者认为，在中国土地产权制度的约束下，寻求农业生产规模经济的途径应由土地的规模化转向服务的规模化。在农村青壮年劳动力流失及农村劳动力老龄化、女性化的背景下，由于以农业机械服务为代表的社会化服务体系的支撑作用，各类粮食生产效率并未出现明显下降（胡雪枝、钟甫宁，2012；周宏等，2014；彭代彦、文乐，2016；周振等，2016b）。杨进（2015）在四川农村的调研中发现，来自江苏的专业化农业机械服务团队横跨数千公里在农忙时节为当地的农民提供专业的水稻收割机械化服务。而同样的农业机械服务市场也存在于湖南、河北、黑龙江等10多个省份。纪月清和钟甫宁（2013）的实证研究表明，小农户在非农就业导致农业劳动力不足时倾向于购买农业机械服务而非直接投资农业机械。可见，在农业劳动力短缺、耕地过于细碎化的背景下，专业化的农业生产服务组织相比于小规模农业生产更具优势，而这些组织的出现也使得农业分工成为可能。传统的认为农业不可分工的理论需要被重新审视。

现有研究主要关注的是微观层面农业机械对粮食产量的直接影响，但是，从宏观上来看，由于中国农业机械跨区服务的广泛存在，农业机械化水平除了直接影响本区域粮食产量外，还会辐射到周边区域，形成空间溢出效应。现有关于中国农业机械跨区服务的案例研究可以揭示其形成的机制及其对中国粮食生产方式的影响，但只能局限于现象层面的探讨。在实证研究方面，陶素敏等（2023）基于1977~2021年全国分省农机制造业企业面板数据，构建两部门一般均衡模型，发现除了对本地区农业生产技术效率产生正向影响外，农机制造业发展还具有一定的技术效率空间溢出效应。杨进（2015）和 Zhang 等（2017）利用省级层面的宏观数据发现，农业机械对粮食产量的影响并不显著，而利用农户层面的微观数据却发现，农业机械对粮食产量有显著的正向影响，并指出大规模的农业机械跨省服务是产生这一矛盾性结论的原因。高鸣和宋洪远（2014）利用1978~2012年的省级数据和空间分析的研究方法得出，粮食生产的技术效率呈现空间自相关性，且这种自相关性不会随着距离的扩大而降低，造成这一现象的主要原因是农业机械跨区服务，其不仅提高了农业机械化利用率，还将先进的农业生产技术传播至周边地区，成为技术溢出的途径和工具。但由空间自相关性不能推出因果性关系，其研究结论无法直接验证农业机械跨区服务是粮食生产技术效率呈现空间自相关的原因。由于研究方法的制约，上述实证研究也无法回答农业机械化水平对粮食产量的空间溢出效应有多大、统计上是否显著、在时间和空间上呈现哪些特征、为什么会有这些特征等问题。

与本章研究视角和方法相近的是伍骏骞等（2017）的研究，他们创新性地从跨区服务的视角出发，利用空间计量经济学的研究方法定量测算了农业机械化水平对粮食产量的空间溢出效应，得出的结论为1999年后农业机械化发展水平的空间溢出效应显著，且这种效应主要发生在纬度不同的区域。但该研究存在如下不足：①农业机械跨区服务主要发生在粮食生产领域，而中国地区间农业内部结构差异性大，使用农业机械总动力作为衡量农业机械化发展水平的指标不能准确体现地区间粮食生产机械化水平的差异；②进行跨区服务的主要是大中型农业机械，该文将农业机械作为一个整体研究，不能得出农业机械化发展水平的空间外溢性的来源是农业机械跨区服务这一结论；③该文研究的是农业机械化水平对粮食产量的空间溢出效应，但其计量模型中的控制变量诸如化肥、播种面积等指标口径均为种植业，存在被解释变量和解释变量口径不一致的问题；④其计量模型中缺失了农业劳动力这一重要生产要素，重要控制变量的缺失导致估计结果是有偏的。

因此，本章拟在已有研究的基础上，重点强调农业机械跨区服务对谷物产量的空间溢出效应，即一个地区的农业机械化发展通过跨区服务对其他地区的谷物产量产生重要影响[①]。为此，本章将从以下几个方面展开研究：①运用空间分析的方法，测算大中型农业机械和小型农业机械的全域Moran指数及其演化趋势的差异，对比大中型农业机械和谷物产量的Moran散点图，研究它们在空间自相关性上的关系；②在区分大中型农业机械和小型农业机械的基础上，构建空间Durbin模型，验证并测算农业机械化发展水平对谷物产量的空间溢出效应和产生这种效应的原因；③考虑到空间溢出效应存在时空差异，本章将进一步测算农业机械化发展水平对谷物产量空间溢出效应的空间分布和时间变化趋势。

本章可能存在以下边际贡献：①在理论视角方面，传统的经济学理论认为农业不可分工，笔者认为农业机械跨区服务其实是农业分工的表现形式，农业不可分工的理论需要被重新审视；②在研究内容方面，本章在已有研究强调农业机械跨区服务会产生空间溢出效应的基础上，采用空间计量方法测算了这种空间溢出效应的大小，且对其在时空两个维度做了进一步讨论；③在研究方法方面，本章以区分大中型和小型农业机械为突破口，证明跨区服务是产生农业机械化发展水平空间溢出效应的原因。此外，本章采用经济距离的倒数作为空间权重矩阵，突破了常用设定方式（如0-1矩阵和两地直线距离矩阵等）的局限性，并将数据口径统一调整至谷物生产领域，所以空间计量分析的结果比以往实证研究更加精确。

三 农业机械化空间溢出效应的统计分析

（一）中国农业机械化发展及其路径的转变

改革开放以来，中国农业机械化水平呈现平稳上升的趋势，2015年农业机械总动力达到11亿千瓦，为1978年的9.5倍，截至2014年，机

[①] 根据《中国统计年鉴》的分类标准，谷物包括小麦、稻谷和玉米，是中国最重要的粮食作物种类。本章之所以采用谷物而非粮食的口径，主要是因为在中国，粮食作物下划三个大类：谷物、豆类和薯类。农业机械主要是应用于谷物类的生产、收割环节，而豆类和薯类的生产环节机械化程度低，所以农业机械跨区服务的对象主要是谷物，采用谷物的各类指标作为本章的研究范畴更加贴近实际生产。

耕、机播、机收率分别为 77.5%、50.8% 和 51.3%，综合机械化率达到 61.6%[①]。虽然总量上农业机械化发展平稳，但其内部结构发生了明显转变。1978~2000 年，中国的农业机械化是由小型农业机械主导的，小型拖拉机动力值在这一期间年均增长率达到 10%；而大中型农业机械增长乏力，农用大中型拖拉机动力值年均增长率仅为 1.4%。但是 21 世纪以来，城镇化的快速发展催生了就业非农化的浪潮，非农就业的小农户和兼营农户更倾向于购买农业机械服务而非直接投资农业机械，大中型农业机械跨区服务流行开来，加之国家补贴政策逐渐向大中型农业机械倾斜，2001 年后，中国的农业机械化呈现明显的大中型化趋势。2001 年是中国大中型农用机械发展的分水岭，之后 10 余年间出现指数式的上升。2001~2014 年，中国农用大中型拖拉机动力的年均增长率达到 15.9%。相比之下，小型农业机械市场已经接近饱和，机械动力更是在 2013 年和 2014 年连续下降。2014 年，中国农用大中型拖拉机总动力第一次超过小型拖拉机，成为最主要的农业机械（见图 7.1）。

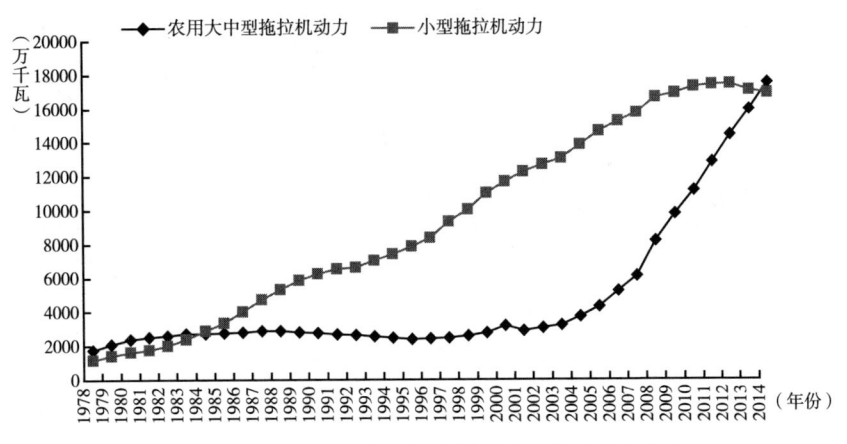

图 7.1　1978~2014 年中国分类别农业机械动力变化

资料来源：历年《中国农业机械化年鉴》。

（二）谷物产量和农业机械化水平的空间分布

谷物生产集中在粮食主产区，以河南、山东、黑龙江为龙头省份，

---

① 《中国农业机械化年鉴（2015）》，中国农业科学技术出版社，2016。

而农业机械大省也集中在这些地区。同时可以发现，无论是谷物产量还是农业机械化水平，都存在一定的空间正自相关性，即一个地区的数值越大（小），其周边地区的相应数值越大（小），这可能是因为地理、气候上的相似性和技术的外溢性，这是经济地理学第一定理的体现。另外值得注意的是，农业机械化水平高的区域，其周边的谷物产量也普遍较高，表明农业机械化水平可能不仅对本地区的谷物生产有促进作用，还存在一定的空间溢出效应，当然这只是图形带来的直觉，下文将对这一典型事实展开实证讨论，验证其存在性并解释其缘由。

（三）大中型和小型农业机械空间自相关性的差异

虽然农业机械动力整体上存在空间自相关性，但大中型农业机械和小型农业机械在省级层面的空间自相关性是不同的。小型农业机械的作业范围一般不超过村一级，而大中型农业机械主要由农业机械户或农业机械服务公司使用，农用大中型拖拉机、联合收割机跨区、跨省作业的现象十分普遍，从而导致其在空间范围内出现自相关。图7.2体现了2001~2014年中国农用大中型拖拉机和小型拖拉机动力值全局Moran指数的动态变化。全局Moran指数的计算公式为：

$$I = \frac{\sum_{i=1}^{n} \sum_{j=1}^{n} \omega_{ij}(x_i - \bar{x})(x_j - \bar{x})}{S^2 \sum_{i=1}^{n} \sum_{j=1}^{n} \omega_{ij}} \tag{7.1}$$

其中，$S^2 = \frac{\sum_{i=1}^{n}(x_i - \bar{x})^2}{n}$ 为样本方差，ω_{ij} 为空间权重矩阵的 (i, j) 元素（用来度量区域 i 与区域 j 之间的经济距离）[①]。Moran指数的取值介

---

① 本章采用的空间权重矩阵为各个省份的省会（首府）城市之间的经济距离的倒数，经济距离的计算使用谷歌地图查询到的两地的行车时间（精确到分钟）。经济距离是商品、服务、劳务、资本、信息和观念穿越空间的难易程度，体现了时间和货币成本，是对市场准入和供给获得难易程度的有效衡量。以往研究大多采用两地间的欧氏直线距离，将其倒数作为权重引入空间计量模型中。但是，交通运输基础设施的位置和质量、运输的便利性可能会极大影响任何两个区域间的经济距离，尽管它们之间的数字距离可能相等。因此，采用欧氏直线距离作为空间权重也可能会造成一定的偏误。选取区域间交通时间的倒数构造空间权重矩阵，突破了常用设定方式（如0-1矩阵和两地直线距离矩阵等）的局限性。由于本章的交通时间计算基于实际距离，考虑了实际道路的通勤效率，更接近经济距离，因而使本章的空间计量分析比以往研究的估计结果更加准确。

于 -1 到 1 之间,大于 0 表示空间正自相关,小于 0 表示空间负自相关,接近 0 表示空间分布是随机的。由图 7.2 可以看出,农用大中型拖拉机的空间正自相关性较高,Moran 指数集中在 0.02~0.05 的区间范围,并显著为正,在 2008 年后呈现增长态势;而小型拖拉机的空间正相关性较低,Moran 指数大致分布于 0.01 左右,统计上不显著[①],且自 2011 年后逐年递减。两者的 Moran 指数在数值和趋势上的分化体现出中国农业机械化路径的特色,大中型农业机械跨区服务的广泛存在导致了其在空间上显著的自相关性。

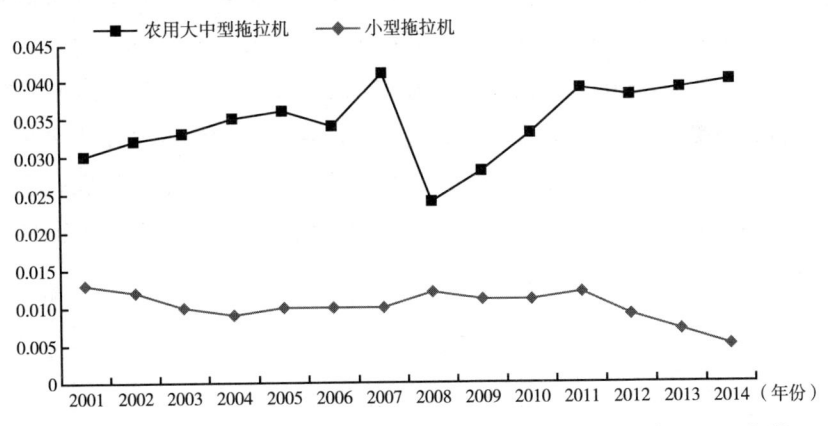

图 7.2 2001~2014 年农用大中型拖拉机和小型拖拉机动力的 Moran 指数

基于以上分析可得,农业机械化水平在空间上的自相关性主要是由大中型农业机械所引致的。为了探究农业机械化水平是否对谷物产量具有空间溢出效应,可以首先观察二者的 Moran 散点图是否具有相似性。Moran 散点图的每个点代表一个地区,纵轴为某变量标准化后的局部 Moran 指数,横轴为该变量标准化后的数值。可以用来检测同一指标在不同地区的空间相关性,从而度量空间单元属性值的集聚程度和溢出效应。类似于全局 Moran 指数,局部 Moran 指数的取值范围是 -1 到 1。

---

① 实际上,除 2001 年外,历年农用大中型拖拉机动力值的 Moran 指数均在 5% 的水平下显著为正;除 2014 年外,历年小型拖拉机动力值的 Moran 指数仅在 10% 的水平下显著为正,2014 年的 p 值为 0.11。

以 2014 年谷物产量的 Moran 散点图为例，散点位于第一象限表明谷物产量较高地区的周边区域谷物产量也高，第二象限表明谷物产量较低的地区被谷物产量较高的地区包围，第三象限表明谷物产量较低地区的周边区域的谷物产量也较低，第四象限表明谷物产量较高的地区被谷物产量较低的地区包围。由图 7.3 和图 7.4 可知，谷物产量和农业机械动力水平的 Moran 散点图极为相似，4 个象限均有散点分布，并以第二、第三象限为主，位于第一象限的数目最少。一方面，这种相似性说明农业机械化水平与谷物产量之间存在空间上的某种关联；另一方面，Moran 散点大多分布在第二象限，即农业机械化水平较低地区的周边地区的农业机械化水平反而可能更高。这说明农业机械存在空间上的竞争性，一个地区的农业机械化水平高，会增加对周边地区农业机械服务的供应，从而降低这些地区的农业机械存量；相反，若该区的农业机械化水平较低，会增加对周边地区农业机械服务的需求，增加这些地区的农业机械存量。但拟合线斜率为正表示两类指标均存在一定程度的空间正自相关性[①]。

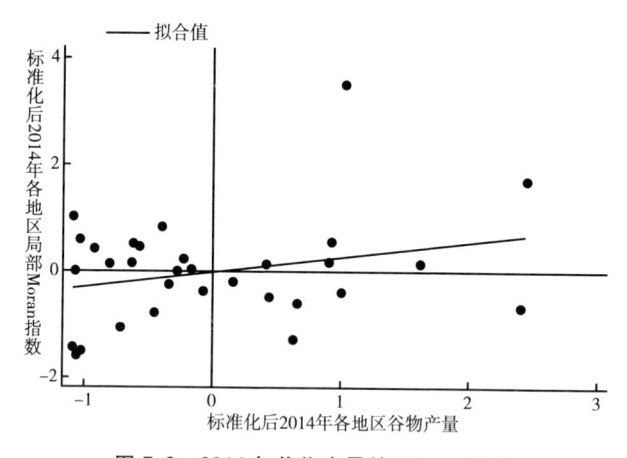

图 7.3　2014 年谷物产量的 Moran 散点

[①] 实际上，标准化后的 2014 年各地区农用大中型拖拉机动力值和其 Moran 指数的相关系数为 0.31，并在 10% 的条件下显著；标准化后的 2014 年各地区谷物产量和 Moran 的相关系数为 0.27，但在 10% 的条件下并不显著。

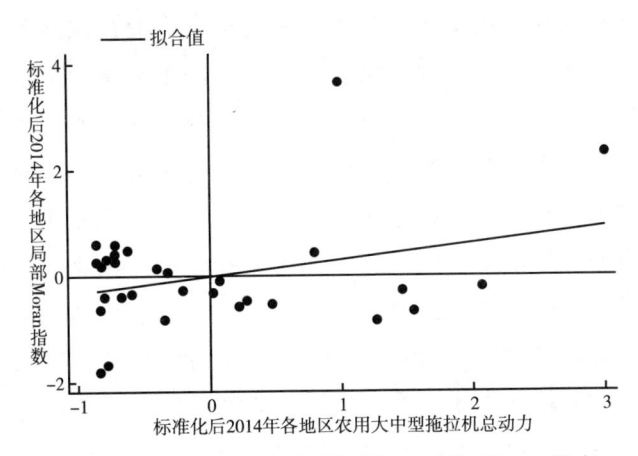

图 7.4 2014 年农用大中型拖拉机动力的 Moran 散点

四 计量分析：来自全国数据和省级数据的矛盾

在农村青壮年劳动力流失及农村人口呈现老龄化和女性化的背景下，中国粮食产量却自 2003~2015 年实现了"十二连增"，农业机械化的迅速发展在其中起到了关键的作用（Yang et al., 2013）。农业机械化对粮食产量的正向影响体现在以下 3 个方面。第一，在种粮劳动力短缺的条件下，农业机械成为必不可少的种粮生产要素，避免了劳动力减少对粮食产量的负向影响。第二，减少了生产环节由于人工操作而带来的无效率损失。根据安徽等地的农业机械管理部门的对比实验可知，手动收割小麦、水稻一般要经历收割、捆绑、装运、碾打和清选五道程序，自然损失率为 10%~12%，而联合收割机能将五道工序一次完成，损失率在 3%左右。按照比手工收割的损失率少 8 个百分点测算，2013 年单小麦和稻谷的跨区机收环节就可以为农户增加 143 亿千克粮食的收益。第三，粮食生产各个环节对时令有着严格的要求，农业机械化减少了由人工效率低而引发的错过时令的风险。

基于中国粮食生产过程中农业机械的重要地位，本节提出假说一：利用全国数据，农业机械化水平对粮食产量有显著的正向影响。

中国的农业机械化经历了特殊的发展路径。机收的跨区服务面积占总机收面积的一半以上,并且大范围的跨省农业机械服务占据了很大比重。地区之间的大型农业机械储备是十分不平衡的,某些地区组建了大规模的跨区机收队伍,成立了专门的合作社,而某些地区没有大型农业机械储备,粮食生产各个环节的机械化均靠购买农业机械服务实现。依据《中国农业机械化年鉴》的统计口径,农业机械动力的归属地同农业机械的归属地。比如,江苏省的跨区农业机械队在四川省完成水稻的机收服务,产生的农业机械动力被统计到江苏省,但粮食产量被统计至四川省。做一个比较极端的假设,从统计数据来看,即使四川省农业机械动力值为0,依然可以依赖外省的农业机械动力输出实现增产,所以一个省的农业机械动力和该省的粮食产量并没有显著的关系。

基于以上分析,本节提出假说二:利用省级数据,农业机械化水平对粮食产量的影响不显著。

为了验证以上两个假说,本节构建 Cobb-Douglas 形式的生产函数,假说一需要采用面板的回归方法,假说二需要采用时间序列的回归方法,基准模型为:

$$\ln p_{it} = \alpha_0 + \alpha_1 \ln m_{it} + \alpha_2 \ln f_{it} + \alpha_3 \ln land_{it} + \alpha_4 \ln labor_{it} + \varepsilon_{it} \quad (7.2)$$

其中,$\ln p_{it}$ 表示在 t 年 i 区域的谷物产量的自然对数,是本节的因变量;$\ln m_{it}$ 是自变量,代表投入谷物生产的农业机械总动力的自然对数,用于衡量谷物生产过程中农业机械化的发展水平;另外,选取劳动力数量($labor$)、化肥施用量(f)和谷物播种面积($land$)作为控制变量[①];ε_{it} 表示服从独立同分布的误差项,均值为0,方差为 σ。

同时,考虑到技术进步等因素和各个地区的资源禀赋、农业生产方

---

① 由于各类宏观数据库均没有省级的专门投入谷物生产的劳动力、农业机械和化肥施用量的指标(实际上由于家庭农业生产活动的多样性,这类数据也无法采集),本章参考 Lin(1992)和李宁等(2017)的做法,对数据进行如下处理:$labor_{it} = cv_{it}/av_{it} \times al_{it}$,其中,$cv_{it}$ 为 i 地区第 t 年的谷物产值(按当年价格计算),av_{it} 为 i 地区第 t 年的农林牧渔业总产值(按当年价格计算),al_{it} 为 i 地区第 t 年的农林牧渔业劳动人口;$m_{it} = (cv_{it}/av_{it}) \times tpam_{it}$,$tpam_{it}$ 为 i 地区第 t 年的农业机械总动力;$f_{it} = (cv_{it}/crv_{it}) \times cf_{it}$,$crv_{it}$ 为 i 地区第 t 年的种植业产值(按当年价格计算),cf_{it} 为 i 地区第 t 年的化肥施用量。由此大致估算出各个指标的数值。全国数据也采用同样的处理方法。

式的差异，有必要在控制个体效应的同时也控制时间效应，模型中加入时间趋势变量 T 和个体效应 μ_i，得到：

$$\ln p_{it} = \alpha_0 + \alpha_1 \ln m_{it} + \alpha_2 \ln f_{it} + \alpha_3 \ln land_{it} + \alpha_4 \ln labor_{it} + \varphi T + \mu_i + \varepsilon_{it} \quad (7.3)$$

数据来源于历年的《中国农村统计年鉴》《中国农业机械化年鉴》。由于大规模的跨省农业机械服务是21世纪后才开始出现的，结合数据可得性，笔者收集了全国31个省份2001~2014年的面板数据以及1978~2014年的全国数据。

检验省级面板数据的平稳性，Hadri LM 面板单位根检验和协整秩迹检验的结果表明，各变量均存在一阶单整过程，但存在长期均衡关系，可以不对变量进行差分处理。首先考虑既没有时间趋势也没有个体效应的混合回归，利用稳健最小二乘回归得到回归结果（1）；进而考虑个体时间效应模型，通过固定效应[①]和可行广义最小二乘（FGLS）的方法分别得到回归结果（2）和回归结果（3）。

由表7.1的回归结果，可以得到以下结论。第一，如果不控制时间趋势和个体效应，劳动力数量的产出弹性为负。这显然不符合常识，说明模型可能遗漏重要信息。事实上，在个体时间效应模型中，地区虚拟变量和时间虚拟变量的联合 F 检验均不为0，说明生产函数在时间和空间维度都存在显著差异，对其进行控制是必要的。第二，谷物播种面积和化肥施用量在各类模型中均显著为正，说明土地和化肥依然是粮食生产中重要的投入要素，近年来中国谷物播种面积的持续下降对粮食安全构成一定威胁。第三，农业机械总动力在混合回归中并不显著，这表明虽然总体来看田间农业机械数量上升很快，但是单纯从数字上来看，农业机械发展迅速的省份谷物产出量增长速度不一定快。

调整后 R^2 表明，固定效应模型和可行广义最小二乘模型对数据的拟合效果均很好，考虑到截面相关性和组间异方差的存在，本章采用表7.1中模型（3）的结果解释。在模型（3）中，农业机械化总动力的系数为负，但是不显著。表明在其他因素相同时，一个地区的农业机械

---

① 在 Sargan-Hansen 检验中，统计量显著不为0，说明 ε_{it} 与自变量相关，应采用固定效应模型。

化水平并不会显著影响当地的谷物产量。劳动力数量的系数显著为负,说明如果不考虑到农业机械化水平的空间溢出效应,劳动力数量的边际产出甚至为负。这一方面可能与谷物生产领域劳动力数量测算的误差有关,另一方面证明中国部分地区虽然劳动力充裕,但效率低,导致劳动力对谷物产量造成了负面影响。

表 7.1 模型 (7.3) 省级数据的回归结果

解释变量	混合回归	双固定效应模型	
	(1)	(2)	(3)
ln(农业机械总动力)	0.029 (0.021)	0.026 (0.032)	-0.0004 (0.017)
ln(化肥施用量)	0.275*** (0.063)	0.073*** (0.025)	0.277*** (0.026)
ln(谷物播种面积)	0.804*** (0.051)	0.863*** (0.050)	0.793*** (0.037)
ln(劳动力数量)	-0.119*** (0.020)	0.048 (0.047)	-0.082*** (0.018)
地区虚拟变量	不控制	控制	控制
时间趋势	不控制	控制	控制
调整后 R^2	0.982	0.978	0.977
RHO	—	0.900	0.878

注:***、**、* 分别表示在1%、5%和10%水平下显著,括号内为怀特稳健性标准误。

对全国时间序列数据进行处理,ADF 单位根检验结果表明各变量均存在一阶单整,但最大特征值检验表明变量间存在长期均衡,故采用 EG-ADF 两步法直接回归,回归方程不包括时间趋势项的话得到回归结果(4),包括时间趋势项的话得到回归结果(5)。如表7.2所示,调整后 R^2 表明模型(5)的拟合效果更好,反映出谷物生产函数的动态变化应考虑时间趋势。由模型(5)的回归结果可知,农业机械总动力在5%的水平下显著,表明从全国范围内看,农业机械是重要生产要素。谷物播种面积的弹性系数大于1,表明了土地的规模效应,也从侧面反映出中国耕地细碎化程度严重。此外,劳动力数量不显著,说明剩余劳动力普遍存在。

表 7.2　方程 7.3 全国数据的回归结果

解释变量	(4)	(5)
ln(农业机械总动力)	0.041 (0.091)	0.258** (0.122)
ln(化肥施用量)	0.316*** (0.061)	0.434*** (0.074)
ln(谷物播种面积)	1.210*** (0.130)	1.110*** (0.128)
ln(劳动力数量)	0.038 (0.097)	−0.106 (0.107)
时间趋势	不控制	控制
调整后 R^2	0.973	0.977

注：***、**、* 分别表示在 1%、5% 和 10% 水平下显著，括号内为怀特稳健性标准误。

上述实证结果验证了假设一和假设二，即使用全国数据和省级数据所得出的矛盾结论。进一步假设，这种显著性上的矛盾来自大范围的跨省农业机械服务，并且形成了省级范围内农业机械对粮食产出的空间溢出效应。高鸣和宋洪远（2014）认为中国各省份的粮食生产技术效率存在空间收敛现象，其中一个重要原因就是农业机械跨区服务。进一步，他们认为农业机械跨区服务可以将先进的农业机械技术推广到其他行政区域，使得其成为技术溢出的一种途径和工具。因此，农业机械跨区服务已经成为中国农业机械化发展的重要模式。农业机械跨区服务不仅使农业产业实现了专业化分工，产生了规模效应，并且通过生产要素的空间流动，在不同区域之间产生了空间溢出效应。

五　空间计量分析

从统计分析可以看出，农业机械化水平可能对谷物产出具有空间溢出效应。为了探究这种空间溢出效应是否显著，在空间范围内的分布规律，以及大中型农业机械和小型农业机械在空间溢出效应上的差异，本节采用空间计量经济学的方法实证分析验证农业机械发展对粮食产出的直接影响和空间溢出效应。

(一) 基本模型设定与估计

为了将空间变量引入计量模型中,本章采用 LeSage 和 Pace (2009) 构建的一个相比空间滞后模型和空间误差模型更一般的空间面板模型——空间 Durbin 模型。该模型同时包含空间滞后的内生变量和外生变量,是一个捕捉不同类型空间溢出效应的合适框架模型 (Beer and Riedl, 2012)。它具有如下优点:一是无论真实的数据生成过程是空间滞后模式还是空间误差模式,其都能保证模型系数的无偏估计;二是其对潜在空间溢出效应的规模没有提前施加任何限制。

本节将谷物生产函数的空间 Durbin 模型设定如下:

$$\ln p_{it} = \alpha_0 + \alpha_1 \ln m_{it} + \alpha_2 \ln f_{it} + \alpha_3 \ln land_{it} + \alpha_4 \ln labor_{it} \\ + \gamma_1 \sum_{j=1}^{N} \omega_{ij} \ln p_{jt} + \beta_1 \sum_{j=1}^{N} \omega_{ij} \ln m_{jt} + \mu_i + \lambda_t + \varepsilon_{it} \quad (7.4)$$

$\ln p_{it}$ 代表 t 年度 i 地区谷物产量的自然对数;$\ln m_{it}$ 代表各省份投入谷物生产的农业机械总动力的自然对数,用于衡量谷物生产过程中农业机械化的发展水平;另外,选取影响谷物产量的劳动力数量 ($labor$)、化肥施用量 (f) 和谷物播种面积 ($land$) 作为控制变量,各变量的计算方式参照式 (7.2);ε_{it} 表示服从独立同分布的误差项,均值为 0,方差为 σ;μ_i 和 λ_t 分别表示空间和时间上的特定效应。需要说明的是,$\sum_{j=1}^{N} \omega_{ij}$[①] 代表空间权重矩阵,是 N 阶的对称矩阵,其中 $\omega_{ij} = \omega_{ji}$,对角线上的元素 $\omega_{11} = \omega_{22} = \cdots \omega_{NN}$,因此空间权重矩阵与相应变量相乘得出的空间变量是代表其他区域变量的加权总和:

$$\sum_{j=1}^{N} \omega_{ij} = \begin{bmatrix} \omega_{11} & \omega_{12} \cdots \omega_{1N} \\ \omega_{21} & \omega_{22} \cdots \omega_{2N} \\ \omega_{N1} & \omega_{N2} \cdots \omega_{NN} \end{bmatrix} \quad (7.5)$$

式 (7.4) 将农业机械总动力作为一个整体代入空间计量回归方程,而忽略了大中型和小型农业机械对谷物产出的直接效应和空间溢出效应的不同。为了研究二者的差异性,构建计量模型 (7.6),表达式如下:

---

① 该处 ω_{ij} 的计算参考前文计算 Moran 指数的方法,采用的是两地经济距离的倒数。

第七章 中国式农业机械化道路的技术溢出：农业机械跨区服务的视角

$$\ln p_{it} = \alpha_0 + \alpha_1 \ln lm_{it} + \alpha_2 \ln sm_{it} + \alpha_3 \ln f_{it} + \alpha_4 \ln land_{it} + \alpha_5 \ln labor_{it}$$
$$+ \gamma_1 \sum_{j=1}^{N} \omega_{ij} \ln p_{jt} + \beta_1 \sum_{j=1}^{N} \omega_{ij} \ln lm_{jt} + \beta_2 \sum_{j=1}^{N} \omega_{ij} \ln sm_{jt} \mu_i + \lambda_t + \varepsilon_{it} \quad (7.6)$$

其中，$\ln lm_{it}$ 和 $\ln sm_{it}$ 是自变量，分别代表 i 地区 t 年份投入谷物生产的农用大中型拖拉机和小型拖拉机动力的自然对数，用于衡量各省投入谷物生产的大型农业机械和小型农业机械的发展水平[①]。其余变量的经济意义均与模型（7.4）相同。

本节的原始数据来源于 2002~2015 年《中国统计年鉴》《中国农村统计年鉴》《中国农业机械化年鉴》。采用该时期的数据是因为：①此时期为农业机械跨区服务兴起的阶段，而农业机械跨区服务是引致农业机械对谷物产量空间溢出效应的现实基础；②此时期为中国农业机械大中型化发展阶段，因而可以更好地捕捉到大中型农业机械和小型农业机械空间溢出效应的差异。

在空间 Durbin 模型中，解释变量中包括被解释变量的变形，违反了传统计量模型中关于解释变量严格外生的假设，因此采用普通最小二乘估计（OLS）方法得到的结果是有偏且不一致的。为此，根据 Lee 和 Yu (2010) 的建议，采取极大似然估计（MLE）方法对模型（7.4）和模型（7.6）进行参数估计。通过 Hausman 检验确定使用个体固定效应形式[②]，回归结果见表 7.3。

表 7.3 模型（7.4）和模型（7.6）的回归结果

解释变量	模型(7.4)	模型(7.6)
ln(农业机械总动力)	0.109*** (0.016)	
ln(农用大中型拖拉机动力)		0.035*** (0.007)

---

① lm_{it} 和 sm_{it} 的估算方法同样参照 Lin (1992) 和李宁等 (2017)，$lm_{it} = (cv_{it}/av_{it}) \times tpalm_{it}$，$tpalm_{it}$ 为 i 地区第 t 年的农用大中型拖拉机动力，$sm_{it} = (cv_{it}/av_{it}) \times tpasm_{it}$，$tpasm_{it}$ 为 i 地区第 t 年的小型拖拉机动力。

② 此处分别采用了随机效应、个体固定效应、时间固定效应和个体时间双固定效应进行回归，其中个体固定效应为最优，为节约篇幅，这里仅报告了个体固定效应的结果。如对其他结果感兴趣，可向笔者索要。

续表

解释变量	模型(7.4)	模型(7.6)
ln(小型拖拉机动力)		-0.010 (0.010)
ln(化肥施用量)	0.066*** (0.016)	0.099*** (0.016)
ln(谷物播种面积)	0.845*** (0.037)	0.804*** (0.037)
ln(劳动力数量)	-0.042*** (0.016)	0.062*** (0.016)
$\omega\times$ln(农业机械总动力)	0.045 (0.062)	
$\omega\times$ln(农用大中型拖拉机动力)		0.096*** (0.025)
$\omega\times$ln(小型拖拉机动力)		0.008 (0.049)
R^2	0.654	0.914
Sigma2	0.003***	0.003***
RHO	8.437***	3.029
样本量	434	434

注：***、**、*分别表示在1%、5%和10%水平下显著，括号内为怀特稳健性标准误。

从模型（7.4）的回归结果可以看出，在控制了影响本地谷物产量（$\ln p_{it}$）的主要影响因素后，用于测度 $\ln p_{it}$ 空间效应的空间滞后系数 RHO 通过了显著性检验。这意味着在其他影响因素不变的情况下，周边地区谷物产量加权值每提升 1%，本地谷物产量提升约 8.4%。测度农业机械化空间溢出效应的回归参数 β_1 的 t 值仅为 0.73，没有通过显著性检验，表明将农业机械化水平作为一个整体无法检测出其对谷物产量显著的空间溢出效应，这一结论与伍骏骞等（2017）的实证结果相反，原因可能是他们的模型中没有加入劳动力数量变量，也没有对数据进行口径上的处理。另外在模型（7.4）中，劳动力数量的系数显著为负，这意味着劳动力数量对谷物产出造成了负面影响，这显然是不符合实际的，因而有必要将大中型农业机械和小型农业机械加以区分。

模型（7.6）的回归结果表明以下 5 点。第一，在考虑到谷物生产中大中型农业机械和小型农业机械的功能性差异后,模型的拟合度显著提升,R^2达到0.914,总体回归的可信度提升。第二,RHO系数不再显著,即谷物产量的空间自相关性消失,结合此模型中β_1系数的显著性和模型(7.4)的回归结果,可以得出谷物产量在空间上的自相关性其实是由大中型农业机械的空间溢出效应所引致的。该结论与高鸣和宋洪远(2014)一致,他们认为粮食生产的技术效率在空间上存在收敛性,其中一个重要原因就是农业机械的跨区作业。第三,β_1、β_2的方向和显著性符合理论预期,验证了农业机械化水平对谷物产量的确存在显著的空间溢出效应,并且是通过大中型农业机械实现的,小型农业机械的发展并没有这种空间溢出效应。第四,α_1和α_2的方向和显著性符合理论预期,表明真正影响谷物产出的是大中型农业机械,小型拖拉机等小型农业机械更多的是发挥交通工具的作用,而非直接作用于农业生产。第五,劳动力数量的弹性系数α_5显著为正,进一步验证了模型(7.6)相对于模型(7.4)的合理性。

参照伍骏骞等(2017)的做法,进一步估计出解释变量的直接影响、空间溢出效应和总效应,如表7.4所示。

表7.4 模型(7.6)中解释变量直接影响、空间溢出效应和总效应的计算结果

解释变量	直接影响	空间溢出效应	总效应
ln(农用大中型拖拉机动力)	0.036*** (0.008)	0.082*** (0.011)	0.117*** (0.011)
ln(小型拖拉机动力)	-0.010 (0.011)	0.004 (0.040)	-0.006 (0.040)
ln(化肥施用量)	0.099*** (0.014)	0.011 (0.010)	0.110*** (0.018)
ln(谷物播种面积)	0.809*** (0.035)	0.095 (0.080)	0.904*** (0.086)
ln(劳动力数量)	0.063*** (0.019)	0.007 (0.006)	0.070*** (0.021)

注:***、**、*分别表示在1%、5%和10%水平下显著,括号内为怀特稳健性标准误。

由表7.4的结果可得出以下3点。第一,在直接影响方面,除小型拖拉机动力之外,其余变量均显著为正,这与回归方程的结论是一致的。

在中国，土地依然是谷物生产中最重要的生产要素，弹性为 0.809。农用大中型拖拉机动力的弹性为 0.036，表明大型农业机械化水平每上升 1%，可提高本地谷物产量 0.036%。将各生产要素的直接影响系数相加得 0.997，这表明如果不考虑空间溢出效应，中国谷物生产大致处在规模报酬不变的阶段。第二，在空间溢出效应方面，只有农用大中型拖拉机动力是显著的，这也是与实际相符的，其他的生产要素不存在跨区服务的现象，自然不存在空间溢出性。从系数的大小来看，农用大中型拖拉机动力的空间溢出弹性达到了 0.082，是其直接效应弹性的 2.3 倍。这表明在中国，大中型农业机械对谷物的产出贡献主要体现在其空间溢出效应上，大中型农业机械的服务对象不仅是本地区，更重要的是周边地区。第三，将总效应中的系数相加得 1.195，这表明在考虑空间溢出效应后，中国谷物生产实际处在规模报酬递增的阶段，也从侧面证明了罗必良（2017）提出的由土地规模化向服务规模化的转变具有合理性。

（二）空间溢出效应的空间分布规律

上文是从总体上探究农业机械化对谷物产出的空间溢出效应及其实现方式，那么，农业机械化空间溢出效应的空间范围到底有多大呢？地理学第一定律认为任何事物之间均相关，离得较近事物总比离得较远事物的相关性要高。实际上，由于运输费用或交易费用的存在，农业机械服务也存在空间溢出效应的强弱之分，距离越远，农业机械跨区服务的成本越大、不确定性因素越多，农业机械化的溢出效应越弱，直至这种溢出效应几乎为零。为了研究其在空间上的分布规律，分别构建模型（7.7）和模型（7.8）：

$$\ln p_{it} = \alpha_0 + \alpha_1 \ln lm_{it} + \alpha_2 \ln sm_{it} + \alpha_3 \ln f_{it} + \alpha_4 \ln land_{it} + \alpha_5 \ln labor_{it}$$
$$+ \gamma_1 \sum_{j=1}^{N} \phi_{ij} \ln p_{jt} + \beta_1 \sum_{j=1}^{N} \phi_{ij} \ln lm_{jt} + \beta_2 \sum_{j=1}^{N} \phi_{ij} \ln sm_{jt} + \mu_i + \lambda_t + \varepsilon_{it} \quad (7.7)$$

$$\ln p_{it} = \alpha_0 + \alpha_1 \ln lm_{it} + \alpha_2 \ln sm_{it} + \alpha_3 \ln f_{it} + \alpha_4 \ln land_{it} + \alpha_5 \ln labor_{it}$$
$$+ \gamma_1 \sum_{j=1}^{N} \varphi_{ij} \ln p_{jt} + \beta_1 \sum_{j=1}^{N} \varphi_{ij} \ln lm_{jt} + \beta_2 \sum_{j=1}^{N} \varphi_{ij} \ln sm_{jt} + \mu_i + \lambda_t + \varepsilon_{it} \quad (7.8)$$

模型（7.6）和模型（7.7）、模型（7.8）的区别在于空间权重矩阵的设定，φ_{ij} 和 ϕ_{ij} 可由以下公式得出：

$$\phi_{ij} = \begin{cases} \omega_{ij}, \text{如果 } \omega_{ij} \geq \dfrac{1}{720} \\ 0, \text{如果 } \omega_{ij} < \dfrac{1}{720} \end{cases}, \varphi_{ij} = \begin{cases} \omega_{ij}, \text{如果 } \omega_{ij} \geq \dfrac{1}{1440} \\ 0, \text{如果 } \omega_{ij} < \dfrac{1}{1440} \end{cases} \quad (7.9)$$

式中系数为 ϕ_{ij} 代表半天可以测算空间溢出效应在经济距离为半天之内的数值,利用模型式中系数为 φ_{ij} 表示一天可以测算空间溢出效应在经济距离为一天之内的数值①。

表 7.5 列出了模型 (7.6)、模型 (7.7)、模型 (7.8) 中农用大中型拖拉机动力的直接影响、空间溢出效应和总效应。由此可得出如下结论:第一,将空间权重矩阵调整为经济距离为半天之内 (φ_{ij}) 和一天之内 (ϕ_{ij}) 的形式并不影响农用大中型拖拉机动力的直接影响、空间溢出效应和总效应的显著性;第二,从影响数值的大小来看,3 个模型的总效应接近,在 0.110~0.117 区间变动,但在直接影响和空间溢出效应上的分布不同。权重矩阵所包含的范围越广,空间溢出效应占比越大,但变化幅度均匀,这与现实中发生的全国大范围农业机械跨区服务是相符合的。Yang 等 (2013) 的调研发现,江苏省农业机械户的跨区机收服务北至黑龙江、南至广西、西至四川,纵横中国的大江南北,这种空间溢出的范围是非常大的,并不会随着地理距离的扩大而迅速消失。半天之内辐射区域的空间溢出效应为 0.056,占全部空间溢出效应的 68.3%,一天之内辐射区域的空间溢出效应为 0.070,占全部空间溢出效应的 85.4%。这意味着约 15% 的空间溢出效应可以辐射到经济距离为一天之外的区域。

表 7.5 空间维度的估计结果

模型	直接影响	空间溢出效应	总效应	R^2	RHO	Sigma2
模型(7.6) (基准模型)	0.036*** (0.008)	0.082*** (0.011)	0.117*** (0.011)	0.914	3.029	0.003***
模型(7.7) (半天之内)	0.044*** (0.008)	0.070*** (0.011)	0.114*** (0.011)	0.875	0.189*	0.003***
模型(7.8) (一天之内)	0.054*** (0.007)	0.056*** (0.008)	0.110*** (0.010)	0.855	0.143*	0.003***

注:***、**、* 分别代表在 1%、5% 和 10% 水平下显著,括号内为怀特稳健性标准误。

---

① 由于本章采用的是经济距离的倒数,半天为 720 分钟,一天为 1440 分钟,所以半天之内是指行车时间不超过 720 分钟所能到达的地区,大致是北京到上海的经济距离,一天之内是指行车时间不超过 1440 分钟所能到达的地区,大致是北京到南宁的经济距离。

（三）跨经纬度的空间溢出效应分析

中国幅员辽阔，区域间的谷物生产周期差异性明显，这就为农业机械跨区服务创造了时间差。从实际出发，农业机械化水平对谷物产量的空间溢出效应在跨经度和跨纬度上有所不同，跨纬度的溢出效应比跨经度的溢出效应要明显。原因在于谷物生产对时令要求较高，不能错过各个生产环节的最佳时机。只有在相同生产环节有足够时间差的地区之间，农业机械跨区服务才能开展。所以，这种跨区服务通常跨纬度而行，因为处于同一纬度的地区耕种收的时间点大体相同，农业机械无法分身两地进行跨区作业，而纬度不同的地区之间谷物生产环节有时间间隔，农业机械在对一地完成作业后，有充足时间转移至另一地。

因此，笔者选取了中国地理分布上大致位于同一经度和同一纬度的谷物生产典型省份，具体为：同一经度的省份有河北、辽宁、吉林、黑龙江、河南、湖北、湖南和广东；同一纬度的省份有江苏、安徽、湖北、重庆。空间 Durbin 模型的形式和空间权重矩阵的设定参照主模型。由此，分别对处于同一经度和同一纬度的省份做空间计量回归，结果参见表 7.6 和表 7.7。

表 7.6　位于同一经度的典型省份估计结果

解释变量	直接影响	空间溢出效应	总效应
ln(农用大中型拖拉机动力)	0.024 (0.019)	0.093*** (0.027)	0.117*** (0.028)
ln(小型拖拉机动力)	-0.076** (0.031)	0.113 (0.072)	0.037 (0.081)
R^2	0.994		
Sigma2	0.003***		
RHO	-0.040		

注：***、**、* 分别表示在 1%、5% 和 10% 水平下显著，括号内为怀特稳健性标准误。

通过对比可以看出，处于同一经度的省份之间，农用大中型拖拉机动力对谷物产量的空间溢出效应十分显著，占到总效应的 79.5%，而对本地谷物产量的直接效应在统计上不显著，从而进一步验证了中国大中型农业机械主要用于跨区服务的论点。处于同一纬度的省份之间，农用大中型拖拉机动力对谷物产量的空间溢出效应在统计上不显著，这也与中国农业机械跨区作业南北而行的事实相符。

表 7.7 位于同一纬度的典型省份估计结果

解释变量	直接影响	空间溢出效应	总效应
ln(农用大中型拖拉机动力)	-0.016 (0.019)	-0.042 (0.052)	-0.058 (0.070)
ln(小型拖拉机动力)	-0.031 (0.041)	0.001 (0.112)	-0.029 (0.147)
R^2	0.418		
Sigma2	0.001***		
RHO	0.031**		

注：***、**、*分别表示在1%、5%和10%水平下显著，括号内为怀特稳健性标准误。

（四）时间维度的空间溢出效应分析

为了研究农业机械化水平的空间溢出效应随时间的变化趋势，本节将研究区间分成三个时间段，分别为 2001~2005 年、2006~2010 年及 2011~2014 年，采用公式 (7.4) 对各自区间样本进行空间计量回归，回归结果如表 7.8 所示。从估计系数的大小来看，空间溢出效应呈现递增的趋势，2001~2005 年仅为 0.049，而 2011~2014 年达到 0.227。从显著性来看，三个阶段分别在 10%、5% 和 1% 的条件下显著。这表明，2001~2005 年，虽然农业机械跨区服务粗具规模，但还不足以在省级范围产生显著的空间溢出效应，21 世纪以来，中国的农业机械服务市场由起初的混乱走向成熟，组织化程度进一步提升，农业机械合作社、农业机械公司成为农业机械跨区服务的主力军，大规模的农业机械跨区服务成为农户实现农业机械化的主流方式，深刻影响了种粮农户的生产方式，从而产生了越来越大、越来越显著的空间溢出效应。伍骏骞等（2017）的实证结论也表明，农业机械跨区服务自 21 世纪才开始壮大，1999 年之前农业机械化的空间溢出效应不显著，甚至在 1989~1998 年显著为负。时间维度的分析结果同中国农业机械跨区服务发展历史的事实相符。

表7.8 时间维度空间溢出效应估计结果

解释变量	2001~2005年	2006~2010年	2011~2014年
ln(农用大中型拖拉机动力)	0.049* (0.029)	0.089** (0.038)	0.227*** (0.081)
ln(小型拖拉机动力)	0.028 (0.041)	0.060 (0.140)	0.166* (0.085)
R^2	0.860	0.879	0.737
Sigma2	0.002***	0.001***	0.001***
RHO	0.150	0.201	0.224

注：***、**、*分别表示在1%、5%和10%水平下显著，括号内为怀特稳健性标准误。

六 本章小结

本章首先从利用省级数据和全国数据所得出的矛盾性回归结果入手，认为之所以产生这种矛盾是因为大范围的农业机械跨区服务。在谷物生产中，因为种粮劳动力的流失和农业机械对劳动力的有效替代，从全国范围来看，农业机械化对谷物生产有着显著的积极影响。一个地区的农业机械化水平不仅对当地的谷物产出产生正向影响，而且可以辐射到周边地区，如果不考虑空间溢出性，利用省级数据无法观测到农业机械化对谷物产出的显著性作用。

本章利用空间计量经济学的方法，研究这种空间溢出效应的显著性及空间分布规律，得出以下主要结论。

第一，农业机械化水平对谷物产量有显著的空间溢出效应，其他区域的农业机械发展水平对当地谷物产量有显著的正向影响。这种空间溢出效应是通过大中型农业机械的跨区服务产生的，小型农业机械不会产生空间溢出效应。这一结论证明中国大范围的农业机械跨区服务已经成为农业机械化的重要实现途径，以农业机械服务组织为代表的各类农业生产性服务主体正在重新定义中国的农业生产方式，这是农业分工的表现形式。

第二，农业机械化的空间溢出效应随着地理范围的扩大而增强，经济距离半天之内的地区空间溢出效应占比为68.3%，一天之内的地区空间溢出效应占比为85.4%。这一结论说明中国的农业机械跨区服务辐射范围非常广,空间溢出效应的范围很大,并不会随着地理距离的扩大而迅速消失,这是同中国实际发生的横跨南北的农业机械服务的现实相吻合的。

第三,从空间范围来看,农业机械化水平的空间溢出效应主要发生在纬度不同的区域,农业机械化发展水平在同一纬度区域之间的溢出效应不显著,契合了中国农业机械跨纬度作业的现实情况。

第四,从时间范围来看,2001~2014年,农业机械化发展水平的空间溢出效应呈现逐年递增的趋势,其中2011~2014年的空间溢出效应是2001~2005年的4.6倍,且显著性大幅增加。这契合了21世纪以来农业机械跨区服务规模不断壮大、组织化程度不断提高的发展趋势。

第八章　中国式农业机械化的发展模式：多案例研究

前文各章在经济学学理层面讨论了中国式农业机械化的理论内涵和实证表征，为更好地理解中国式现代化的理论基础和动力机制提供了直接的证据，但是缺乏对具体现实的深刻描述，无法就现实世界现象与现象之间千丝万缕、错综复杂的逻辑关系开展抽丝剥茧式的研究，这也是经济学相对于人类学、社会学的劣势所在。以费孝通为代表的人类学家、社会学家在分析现实问题时经常采用社会调查和案例研究的方法，在提升学术界对小范围群体和某一特定现象认知的同时，也具有普遍性、一般性的重大人文社会科学价值，尤其是在对中国式现代化这一重大理论命题的研究中，格外需要一手调研和深入实际的多案例研究，在具体的案例比较和分析中，提炼"中国特色"的理论精髓，彰显"中国特色"的学理气派，挖掘"中国特色"的生动实践。

为此，笔者经农业农村部、全国人大农业与农村委员会介绍，率领项目团队赴全国5省10市20余村调研考察，采用长期蹲点、入户访谈、政府座谈、企业调研等多种方式方法，形成了一套关于中国式农业机械化发展模式的多案例库。经过长期的大范围调研，课题组发现，虽然"中国式现代化"是一个统称，但是各个地方根据其自然禀赋、经济条件和社会文化的异质性，形成了各具特色的农业机械化发展路径，体现了勤劳的劳动人民开拓奋斗、锐意进取、勇于创新的智慧结晶，正是这些实实在在的地方实践共同组成了"中国式现代化"的生动表达，形成了"中国式现代化"的精髓。

一　江苏沛县农业机械跨区机收产业集群

沛县是江苏省徐州市下辖县，地处苏、鲁、豫三省交界处，位于淮海经济区中心位置，是中国东部地区南北过渡带，又是东部沿海和西部内陆腹地的重要结合部,具备资源、环境、区位、市场多重优势。沛县濒临北方较大的淡水湖微山湖,京杭大运河穿境而过。徐沛铁路纵贯南北,与欧亚大陆桥及京九、京沪、京广铁路接轨。沛县气候适宜,土壤为两合土和淤土,土壤肥力好,农林资源丰富,是国家重要的粮棉油、林果、蔬菜等农副产品生产基地,盛产小麦、玉米、大豆、棉花和山芋。

(一)起源:社会经济的巨大变革

江苏沛县农业机械跨区机收服务的起源可以追溯到1998年。然而,其初步的探索和准备工作在1997年就已经开始。当时,随着改革开放的深入和城市化进程的加速,沛县的一部分农业劳动力开始从传统的农业生产领域向其他产业和地区转移,呈现典型的就业非农化特征。一方面,由于农业生产效率的提高和农业机械化的推广,农业生产所需的劳动力数量逐渐减少,这使得一部分农业劳动力变得富余。为了寻求更好的就业机会和收入来源,这部分富余劳动力开始向城市和其他产业转移。另一方面,政府的政策导向也促进了农业劳动力的转移。为了推动经济发展和城市化进程,各级政府出台了一系列政策,鼓励农民进城务工经商,同时加强培训和服务,提高他们的就业技能和竞争力。在沛县,这种农业劳动力的转移表现为农村人口向城市流动,以及农业劳动力向工业、建筑业、服务业等产业的转移。这种转移不仅缓解了农村剩余劳动力的问题,也为城市和其他产业的发展提供了人力资源支持。

在优质农业劳动力大量流失的背景下,沛县农业机械局领导意识到农业机械化的重要性,开始在全县范围内进行调研、动员和宣传。他们选择了8位农业机械技术服务站站长,带领他们前往山东潍坊考察联合收割机的生产情况,并赴河南、安徽、山东、天津、河北等地考察当地的农业生产情况,与当地农业机械局进行座谈和沟通,探索是否需要农业机械化服务。

考察结束后,各乡镇农业机械技术服务站站长开始在本地推广经验,引导农民自愿购置联合收割机。虽然1997年只有极少数农民购买了联合收割机,并没有进行跨区作业,只在江苏省内提供机械化收割服务,但这一尝试为后来的跨区机收服务奠定了基础。到了1998年,一些有远见的农民开始组织起来,到安徽、河南等地进行跨区收割。他们通过提供机械化收割服务，不仅提高了收割效率，还获得了可观的经济收益。这种跨区机收的模式很快在沛县得到了推广，越来越多的农业机械手开始参与到跨区作业的队伍中。

因此，可以说江苏沛县农业机械跨区机收服务的起源是政府引导与农民自发探索相结合的产物。政府通过宣传和推广农业机械化，为农民提供了了解和接触先进农业机械的机会；而农民则通过自发组织和参与跨区作业，实现了农业机械化的有效应用和经济效益的提升。

（二）发展：农业机械合作社和农业机械跨区服务产业集群的形成

江苏沛县农业机械合作社的发展历程可以追溯到 2000 年左右。当时，沛县农业机械局开始组织农户按照所在地理位置（乡镇、村）划分成不同的小组，以小组形式外出跨区作业。然而，在 2007 年之前，沛县并没有正式的农业机械合作社。直到 2008 年，在农业机械局的指导下，拥有农业机械的农民开始自发组织成立合作社。这些合作社通常以乡镇为单位，由一定数量的农业机械手联合组成，比如某乡镇的 100 名农业机械手联合成立一个合作社。合作社的带头人往往是最早参与跨区作业、既有经验又享有声望的农业机械手。

合作社成立后，农业机械手们按照同一条路线外出作业，但到具体的作业地点（如外省的某个县）后，各小组成员会按照年前已签订的合同独自作业。晚上，社长会召集所有农业机械手回到某个地点聚集，以保障安全。第二天，他们再次集体出发。随着合作社的不断发展壮大，其服务范围也逐渐扩大，不仅提供农业机械田间作业服务，还包括农业机械维修、农艺技术指导等社会化服务。例如，沛县万丰农业机械专业合作社成立于 2012 年，拥有各类农业机械 152 台套，主要从事农业机械田间作业、农业机械维修等业务，并在成立后的几年内实现了可观的服务收入。

在政府的引导和支持下，沛县的农业机械跨区服务产业逐渐发展壮大，并形成了产业集群。这个产业集群以农业机械合作社为主体，涵盖了农业机械制造、维修、销售、培训等多个环节。同时，随着产业链的延伸和拓展，一些相关的配套服务也逐渐发展起来，如农业机械租赁、信息服务、物流配送等。沛县的农业机械跨区服务产业集群具有如下几个特征。

（1）组织化程度高。沛县农业机械跨区服务产业集群以农业机械合作社为主体，形成了高度组织化的服务体系。这些合作社通过统一组织、统一调度、统一作业标准，实现了农业机械资源的优化配置和高效利用。这种组织化模式不仅提高了农业机械的使用效率，也降低了单个农户的运营成本，增强了整体的市场竞争力。

（2）服务范围广泛。沛县农业机械跨区服务产业集群的服务范围不仅覆盖了本地及周边地区，还延伸到了更远的地区。他们通过跨区作业的方式，为全国各地的农业生产提供了及时、高效的机械化服务。这种广泛的服务范围不仅拓宽了农业机械的应用领域，也为农户提供了更多的增收渠道。

（3）产业链完善。沛县农业机械跨区服务产业集群已经形成了完整的产业链，涵盖了农机制造、销售、维修、培训等多个环节。这些环节相互衔接、相互支撑，为农户提供了全方位的服务保障。同时，随着产业链的延伸和拓展，一些相关的配套服务也逐渐发展起来，如农业机械租赁、信息服务、物流配送等，进一步提升了整个产业集群的服务能力。

（4）创新能力强。沛县农业机械跨区服务产业集群具有较强的创新能力。他们不断引进新技术、新设备，推动农业机械装备的升级换代。同时，还积极探索新的服务模式和管理方法，提高服务质量和效率。这种创新精神使得沛县农业机械跨区服务产业集群始终保持在行业的前列，具有引领和示范作用。

形成产业集群后，沛县的农业机械跨区服务产业并没有停止发展的脚步。他们不断引进新技术、新设备，提高服务质量和效率。同时，他们还积极拓展新的市场领域，将服务范围扩大到更远的地区。这种持续发展与创新的精神，使得沛县的农业机械跨区服务产业始终保持在行业的前列。

案例1：农业机械合作社和农业机械跨区服务产业集群的雏形

在江苏沛县，刘玲沛农业机械合作社是农业机械服务产业集群形成的一个典型案例。刘玲沛作为早期购买联合收割机的农民之一，勇敢地迈出了跨区作业的第一步，并取得了显著的经济效益。他的成功吸引了越来越多的农民加入农业机械服务的行列中。

一、初始阶段：个人尝试与成功

1998年，刘玲沛成为沛县最早购买农业机械的人之一。当时，他凑了大约3万元，并向亲戚朋友借了约5万元，购买了一台全喂入式的联合收割机。由4个人组成操作团队，2名专业驾驶员轮流操作，1个人负责丈量土地和收费，1个人负责装卸粮食。通过这样的配置，刘玲沛开始了他的跨区作业之旅，并在一个月内赚得了6万多元的可观收入。

二、发展阶段：合作社的成立与壮大

看到刘玲沛的成功，其他农民也纷纷效仿，购买农业机械并加入跨区作业的队伍中。为了更好地组织和管理这些农业机械手，刘玲沛与其他农业机械手一起成立了农业机械合作社。合作社的成立使得农业机械资源得到了更加合理的配置和利用，提高了整体的服务效率和质量。同时，合作社还为农业机械手提供了更多的市场信息和作业机会，帮助他们拓宽了收入来源。

三、产业集群形成：政府引导与支持下的全面发展

在合作社的基础上，沛县的农业机械服务产业逐渐发展壮大，并形成了产业集群。政府在这一过程中发挥了重要的引导作用。政府通过出台购机补贴、加强技术培训、推动合作社建设等政策措施，为农业机械服务产业的发展提供了有力的支持。同时，政府还积极搭建平台、协调资源，推动农业机械制造、销售、维修等相关产业的集聚发展，进一步完善了产业链。

（三）壮大：政府强有力的支持政策

笔者在调研过程中发现沛县之所以能够在全国率先形成农业机械跨区服务产业集群，离不开当地政府的支持，该地形成了汇集产前、产中、产后的系列政府支撑网络，具体如下。

（1）农业机械购置补贴政策。沛县政府充分利用国家农业机械购置补贴政策，加大宣传力度，对购买农业机械的农户进行补贴，降低农户购买农业机械的成本，鼓励更多农户购买和使用农业机械。这不仅提高了农业机械化水平，也为跨区服务提供了更多的农业机械资源。

案例2：沛县政府农业机械购置补贴政策实施细节

沛县政府在农业机械购置补贴方面的具体做法主要包括以下几个方面。一是制定详细的农业机械购置补贴实施方案。沛县政府制定并下发具体的农业机械购置补贴实施办法，明确补贴的范围、标准、具体流程以及各部门的工作职责，确保补贴工作的有序和高效进行。二是强化政策宣传与培训。为了让广大农民了解并享受到农业机械购置补贴政策，沛县政府会采取多种方式进行宣传，如召开现场演示会、悬挂横幅、张贴和散发宣传资料，并通过新闻网站和媒体进行广泛传播。此外，政府还会对镇级农业机械购置补贴操作人员进行全员培训，确保补贴数据的准确无误，推进资金的兑付进度。三是严格核查农业机械购置情况。为了确保农业机械购置补贴的真实性和有效性，沛县政府会联合农业农村局等相关部门，按照不低于一定比例的方式，对补贴机具进行实地核查，这样可以确保农业机械的购置信息是真实可靠的，避免虚报和冒领补贴的情况。四是及时兑付补贴资金。在审核无误后，沛县政府会根据补贴信息，通过一折通系统等方式，将补贴资金直接发放到购机人的账户中，这种直接兑付的方式避免了中间环节的延误和损失，确保农民能够及时享受到政策的实惠。

（2）农业生产全程全面机械化示范县建设政策。沛县作为农业生产全程全面机械化示范县，政府投入大量资金和资源，推动农业机械化的全面发展。这包括建设农业机械装备与应用信息分析平台，促进物联网、大数据、移动互联网、人工智能等新技术在农业机械领域的应用推广，提升农业机械产业转型升级和服务能力。

（3）省级大专项农业资金支持。政府通过省级大专项农业资金等渠道，为农业机械合作社、家庭农场或镇（村）集体组织提供资金支持，帮助他们购买大型农业机械和智能农业机械装备，提高农业生产效率和服务能力。

案例3：基础设施建设补贴

朱红光社长2010年建了一个较大库房，机库（含配件库、油库和维修间）建筑面积达到510m^{2}以上，当年建造时出资14万元，建成后向省财政申报，获得了省里的 10 万元补贴。在这个库房内，可以存放社员的机械，也可以进行机械的调试、安装、维修和保养。

资料来源：摘自杨进等（2013）。

（4）农业机械信息化平台建设。政府依托沛县农业农村大数据平台，积极推进"互联网+农业机械作业"，建设农业机械信息化平台。这有助于实现资源整合、数据互通，提高农业机械服务的精准度和效率。

（5）培训与技术指导。从 1998 年开始沛县农业机械局就办起了联合收割机技能培训班，还组织下属部门的农业机械服务站开展免费的联合收割机技术讲座。自此，政府开展了一系列培训和技术指导活动，向农户提供全程机械化作业、农资供应、农产品购销、农产品加工等"一站式"综合服务。这有助于形成集群内部专业劳动力蓄水池，提高农业机械手的农业机械操作技能和农业生产知识，提高他们的服务质量和竞争力，为产业集群的形成提供劳动力资源保障。

案例 4：沛县政府开展专业农业机械手培训

为了提升农业机械手的专业技能，确保农业机械化的高效推进，沛县政府积极组织并支持农业机械手的技能培训。近年来，沛县农业机械学校及早征集学员需求，并特别邀请了农民身边的"土专家"、新型农业机械经营主体负责人和农村优秀实用人才，提前为农业机械手们准备了一系列具有针对性的授课内容。这样的举措不仅确保了培训内容与农业机械手的实际需求紧密结合，还使得培训更具实用性和可操作性。

在培训方式上，沛县政府也进行了大胆的创新。除了传统的课堂教学外，还特别注重现场教学和实际操作。培训实行小班化，每班大约 30 人，确保每位学员都能获得充分的指导和关注。在现场教学环节，老师会对着机具实物边讲解、边演示，学员们则可以边操作、边提问。这种"一教一做、一问一答"的模式不仅机动灵活、不拘形式，而且直观明了，使学员们能够迅速掌握相关技能。此外，沛县政府还将农业机械安全操作规程作为培训的必学内容，确保农业机械手在提升技能的同时，也增强了安全意识。同时，根据学员的需求，培训中还穿插讲解了相关农艺知识、实用技术等内容，使培训更加全面和深入。值得一提的是，政府还将学员感兴趣的植保无人机等新型农机具纳入了培训内容，帮助农业机械手们拓宽了视野和技能范围。

通过政府的大力支持和精心组织，沛县的农业机械手们快速提升了自身的专业技能和安全操作意识。这不仅为当地的农业机械化发展提供了有力的人才保障，也为农业机械服务产业的持续壮大奠定了坚实的基础。

（四）困境：未来该如何破局

虽然沛县的农业机械服务产业集群在全国处于引领和示范地位，但在市场经济风云突变的现实背景下，也必须跟随市场需求和管理模式的新变化，满足转型升级的内在要求，当前面临的困境主要有以下几个方面。

（1）市场竞争激烈。随着跨区作业服务市场的不断发展，竞争也日益激烈。这种竞争不仅来自本地区的农业机械手，还来自周边地区甚至更远距离的农业机械服务队伍。这种激烈的竞争环境导致单个机械的作业量下降，服务价格也随之下滑，进而降低了从事跨区作业的单位收益。

（2）柴油供应不足。农业机械作业高度依赖柴油，然而，当前柴油供应问题成为一个突出的困境。尽管国家和相关政府部门已经重视此问题，但在某些时期和地区，柴油供应依然紧张。农业机械手经常面临加不到柴油的困境，这直接影响到他们的正常出行和作业。这种困境不仅影响了农业机械手的收益，也给跨区作业服务带来了很大的不便。

（3）机械更新与升级压力。随着农业技术的不断进步，新型、高效的农业机械不断涌现。对于从事跨区作业的农业机械手来说，保持机械的先进性和适用性至关重要。然而，机械的更新与升级需要投入大量的资金和时间，这对于一些规模较小、资金紧张的农业机械服务队伍来说是一个不小的挑战。

（4）信息不对称与组织协调难度。跨区作业服务涉及不同地区、不同农户和不同作业需求之间的协调与对接。信息不对称和组织协调难度成为一个制约跨区作业服务发展的重要因素。一方面,农业机械手需要及时、准确地获取作业需求信息;另一方面,他们还需要与农户进行有效的沟通和协调,以确保作业的顺利进行。这种信息不对称和组织协调难度不仅增加了农业机械手的运营成本,也影响了跨区作业服务的效率和质量。

(5)政策与法规限制。在某些地区和政策环境下,跨区作业服务可能受到一些法规和政策的限制。这些限制可能包括作业时间、作业区域、作业价格等方面的规定。这些规定可能在一定程度上制约了跨区作业服务的发展和农业机械手的收益。同时,一些地方保护主义和区域市场壁垒也可能对跨区作业服务造成一定的阻碍。

二 宁夏银川农业机械社会化服务组织

(一)宁夏农业机械社会化服务组织模式

1. 跨区机收模式

以江苏沛县为代表的全国大范围跨区机收是发展较早且目前较成熟的农业机械作业服务模式。农业机械户或农业机械服务组织在农忙时除了可以满足当地农业生产的需要,还可以组织到外省(市)开展农业机械作业,从而获得更多的经济效益。需要农业机械的农户通过经纪人、中介机构等方式联系农业机械户进行操作。从1996年起,农业部在公安、交通、石化等多部门配合下,在全国范围内组织推广小麦跨区机收工作。2000年4月农业部发布《联合收割机跨区作业管理暂行办法》,标志着农业机械跨区作业开始全面步入规范化管理。2003年7月农业部以部长令发布《联合收割机跨区作业管理办法》,鼓励和扶持中介服务组织开展跨区作业服务。随着参与主体的不断增加、规模不断扩大、范围不断延伸,跨区机收模式由小麦向水稻、玉米等作物延伸,由机收向机耕、机插、机播等领域拓展,2015年"三夏"期间,全国共投入联合收割机56万台,日机收小麦面积最高达1.6万公顷,小麦机收水平达92.2%,其中,参加跨区作业联合收割机达30万台。

由于全国联合收割机保有量持续增加,作业市场竞争加剧,外来机手为获得竞争优势往往不得不选择更低的价格。2017年7月，课题组赴永宁县调研时，一名外地机手表示："本地机手收割一亩小麦的价格是100元，外地机手是70元，基本赚不了多少钱。"当地一农户表示："今年夏天气温较往年高，许多外地机手不愿来，只能找本地机手，每亩麦子仅收割就多花了几十元钱。"与此同时，大量当地农业机械作业服务组织不断兴起，跨区机收不再有竞争优势，跨区机收面积呈逐年下降趋势。

2. "农户+农业机械服务站（服务公司）"订单服务模式

该模式是以农业机械服务站与各村组农户、农业项目区签订作业合同的形式，在耕、播、管、收、储、销涉及机械化作业的主要环节，农户根据自身需要选择一项或几项交由服务站进行代理作业。双方签订的订单合同主要涉及作业时间、作业内容、作业地点、作业面积、作业服务费用、双方权利义务、违约责任等内容，服务提供方的义务中包含一系列明确且细化的作业规范标准。对农户来说，服务价格公开透明、服务内容灵活机动、服务质量有标准化保证，省去了部分劳动时间和用工成本，同时降低由信息不对称、农技知识缺乏带来的风险；对服务站来说，除政府提供的农业机械购置专项补贴外，规模化的订单服务在一定程度上提高了作业效率，降低了作业成本。

该模式是农业机械社会化服务的典型模式，特点在于不将土地承包权或经营权集中于少量农户手中，突破了土地产权或经营权无法集中的硬性约束，通过降低农业机械社会化服务的交易成本，实现农业生产的机械化和规模经济。相对于全托管模式，订单服务模式更为灵活，因此在目前的实践中更常见。

案例5：银川市永宁县宏源达农业机械综合服务站的订单服务

银川市永宁县宏源达农业机械综合服务站（专业合作社）成立于2014年，是一家以农业专业合作社与农业机械综合服务站为依托的集供销、农技培训、农业机械作业服务于一体的综合性农业服务型机构。公司拥有联合收割机5台、农用植保无人机4架、专业操作手15人，辐射农户3000户，辐射作业面积10万~11万亩。目前，公司约70%的盈利为自行创造，30%依靠政府各类补贴。服务站负责人称，相对于全托管模式，农户更倾向于选择灵活性高的订单服务，在公司的订单服务、半托管服务、全托管服务等各项业务中，订单服务占50%以上。

3. "农户+农业机械服务站（公司）"全托管服务模式

全托管服务模式是在订单服务的基础上，农户将土地交由农业社会化综合服务性机构（专业合作社、农业综合性服务公司等）代为耕种、管理的模式。服务方在向农户保证达到定额产量（正常年份的产量）的基础上，以收取服务费的形式，"从种到收"一条龙服务。土地全托管解决了农民因进城务工导致的撂荒及劳动力不足、耕作粗放的问题，按户连片耕种，推进土地集中连片规模经营以提高机械化耕作效率，科学种植、规范管理，提高了农产品品质和价值，"种销一体"有效解决了农民卖粮难、价格低的问题，充分调动了社会各方面的资源，实现规模化、规范化、现代化、产业化生产和经营。区别于农地流转，土地托管是在保证农民对土地的承包权、经营权和收益权的前提下开展的，无论收入多少，去除服务费用后全部交予农民或按合同商定比例分成；农地流转则是由大户或转租者每年付给农民一部分流转资金，此后不再有任何关系，流转收入相对低很多。

案例6：灵武市鑫旺农业社会化综合服务站的土地全托管服务

灵武市鑫旺农业社会化综合服务站拥有成员68人，其中专业技术人员23人，拥有各类大型作业器械30余台（套）、配备测土配方施肥智能触摸查询系统2套、配飞机2台。2018年，服务站全托管水稻共2437亩，服务内容包括供种、犁地、耙地、平地、趟地、旋耕、机械施肥、封闭、播种、苗后除草、追肥、稻瘟病的统防统治、收割等，实现了水稻的全生育期管理，产前、产中、产后一条龙服务。服务站水稻托管服务费为800元/亩，正常年份保底水稻生产产量为1050斤，超过保底产量的部分与服务对象（农户）按3∶7比例分成。以往农户分散种植水稻亩均产1200斤，2018年全托管种植模式下亩均产达1256斤，亩增收约70元。此外，全托管种植模式有效提高了水稻的整精米率、出米率、千粒重，提高了商品的市场价格。未来5年规划实现土地全托管种植5万亩，解放劳动力1.2万人，增加打工收入1.8亿元，实现产值9950万元，农户节本增效1490万元。

4. "农户+村集体+农业机械服务站"土地股份合作社模式

该模式的特点是由村集体统一组织农户,农户、村集体、服务公司(合作社)三方签订合同成为利益共同体。村集体出面协调,降低了农户对风险等不确定性的担忧,解决了过去因农户存在不同的禀赋效应而服务公司(合作社)无法与所有农户签订合同,因此无法实现土地连片规模化经营的问题。此外,区别于传统股份制"收益共享、风险共担"的原则,服务公司为农户提供保底回报,打消绝大多数风险回避型农户的顾虑,与此同时,服务公司将独自面对自然灾害、市场价格等风险。

案例7:吴忠市立军农业机械作业服务有限公司的"农民土地股份合作社"

吴忠市立军农业机械作业服务有限公司成立于2011年,是一家以农业机械作业服务、土地托管、农业机械维修及农业机械销售、农作物植保服务、农业技术咨询等为一体的综合作业服务公司。拥有各种农用机械70多台,其中拖拉机、收割机、推土机等大型机械30多台,各种配套农业机械具及草产业机械40多台,各种维修设备56台(套),高级农业机械工程师2人,技师维修工1人,高级维修工2人,中级维修工6人,初级维修工3人。具备粮食作物全程机械化田间生产作业能力。

2017年公司探索实施"保底+分红"土地托管服务,与村集体、农户共同成立农民土地股份合作社,全程托管种植青贮玉米1000亩,托管土地亩均节本增效350~380元,农户实现亩分红60元,村集体亩分红140元,公司通过收取服务费取得了明显的经济效益和社会效益。2018年,公司全程托管面积增加到2000亩,半托管面积5000多亩,订单托管作业面积2万亩,总作业面积达8万亩。

案例8:吴忠市利通区明峰植保专业合作社的"3:3:4"分红模式

吴忠市利通区明峰植保专业合作社由村集体带头,组织农户与合作社签订托管代耕合同,通过"农地流转、保底+分红、就业返聘"的模式,将土地集中起来后由合作社进行统一耕种与销售,年底盈利除去托管费后按照合作社、村集体、农户3:3:4的比例进行分配,农户可以得到亩保底800元以及亩分红约100~300元，合作社得到亩服务费900元和亩分红约75~200元。此外，针对作业中必须以人工操作完成的环节，合作社会返聘部分农户，增加农民个人收入。

（二）银川市农业机械服务推广的现实困境

1. 农户分化现象严重

农业生产对不同农户来说已经有根本的差异，一些农户仅将农业作为副业，完成简单再生产，一些农户却以扩大再生产为目标，这使得不同类型的农户对社会化服务的需求也存在相当大的差异。部分农户在实践过一年土地全托管后改为订单托管服务。需要全托管服务的多为家中主要劳动力外出务工、农业劳动力短缺的农户；而在家附近打工的农户，可以顾得上家里的农活，往往不选择全托管。有些农户拥有农业机械，或有些农户的亲戚有农业机械，他们也不愿意采用服务公司的农业机械服务。土地作为农民的"人格化"财产，不同的禀赋效应造成农户对土地托管的预期收益不同，在无法达到预期的情况下甚至会引发集体矛盾。农户分化意味着不同农户对农业机械服务的需求有明显的差异，在这种情况下，要将农户组织起来也有诸多阻碍。

2. 服务组织赢利难

经济收入是合作社推动农业机械综合服务发展的重要驱动力。由于各类服务模式与一般市场化的服务没有本质差异，在未达到一定规模前难以产生增量，在还需与农户和村集体分成的情况下难以实际获利，加上人工等各项运作成本，单纯依靠自行运作赢利较难，因此在很大程度上仍需依赖农业机械购置补贴等各项政府专项补贴。加上风险不共担，合作社需要独自承担自然灾害、市场价格波动等风险。如果仍只能靠政府补贴维系，农业机械服务站（服务公司）的经济困难解决不了，土地托管将达不成最初的目标。

3. 土地细碎化问题依旧严重

宁夏大部分地处平原地带，大中型农业机械作业条件较好，但由于户均土地规模小，在没有将某一地块的农户土地集中托管前，耕地的宽度和长度都会限制农业机械的作业效率,提高作业成本。对细碎化程度严重的农户来讲,采用农业机械服务会增加其机会成本,因而会减少使用,服务组织由于细碎的土地作业难度大、成本高,往往也会避开这些地块。因此,土地细碎化造成的作业难度高、成本大的问题在很大程度上阻碍了农业机械服务的采用和推广。

三 浙江德清"先锋农机"农业机械服务专业合作社

浙江省德清县位于长江三角洲杭嘉湖平原的西部,地处北纬30°261′~30°421′,东经119°451′~120°211′。它东望上海,南接杭州,北靠湖州,西枕天目山麓,是长三角城市群的成员之一,享有得天独厚的区位优势。县内水网密布,地势自西向东倾斜。西部为天目山的余脉,形成丘陵山区,其中有著名的莫干山风景区;中部为丘陵;东部则为水乡泽国,是平原地区,也是主要的人口聚集地和农产品产地。在农业生产方面,德清县一直坚定不移地走"绿水青山就是金山银山"的绿色发展之路,积极推动实现"高品质建成国际化现代山水田园城市"的奋斗目标。德清县的智能农业为绿色发展做出了巨大贡献。由于地处长三角腹地,德清县受益于其优越的地理位置和丰富的农业资源,农业生产条件十分有利,农产品的产量和质量也相对较高。

(一)高标准农田建设助力农业机械化发展

2015年以来,德清县深入实施"机械强农"战略,全面推进全域宜机化改造,显著提高了粮食综合生产能力和种粮效益。在资源整合方面,德清县致力于推进"田块整治、道路宜机化和科学灌排"三大改造工程,成功建成了大量集中连片、稳产高产、生态良好的宜机化作业高标准农田,在符合国土空间规划和土地用途管制的前提下,合理安排农业标准地产业空间用地规模、结构和布局,有效配置资源。德清县优先选择粮食生产功能区等规模集中存量区块农用地,通过土地集中规模流转及耕地优化整治等新增连片集中农用地,为高标准农田建设提供有力的土地保障,并通过合理改造田间道路,使其满足各种农业机械的田间作业通行要求,提高农机作业便捷度。

案例9：洛舍镇高标准农田建设项目将农业机械化推向深入

该项目位于德清县洛舍镇，涉及砂村、三家村、洛舍村、雁塘村和东衡村5个行政村。项目的目标是建设1922亩高标准农田。主要工程建设内容包括渠道衬砌、新建泵站、土壤改良和土地平整等。具体来说，渠道衬砌涉及灌渠和排渠，总长度达到3.125千米，并新建了210处渠系建筑物；新建了3座泵站，并增加了3台水泵，总装机容量为22千瓦；进行了600亩土壤改良；进行了土地平整工作。洛舍镇围绕耕地数量、质量、生态"三位一体"保护建设的总体要求，通过实施农田宜机化改造和推进高标准农田建设，让农田地块小并大、短并长、陡变缓、弯变直，优化了农田布局，提高了农田的通达性和作业效率。

以砂村为例，该村在高标准农田建设项目中，重点对田间道路进行了合理改造，使其满足各种农业机械的田间作业通行要求。同时，配套建设了农业机械下田坡道，进一步提高了农业机械作业的便捷度。这些改造措施使得农田的通达率达到100%，农业机械作业条件得到了极大改善。在高标准农田建设的基础上，该村还大力推进农业机械化。通过引进先进的农机具和推广农业机械化技术，实现了主要农作物以及特色经济作物的全程、全面机械化。这不仅提高了种植效率，还降低了劳动强度，节约了人力成本。

（二）"先锋农机"社会化服务提升农业机械化水平

在区域联合方面，德清县以全国农业社会化服务创新试点单位德清县先锋农事服务中心为示范，创新搭建了"1+6+N"农事综合服务体系。这一体系通过统一组织调度服务分中心和单个作业环节服务点，有效提高了农业机械化发展水平和农机具使用效率，使得主要农作物综合机械化率达到了相当高的水平。在要素聚合方面，德清县采取了一系列策略，如追加补贴购买重点机具、发放农业机械作业券以抵扣部分作业服务费用等，以鼓励农民使用机械化作业。同时，德清还积极推进农业机械管理数字化改革，构建了农业机械数字管理服务平台，为农民提供便捷的线上服务。

德清县先锋农机专业合作社成立于2017年，位于浙江省湖州市德清县洛舍镇东衡村。合作社占地面积4500平方米，拥有农机具330台（套），农机装备价值高达1885万元。该合作社主要提供机械化作业服务，如耕作、种植、植保和收获等，覆盖了粮食生产的主要环节。2019年，其农业机械作业服务面积达到了12.66万亩。

合作社主要采取订单作业的方式与社内人员或种粮大户签订合同。自成立以来，它因其高质量的服务和良好的信誉赢得了广大农户的认可。此外，该合作社在农业生产全程机械化、农业机械与农艺融合以及农业机械化与信息化融合等方面都起到了示范引领作用。值得一提的是，德清县先锋农机专业合作社在2021年11月15日被农业农村部办公厅确定为全国农业社会化服务创新试点组织，这进一步证明了其在农业机械化和社会化服务方面的突出贡献和影响力。同时，该合作社还成功入选了全省农业机械合作社优秀先进典型表彰名单，成为全省仅十个、全市唯一的获此殊荣的合作社。

案例10："先锋农机"助力新型农业经营主体的农业机械化生产

在德清县洛舍镇张陆湾村，种粮大户嵇新荣种植了1000余亩水稻。然而，受连续阴雨天气的影响，稻田出现了卷叶虫病害，对水稻的生长造成了严重威胁。为了及时应对这一问题，嵇新荣联系了德清县先锋农机专业合作社。合作社迅速响应，派出工作人员携带农业无人机来到嵇新荣的稻田。通过遥控操作，无人机在稻田上空盘旋，并喷洒药物。相比传统的人工喷洒方式，无人机的效率显著提高。仅需1~2个人两天时间，就能完成1000余亩水稻田的喷洒任务，这在过去需要4个人操作高压喷雾机一个星期才能完成。此外，由于无人机喷洒药物能提前设定路线，还减少了漏喷和重喷的情况，农药利用率提高了30%以上。

除了提供无人机喷洒服务外，先锋农机专业合作社还整合了供销社、规模粮食家庭农场及当地种植大户等资源。合作社拥有场地面积4500平方米，其中包括2000平方米的机库，各类先进农机设备330套。这些设备包括拖拉机、旋耕机、自走履带式耕作机、插秧机、无人机、联合收割机、粮食烘干机和碾米成套设备等，覆盖了粮食生产全程的机械化需求。通过提供全程机械化的作业服务，德清县先锋农机专业合作社不仅帮助农户提高了粮食产量，还降低了生产成本和劳动强度。农户可以享受合作社提供的农业技术指导和服务，实现科技赋能兴农的目标。这种合作模式也促进了村企合作发展和村民的抱团共富，为当地农业的可持续发展注入了新的动力。

案例11："先锋农机"成为小农户和现代农业有机衔接的桥梁

洛舍镇张陆湾村有几家小农户种植水稻和其他农作物。然而，由于规模相对较小，他们缺乏先进的农业机械设备和技术，导致生产效率低下、劳动强度大。为了改变这一状况，这些小农户联系了德清先锋农机专业合作社。合作社积极响应，派出工作人员前往小农户的田地，进行实地考察和评估。根据小农户的实际需求，合作社提供了适合小规模作业的先进农业机械设备，如小型拖拉机、旋耕机和插秧机等。通过合作社提供的农业机械设备，小农户能够轻松完成耕地、播种、施肥和收割等农业生产环节，大大提高了生产效率。

同时，合作社还为小农户提供了技术指导和培训，帮助他们熟练掌握农业机械设备的操作和维护技能。此外，合作社还积极推行"农业机械共享"模式，让小农户之间可以互相借用或合租农业机械设备，进一步降低了生产成本。这种模式不仅提高了小农户的经济效益，还促进了他们之间的合作与交流。在德清先锋农机专业合作社的帮助下，这些小农户实现了农业机械化的梦想，享受到了现代化农业带来的便利和效益。他们的生产成本降低了，劳动强度减轻了，收入也相应增加了。这充分展示了德清先锋农机专业合作社在服务小农户、推动农业现代化方面的积极作用。

（三）尖端信息技术提升农业机械服务品质

德清县围绕稻麦、水产、蔬菜等主导产业，整合资源，推进数字技术与农业机械的深度融合。在稻麦产业和水产养殖业中，机械化率均达到了较高水平，蔬菜产业的机械化率也在不断提升。基于地理信息技术，德清县以全国数字农业试点县建设为契机，加大财政投入，整合各种资源，推进农业"机器换人"高质量发展。该县不仅成为稻麦、水产、设施果蔬等特色产业先行县，还成功晋级为农业"机器换人"高质量发展综合性先行县。

德清县积极推广智慧农业机械作业，通过引入无人机、智能灌溉等先进技术，实现了农业生产的自动化和智能化。例如，利用无人机进行植保作业，不仅提高了作业效率和质量，还避免了人工施药的安全风险。同时，他们还通过智能灌溉系统实现了对农田水分的精准控制，节约了水资源并提高了灌溉效率。此外，德清县通过引入先进的数字技术，如物联网、大数据、人工智能等，对农业机械进行智能化改造和升级。例如，他们为农业机械设备安装了传感器和智能控制系统，实现了对农业机械作业的实时监控和精准控制。这种数字化赋能不仅提高了农业机械的作业效率和质量，还降低了生产成本和劳动强度。

案例12："数字农业"服务平台提高农业机械服务效能

近年来，德清县致力于将数字技术与农业生产相结合，以提高农业机械化和社会化服务水平。他们通过引入物联网、大数据、人工智能等先进技术，打造了一个集农业机械管理、作业调度、数据分析等功能于一体的"数字农业"服务平台。在这个平台上，农业机械合作社和农户可以实现信息共享和资源互通。农业机械合作社可以将拥有的农业机械设备信息、作业能力、服务价格等发布在平台上，而农户则可以根据自己的需求在平台上选择合适的农业机械服务。

通过平台的智能调度系统，农业机械合作社可以更加高效地安排农业机械作业，减少空驶率和等待时间，提高农业机械利用率。同时，平台还可以对农业机械作业数据进行实时采集和分析，为农业机械合作社提供作业质量评估、效率提升等优化建议。此外，该平台还具备远程监控和故障诊断功能。农业机械合作社可以通过平台对农业机械设备进行远程监控，及时发现并解决故障，确保农业机械设备的正常运行。这不仅提高了农业机械设备的维护效率，还降低了维修成本。

通过这个"数字农业"服务平台，德清县成功地提高了农业机械社会化服务水平。农业机械合作社和农户之间的信息壁垒被打破，资源得到了更加合理的配置和利用。农业机械作业效率和服务质量得到了显著提升，为当地农业的可持续发展注入了新的动力。

四 河南漯河"农地整合+全程农业机械化"社会化服务

漯河市地处伏牛山东麓平原与淮北平原交错地带，地理坐标为东经113°27′~114°16′，北纬33°24′~33°59′，属于暖湿性季风气候，四季分明，常年降水量适中。漯河市总面积为2617平方千米，拥有丰富的自然资源和良好的生态环境。总人口约为237.2万人，其中农村人口占比较大。漯河市是一个以食品工业为主导的城市，拥有双汇集团、南街村集团、乐天澳的利集团等众多知名企业，是全国食品名城之一。

漯河市是一个农业大市，农业生产条件优越，农业资源丰富。主要农作物有小麦、玉米、烟叶等，其中小麦和玉米是漯河市的主要粮食作物，种植面积广泛，产量稳定。此外，漯河市还大力发展经济作物和养殖业，如大棚蔬菜、食用菌、生猪养殖等，这些产业已成为农民增收的重要途径。在农业机械化方面，漯河市积极推进农业机械化进程，提高农业生产效率。通过引进和推广先进的农业机械设备和技术，加强农业机械社会化服务体系建设，提高农业机械装备水平和作业质量。目前，漯河市的农业机械化水平已得到显著提升。此外，漯河市还注重发展绿色生态农业，推广生态种植模式和环保技术，提高农产品的品质和安全性。通过加强农业科技创新和人才培养，提高农民的科学文化素质和生产技能，推动现代农业的发展。

（一）"田长制"下的农地整合运动

漯河市在农地整合方面采取了多种具体做法，其中值得一提的一种做法是通过实施"田长制"来推动农地整合。"田长制"是一种土地管理制度，旨在加强对农田的保护和管理，确保农田的数量和质量。在漯河市，这一制度得到了有效实施，形成了市、县、乡、村四级全方位网格化监管体系。各地充分利用已树立的基本农田标识牌，在原有的基本农田保护标识牌上增添了"一网两长"制公示信息，极大地节约了公示牌的制作经费。同时，对基数庞大的农田机井房外观进行了升级优化，不仅美化了机井房，还在其外立面张贴了"一网两长"制的公示信息，确保了信息公示的覆盖面。各级田长和网格员负责对自己管辖范围内的农田进行日常巡查和监管，确保农田不被非法占用和破坏。

为了推动农地整合，漯河市在"田长制"的基础上，进一步明确了各级田长和网格员的职责和任务。他们不仅负责农田的保护和管理，还积极参与农地整合工作。具体来说，他们会根据当地的实际情况，制定农地整合方案和计划并组织实施。在整合过程中，他们会与相关部门和农户进行沟通协调，确保整合工作的顺利进行。

此外，漯河市注重发挥农村老干部、老党员等热心公益、敢抓敢管、社会声望高的优势，搭建社会各界人士参与的平台。这些人员被聘请为监督田长管护工作的热心公益人员，他们把群众从旁观者变成参与者和监督者，实现全民共治共享，确保"田长制"工作取得扎实成效。在"田长制"的推动下，漯河市的农地整合工作取得了显著成效。

案例13：舞阳县"田长制"助力农地整合

舞阳县在落实"田长制"工作方面取得了卓越成效，积累了一些成功经验。首先，舞阳县注重制度落实，结合实际情况制定了相关的实施方案和管理办法，如《舞阳县关于推进自然资源网格化田长制管理实施方案》等，确保了"田长制"工作的有序进行。同时，他们还建立了县、乡镇、行政村三级网格化监管体系，形成了"横向到边、纵向到底"的监管格局。

其次，舞阳县注重能力落实，针对三级、四级管理员等人员变动、业务衔接不畅的情况，采取了造册登记、定期核实更新管理系统人员名单、开展线上线下培训等措施，确保工作人员熟悉政策、具备较强的工作能力。此外，他们还通过多种方式大力宣传"田长制"，如建立公示牌、组织人员入户宣讲、发放宣传彩页等，增强了村民的耕地保护意识。

再次，舞阳县紧抓巡查整改，要求各级田长对各自负责的网格进行定期巡查，对发现的问题及时报告、制止和拆除。他们坚决做到第一时间发现、第一时间制止、第一时间报告、第一时间拆除，切实将问题发现在初始阶段、解决在萌芽状态。这种务实的工作作风有效地守护了生态保护红线，推动了生态振兴。

最后，舞阳县注重强化责任落实和高位推动。他们制定了详细的工作实施方案和考核办法,明确了各级田长的责任地块和任务目标。同时,成立了工作领导小组和工作机构,搭建了完善的工作架构,形成了保护措施有力、执行顺畅、管理高效的耕地保护新格局。

在"田长制"有效实施的保障下,舞阳县的农地整合工作进展顺利,建立了"县级主导、乡镇主责、村集体主体、群众为主人"的四方联动工作机制。当地对农地整合工程实施严格的质量管理,完善工程质量终身责任制,并全面落实工程参建各方的质量主体责任,按照"六化"标准对项目实施全过程进行监管,确保工程质量,真正建成了有效管用、群众满意、长期受益的惠民工程。在运营管理上,舞阳县采取"公司统管、专业运营、多方监管"的管护方式。通过专业公司的统筹管理,为种植主体提供全流程的社会化服务,并建立了县、乡、村三级联动的监管机制,有效提高了农业设施的管护水平。舞阳县注重农业机械化在农地整合中的作用,通过政策扶持和示范引导,推动了农业机械的广泛应用。

漯河农地整合对农业机械化具有显著的影响。农地整合能够实现土地的集中连片,为农业机械化的推广和应用提供有利条件。首先,农地整合后,农田的布局更加合理,土地面积相对集中,这有利于农业机械的规模化作业。大型农业机械可以在广阔的农田上自由驰骋,提高了作业效率,降低了单位面积的作业成本。其次,农地整合促进了农业机械化的技术进步。为了适应农地整合后的农业生产需求,农业机械制造商需要不断研发新型、高效的农业机械。这将推动农业机械化技术的不断创新和升级,提高农业生产的科技含量。再次,农地整合还有利于农业机械化的社会化服务。在农地整合的背景下,农业机械社会化服务组织应运而生,为农民提供代耕、代种、代收等全程机械化服务。这不仅解决了农民缺乏农业机械的问题,还促进了农业机械的共享和高效利用。最后,农地整合对农业机械化的推广和普及具有积极的推动作用。通过整合土地资源,实现土地的规模化经营,可以让更多的农民看到农业机械化的优势,从而积极采用先进的农业机械化技术,提高农业生产水平。

(二) 全程农业机械化

全程农业机械化的概念是指,在农业生产的全过程中,从农田的耕整、播种、施肥、植保、收获到农产品的初加工和储运等各个环节，都实现机械化作业，以提高农业生产效率和质量，降低农业劳动成本，促进农业现代化和可持续发展。

漯河市推进全程农业机械化的主要做法如下。第一，提升农业机械装备水平。通过政策扶持和资金投入，引导和鼓励农民购置先进的农业机械，提高农业机械装备水平。同时，加强农机具的研发和推广，不断更新和完善农业机械装备的种类和功能。第二，优化农业机械装备结构。根据农业生产的需求和实际情况，合理配置各种类型和功能的农业机械装备，实现农业机械装备的结构优化。这包括大型农机具与小型农机具的合理搭配，以及各种专用农机具的配备。第三，推广先进适用的农业机械技术。通过示范引导、技术培训等方式，向农民推广先进适用的农业机械技术，包括新型耕作技术、精准播种技术、高效施肥技术、病虫害防控技术等，提高农民的农业机械操作水平。第四，加强农业机械社会化服务体系建设。培育和发展农业机械服务组织，为农民提供全方位的农业机械社会化服务，包括代耕、代种、代收等作业服务，以及农业机械维修、保养、配件供应等后勤保障服务。第五，强化农业机械与农艺的融合。加强农业机械与农艺的结合，实现良种、良法、良机的配套。通过改进农艺措施，提高农作物的适应性和产量，同时发挥农业机械的优势，实现农业生产的高效、优质和可持续发展。

案例14：农业机械合作社深度参与全程农业机械化

舞阳县东红农业机械合作社在提供全程农业机械化服务方面，采取了多种做法，并取得了显著的成果。首先，该合作社充分发挥其位于高标准粮田项目区的优势，利用流转土地，承建了玉米生产机械化示范基地。他们承担了农业农村部、河南省主要农作物生产全程机械化示范项目，以及河南省农用航空器的试验示范项目，为农业机械化新技术、新机具的推广应用提供了重要平台。

其次，东红农业机械合作社积极参与农业机械深松整地、基层农业机械社会化服务体系建设等项目的实施，推动了全县主要农作物生产全程机械化水平和粮食综合生产能力的全面提升。他们创新服务模式，优化服务机制，增强了服务能力，为农民提供包括耕种管收、产地烘干、产后加工、销售、维修、技术指导以及信息咨询等"一条龙"式综合农事服务。

东红农业机械合作社连续 3 年承担了国家玉米良种重大科研联合攻关暨籽粒低破碎机收技术的现场演示活动。他们为周边村镇、农户提供了农资供应、耕种收管"一条龙"机械化作业、粮食烘干代销等全程全面的综合农事服务。通过全托管和半托管形式，与周边多个行政村和农户签订了作业协议，实现了显著的经济效益和社会效益。此外，东红农业机械合作社还与豫北、河北、山东等地的农业机械服务组织建立了牢固的业务关系，进行了跨区域的耕、种、收等综合农业机械作业服务，进一步拓展了服务领域和范围。

由于其在全程农业机械化服务方面的突出表现，舞阳县东红农业机械合作社在 2020 年入选全国第二批"全程机械化+综合农事"服务中心典型案例，合作社理事长也被授予了全国农业机械使用一线"土专家"的荣誉称号。这些成果充分展示了东红农业机械合作社在推动农业机械化进程中的重要作用和贡献。

五 海南热带农业机械产学研综合实验区

海南是中国重要的热带作物产区，盛产橡胶、椰子、波罗蜜等。因此，海南的农业机械化注重研发和推广适应这些热带特色经济作物的种植、收获和加工机械，以提高生产效率和质量。海南热带农业机械产学研综合实验区位于海南省海口市秀英区，地理位置优越，气候条件适宜，是一个集科研、教学、生产于一体的实验区，主要面向热带农业机械化领域。该实验区的建立旨在推动海南热带农业机械化的发展，提高农业生产效率和质量，促进农业可持续发展。

（一）产学研结合助力农业机械化智能化、高端化

实验区拥有先进的研发设施和实验室，聚集了一批专业的科研人员和技术人员，他们在热带农业机械化领域进行深入研究和探索，不断推出适应海南热带气候和农业生产特点的农业机械化技术和装备。同时，

实验区还注重与企业、高校等机构的合作，形成产学研紧密结合的创新体系。通过与企业的合作，可以将科研成果转化为实际产品，推动农业机械化技术的推广应用；通过与高校的合作，可以培养更多具备专业知识和实践能力的人才，为热带农业机械化领域的发展提供有力的人才支持。在实验区内，还会开展一系列与热带农业机械化相关的示范、推广和培训活动，帮助农民了解和掌握先进的农业机械化技术和装备，提高他们的农业生产水平。

实验区在热带农业机械研发和推广方面取得了显著成果，具体表现如下几个方面。

（1）热带农业机械研发。实验区建立由科研机构、高等院校和农业机械生产企业组成的产学研联盟，共同开展热带农业机械的技术研发，成功研发了一系列适应海南热带气候和农业生产需求的农业机械设备，如橡胶收割机、椰子采摘机、波罗蜜剥皮机等。这些机械设备在提高农业生产效率、降低劳动强度等方面发挥了重要作用。

案例15：实验区研发花生摘果机，提高花生生产效率

热带特色经济作物机械化推广的成功案例之一是海南热带农业机械产学研综合实验区在推广花生生产机械化方面的实践。在海南省热带特色高效农业发展专项示范基地上，中国热带农业科学院椰子研究所花生课题组引进了改良的花生摘果机和其他花生生产相关机械设备，如花生分段式收获机、花生联合收获机、花生烘干机、花生播种机等。这些设备从花生种植的多个环节入手，显著提高了花生生产的机械化水平。

具体来说，使用花生摘果机，一名操作人员一天可以采摘约80亩地的花生，相较于传统的人工摘果方式，效率大大提高，同时也节约了人工成本。类似地，其他机械设备也在不同环节提升了花生生产的效率和质量。这一案例展示了热带特色经济作物机械化推广的潜力和效益，对于海南乃至其他热带地区的农业机械化发展具有借鉴意义。通过产学研结合，引入和改良适应热带气候和作物特性的农业机械设备，可以有效促进热带特色经济作物的生产发展，提升农业生产效率和农民收入水平。

(2) 技术创新与转化。实验区注重技术创新与转化，通过引进、消化、吸收再创新的方式，将国内外先进的农业机械化技术结合海南的实际生产环境进行再创新和本地化改造，应用于海南热带农业生产中。同时，实验区还积极推动科研成果的转化和推广应用，展示最新的农业机械化技术和装备，通过现场演示、技术培训等方式，加速新技术的推广应用，与农业生产实际需求紧密结合。

案例16：实验区研发波罗蜜剥皮机械的经验

针对波罗蜜果实剥皮难的问题，实验区研发了一种波罗蜜剥皮机械。通过在实验区内的示范推广基地进行演示和培训，该机械迅速在波罗蜜种植户中得到推广和应用，提高了果实处理效率，解决了种植户长期面临的生产难题，不仅极大提高了当地波罗蜜产业的市场竞争力，而且让农户得到了切切实实的利益。笔者经调研，整理了实验区在研发过程中的如下成功经验。

(1) 市场调研与需求分析。在波罗蜜剥皮机械的研发初期，研发团队首先进行了深入的市场调研和需求分析。他们走访了多个波罗蜜种植区，与种植户进行了面对面的交流，了解波罗蜜剥皮作业的实际情况和存在的困难。通过调研，研发团队发现传统的波罗蜜剥皮方式主要依靠人工，不仅效率低下，而且劳动强度大，还存在果实破损率高的问题。因此，种植户对一种能够高效、安全地完成波罗蜜剥皮作业的机械装备有着迫切的需求。

(2) 技术路线确定与方案设计。在明确了市场需求后，研发团队开始制定技术路线和设计方案。他们参考了国内外类似果实的剥皮机械，并结合波罗蜜的果实特性，确定了采用机械剥离的方式进行剥皮。在方案设计中，研发团队重点考虑了如何提高剥皮效率、降低果实破损率以及确保操作安全等因素。

(3) 样机制作与试验验证。根据设计方案，研发团队制作了波罗蜜剥皮机械的样机，并进行了多次试验验证。在试验过程中，他们不断调整机械参数和工作方式，以实现最佳的剥皮效果。同时，他们还邀请了种植户参与试验，收集他们的反馈意见，以便对机械进行进一步的改进。

(4) 技术优化与改进。经过多轮试验验证和反馈收集，研发团队对波罗蜜剥皮机械进行了多次技术优化和改进。他们改进了剥皮机械的结构设计,提高了剥皮效率和果实完整性;优化了传动系统和控制系统,使机械操作更加简便、安全;增加了安全防护装置和故障提示功能,提高了机械的安全性能。

(5) 推广应用与持续改进。在完成技术优化和改进后,波罗蜜剥皮机械开始在种植区进行推广应用。研发团队与农业机械推广部门合作,通过现场演示、技术培训等方式向种植户推广机械的使用方法和维护知识。同时,他们还建立了用户反馈机制,定期收集用户的使用情况和改进建议,以便对机械进行持续的改进和优化。

总的来说,波罗蜜剥皮机械的研发经验可以概括为:从市场需求出发,制定合理的技术路线和设计方案;通过样机制作和试验验证实现最佳的剥皮效果;根据用户反馈进行技术优化和改进;最终推广应用并持续改进以满足市场需求。这种以市场需求为导向、注重用户体验的研发思路对于其他农业机械的研发也具有一定的借鉴意义。

(3) 农业机械安全生产标准制定与执行。实验区注重农业机械安全生产标准的制定和执行,通过制定严格的安全生产标准和监管措施,确保了农业机械作业的安全性和可靠性,降低了农业机械事故的发生率。

(4) 国际合作与交流。实验区积极开展国际合作与交流,与国际先进的农业机械化研究机构和企业建立了合作关系,共同开展热带农业机械的研发和推广工作。通过引进国外先进的技术和设备,推动海南热带农业机械化的快速发展。

(二) 实验区内的农业社会化服务

海南热带农业机械产学研综合实验区在开展农业社会化服务方面采取了一系列创新措施,以促进农业技术的推广和应用,提高农业生产效率。首先,实验区建立了完善的农业社会化服务体系。这个体系包括农技推广机构、农业服务中心、农业机械合作社等各类服务主体,实验区通过政策扶持、资金补贴等方式,鼓励这些服务组织购买先进的农业机械,提高服务能力。同时,实验区还为这些服务组织提供技术咨询和培训支持,帮助它们提高服务质量和管理水平。通过这些措施,实验区的农业机械社会化服务组织得到了快速发展,它们共同为农民提供全方位的农业社会化服务。这些服务包括技术咨询、农业机械作业、农资供应、农产品销售等,覆盖了农业生产的各个环节。

其次,实验区注重加强与科研机构、高等院校的合作。通过与这些机构的紧密合作,实验区能够及时引进和转化最新的农业科研成果,为农民提供先进的农业技术和装备。同时,实验区还邀请专家学者定期举办培训班和研讨会,提高农民和农业服务人员的科技素质。

再次,实验区还建立了示范推广基地。这些基地不仅展示了最新的农业技术和装备,还为农民提供了实地学习和交流的平台。通过现场演示、技术培训等方式,农民可以直观地了解新技术和装备的优势与使用方法,从而加速新技术的推广应用。在实验区的带动下,海南省的农业社会化服务水平得到了显著提升。越来越多的农民开始享受到便捷、高效的农业服务,农业生产效率和效益也得到了不断提高。同时,实验区的成功经验也为其他地区开展农业社会化服务提供了有益的借鉴和参考。

最后,实验区还通过政策引导、财政补贴等方式鼓励社会资本进入社会化农业服务领域。这些社会资本的引入为农业社会化服务提供了更多的资源和动力,推动了服务的创新和升级。

总的来说,海南热带农业机械产学研综合实验区通过构建完善的服务体系、加强产学研合作、建立示范推广基地以及引导社会资本进入等措施,有效地开展了农业社会化服务,为热带现代农业的发展提供了有力支撑。

案例17:实验区为波罗蜜种植户提供农业机械服务

美目村位于海口市西南部海榆中线21千米处,属海口市秀英区永兴镇罗经村委会管辖。这个古村因种植大量的波罗蜜树而被称为"波罗蜜村"。目前,村里有200多亩2万多株波罗蜜树,其中百年以上的老波罗蜜树有100多株。

该村种植大户王大叔多年来一直采用传统的人工方式进行波罗蜜的种植、管理和收获。然而,随着人工成本的上涨和劳动力短缺的问题日益凸显,王大叔开始面临生产效率低下和成本高昂的困境。主要表现为:①人工剥皮效率低下,导致波罗蜜果实处理速度慢、易腐烂;②高昂的人工成本使得波罗蜜的种植利润受到严重挤压；③传统的种植方式无法满足市场对高品质波罗蜜的需求。

海南热带农业机械产学研综合实验区得知王大叔的困境后，主动与其联系，并提供了一系列机械化解决方案。一是技术指导与培训。实验区派遣专业技术人员对王大叔进行了波罗蜜机械化种植、管理和收获的技术指导与培训，帮助他掌握新型农业机械的操作技能。二是提供剥皮机械试用。实验区向王大叔提供了最新研发的波罗蜜剥皮机械进行试用。这台机械能够高效、准确地完成波罗蜜的剥皮作业，大大提高了处理速度，并降低了果实破损率。三是跟踪服务与优化。在试用期间，实验区的技术人员定期对剥皮机械进行维护和调试，确保机械性能稳定。同时，他们还根据王大叔的反馈意见对机械进行了优化改进，使其更加符合实际生产需求。

使用波罗蜜剥皮机械后，王大叔的波罗蜜处理效率提高了数倍，大大缩短了作业时间。机械化作业减少了人工投入，降低了生产成本，提高了种植利润。机械化的种植和管理方式使得波罗蜜的品质得到了显著提升，满足了市场对高品质果实的需求。王大叔的成功经验在村里引起了广泛关注。其他种植户纷纷向实验区咨询机械化升级的相关信息，希望能够效仿王大叔的做法，提高自己的生产效率和经济效益。

第九章 结论和政策启示

一 主要结论

本书的总目标为在农村劳动力非农就业快速发展的背景下，研究中国式农业机械化的理论意蕴和动力机制，厘清城镇化、农村产权制度改革和农业机械化的内在逻辑关系，分析农业机械跨区服务的形成机制，测算其对粮食产量的空间溢出效应。简而言之，就是回答农业机械化为什么会发生（Why），为什么现在发生（Why Now），以何种方式实现（How），以及有何影响（Impact）？通过第一章至第八章的研究，得出了关于以上全部问题的结论，总结如下。

关于农业机械化为什么会发生及为什么现在发生的问题，本书的基本观点是，农业机械化是在更广的经济发展大背景——快速城镇化和农村产权制度改革的引导下发生、发展的。

从宏观层面来看，中国的农业机械化是城乡、工农均衡发展的内在要求。基于城乡二元经济理论，本书利用2001~2020年全国260个地级及以上城市或地区的相关数据进行实证分析，研究认为农业机械化和城镇化之间存在相互约束又相互促进的辩证统一关系，具体表现为：①资源的稀缺性决定了在短期内城镇化和农业机械化之间是竞争关系，资源贫乏的中部地区面临更加矛盾的抉择；②但从长期来看，农业机械化所释放的大量剩余劳动力会促进城镇化发展，而城镇化进程中对农业劳动力的吸收从客观上要求农业实现机械化，二者是正相关关系；③即使考虑到当期城镇化的内生性问题，利用面板三阶段最小二乘的估计方法也得出了相同的结论；④在不同的农业机械化发展阶段，城镇化对农业机械化的影响规律大致相同，但在较高农业机械化水平下，资本的相对充裕缓解了短期内其与城镇化之间的矛盾。

从微观层面来看，本书参考新劳动迁移经济学的思路，基于农户模型理论和俱乐部理论，就农民就业非农化对农户农业机械投入的影响展开研究，利用2009～2017年中国农村固定观察点的数据和笔者所在团队2019年山东省调研数据进行实证分析得出以下两点。其一，在Tobit模型下，无论是外地就业还是本地非农就业，都会对农户的农业机械服务需求产生正向影响，而对农户的农业机械直接投资产生负向影响。非农就业增加了农户的农业机械服务需求，从而促进了一批专业农业机械户和农业机械队的产生，所以从总体上来看，非农就业有利于中国农业机械化水平的提高。其二，在控制非农就业的内生性后，基于PSM的回归结果显示，高比例非农就业的农户在农业机械服务上的投入要比低比例非农就业的农户高52%，但其直接投资农业机械的倾向比后者低14%。这解释了为什么已有部分研究发现非农就业会降低农业机械投资但总体上农业机械化水平呈上升趋势。

此外，农地产权稳定性的增强可以显著提高农业机械社会化服务的发展水平。中国新一轮农地确权对产权进行进一步细分，将小农户卷入分工合作，使农业生产活动分工化、专业化，为农业机械社会化服务提供发展机会。农地流转、农户家庭收入和劳动力资源配置是农地确权影响农业机械社会化服务发展的重要机制。农地确权增强了土地产权的稳定性和安全性，保障了农户的土地权益，提高了农户对土地收益的预期，刺激农户参与农地流转，并进行规模化、专业化分工生产，增加农户对农业机械社会化服务需求；农地确权通过产权经济激励，激励农户进行农业经营生产和农业投资，增加农户收入，降低农户参与农业机械社会化服务的难度，刺激农业机械社会化服务的发展。本书通过异质性分析发现，农地确权提升农业机械社会化服务的机制在东部地区、种植农户、中等土地规模和高生产效率的农户、农业专业户和参与农业生产合作社的农户中更为显著。

关于以何种方式实现的问题，本书在梳理和总结中国农业机械化以及农业机械跨区服务历史的基础上提出，中国的农业机械化先后走过了小型化和大中型化的发展阶段的论点。在俱乐部理论的框架下，本书从中国的经济发展背景、政策演变和自然禀赋等视角分析了路径发生转变的原因，得出了如下结论：①农业机械跨区服务这一现象的本质其实是农业机械在中国已经成为俱乐部产品，农业机械的供给和需求模式同游泳池、公共汽车这些俱乐部产品极为类似；②中国家庭联产承包责任制造成了耕地的细碎化，而农地流转市场的缺失使得耕地规模无法通过市场机制扩大，小农户单独使用大农业机械存在规模不经济的问题，决定了农业机械在中国无法成为私人产品；③伴随着城镇化的快速推进，农民的非农就业机会增加，农业劳动力的流失及其价格的上升促使农户更多地利用农业机械替代劳动力，产生了对农业机械的现实需求；④中国国土纵横辽阔，不同地区同一农作物的同一生产环节时间跨度大，为农业机械跨区服务赢得了时间差，保障了俱乐部成员的充足；⑤中国的道路等基础设施建设完善，且国家政策支持农业机械跨区服务。以上②③两点是农业机械能够成为俱乐部产品的必要条件，而④⑤两点是农业机械这个俱乐部规模得以扩大的必要条件。可以看到，世界上很难再找到像中国一样幅员辽阔、基建完善、耕地极度细碎化的国家，这也是为什么中国走上了大规模农业机械跨区服务的农业机械化道路，但这种模式很难在其他发展中国家推行的原因。

关于有何影响的问题，本书认为，农业机械跨区服务这种特殊的农业机械化实现方式已经深刻改变了粮食生产方式。这从根本上回应了 Ruttan 关于土地细碎化国家无法实现农业机械化的论调，在现实层面解释了小农户和大农业机械共存的机制。这种农业社会化生产性服务主体的存在也是农业分工和专业化的实现方式，效果是提高了总体农业生产率，推动了中国农业现代化进程。

进一步，本书认为，这种大规模的农业机械跨区服务必然导致农业机械化在空间上的溢出效应，这种效应表现为某个地区的农业机械储备不仅作用于该地区的粮食生产，也对周边地区的粮食生产产生辐射作用。本书利用 2001~2014 年中国省级面板数据，利用空间计量经济学的方法得出如下结论。其一，农业机械跨区服务对粮食产量有显著的空间溢出效应，即其他区域的农业机械发展水平对当地粮食产量有显著的正向影响。这一结论证明中国大范围的农业机械跨区服务已经成为农业机械化的重要实现途径，以农业机械服务组织为代表的各类农业生产性服务主体正在重新定义中国的农业生产方式，这是农业分工和专业化的表现形式。其二，农业机械化的空间溢出效应随着地理范围的扩大而增强，经济距离半天之内的地区空间溢出效应占比为 68.3%，一天之内的地区空间溢出效应占比为85.4%。这一结论说明中国的农业机械跨区服务的辐射范围非常广，从而空间溢出效应的范围很大，并不会随着地理距离的扩大而迅速消失，这同中国实际发生的横跨南北的农业机械服务的现实是吻合的。其三，从空间范围来看，农业机械发展水平的空间溢出效应主要发生在纬度不同的区域，农业机械发展水平在同一纬度区域之间的溢出效应不显著，契合了中国农业机械跨纬度作业的运行机制。

二 政策启示

本书揭示了中国农业机械化发生、发展的内在机制及其对中国粮食生产的深远影响。从政策制定者的角度而言，本书可以得出如下关于契合中国资源禀赋和经济条件的农业机械化发展的政策启示。

第一，从宏观层面来看，应协调好农业机械化和城镇化的关系。从短期来看，农业机械化和城镇化存在资源竞争的关系。片面偏向城镇化的发展模式会导致短期内农业固定资产投资不足，最终影响农业产出和城镇化水平的进一步提高。从长期来看，城镇化对农业机械化有着显著的正向拉动作用，所以应当在未来很长一段时间坚持城镇化为导向的经济发展战略。在城镇化的推进过程中，应当做好城市外来人口"市民化"的工作。城镇化是通过促进农民就业非农化、减少农业人口来促进农业机械化发展的。在这一过程中，城市外来人口必须真正地融入城市，否则"大雁式"的迁移无法从真正意义上减少农业劳动力，使得通过城镇化拉动农业机械化的发展路径落空。

第二，从微观层面来看，土地市场和农村劳动力市场的双重约束造成非农就业的农户更倾向于向市场购买农业机械服务而并非直接投资农业机械，所以国家应将发展农业机械化的重心转向提升大中型农业机械的供给能力和健全农业机械服务市场，从而降低农业机械服务成本，促进农业机械服务市场的有效运行，农业机械服务市场既是符合中国现阶段资源禀赋的农业现代化发展模式，也是新时代下具有中国特色的第一、第二、第三产业融合的表现形式。现阶段家家户户都投资农业机械是不符合时代潮流的资源浪费，应适当减少小型农业机械的补贴。积极培育专业化、规模化、集群化的农业机械服务供给主体，加大对其的补贴支持力度。

第三,坚持推进农村产权制度改革,激发要素市场活力,引导农村生产要素的有序、合理流动,提高资源配置效率。把农村产权制度改革作为重要抓手,提升农业装备现代化水平,提高农业劳动生产率,将中国特色的农业机械化推向新的高度。为此,要进一步推进新一轮农地确权政策,确保政策落实到位,充分落实"一户一证"的工作要求,因地制宜开展差异化的农地确权工作,严格按照法律规范处理涉及土地纠纷的事宜,从而减少农户对失地的担忧。进一步完善土地流转市场,建设土地线上交易平台,发挥"互联网+农业"的优势,降低土地流转的交易成本,促进农业适度规模经营;帮助农户及时获取农业社会化服务的相关信息,实现服务价格公开化、透明化,促进农业社会化服务的健康、有序发展。严厉打击各种恶意抬高价格或压低价格的行为,保障供需双方的合法权益。

第四,考虑到农业机械化具有规模效应,需要有更好的专业化分工来实现技术进步、效率提高,因此应积极推进农业机械服务的产业集群,推进农业机械服务实现专业化、规模化、集群化。例如,在非洲加纳地区,虽然人们意识到农业机械跨区服务在农业生产中的重要作用,并且季节差异使南北之间有大约45天的时间可以提供跨区作业服务,但是由于缺乏区域之间的信息网络和物流上的支持,该地区少有跨区作业服务的提供。

第五,加速创建区域一体化的农业机械跨区服务信息平台。由于农业机械服务具有空间溢出效应,应当打破区域间的行政分割,树立全域的农业经济发展观念,从区域经济整体发展的互补性与协调作用出发,制定更加具有全局视野的发展政策。建立跨区域的农业机械化发展协调机制,促进各区域之间的信息共享、技术交流和资源互补,形成一体化农业机械跨区服务的信息平台,实现区域间农业机械资源的合理流动和科学调配。创新信息平台的核心功能开发,比如允许农户、农业机械手、农业企业等用户发布农业机械需求、作业信息、服务价格等,同时,提供信息搜索、筛选和推荐功能,帮助用户快速找到合适的服务或需求。基于地理信息系统(GIS)和实时数据,实现农业机械的智能调度和路径规划,确保农业机械在最短时间内到达作业地点,提高作业效率。通过物联网技术,实时监控农业机械的运行状态、作业进度和质量等。同时,提供远程故障诊断和紧急支援服务,确保农业机械作业的顺利进行。收集并分析平台上的数据,包括农业机械使用情况、作业效率、成本收益等,为农户、农业机械手和农业企业提供决策支持,优化资源配置和作业计划。同时,要尽快建立数据共享与标准体系,包括数据格式、传输协议、访问权限等方面的规定。此外,要确保数据的安全性和隐私保护。完成平台的开发后,需要进行广泛的推广和应用。可以通过与政府、农业企业、农业机械合作社等合作,将平台服务推广到更多地区和用户。同时,要持续收集用户反馈,优化平台功能和服务。

第六,推动农业机械高端化、智能化发展。一是要加强研发与创新。政府应加大对农业机械智能化、高端化研发的投入,鼓励企业、科研机构和高校之间的合作,推动产学研一体化进程。重点支持关键共性技术、前沿引领技术、现代工程技术、颠覆性技术的创新,形成一批具有自主知识产权的核心技术。二是设立专项计划。针对农业机械智能化、高端化的发展需求,设立专项研发计划,明确研发目标和任务,集中力量突破一批关键核心技术。同时,加强与国际先进水平的对接,推动农业机械技术的国际交流与合作。三是优化政策环境。制定和完善相关政策,为农业机械智能化、高端化的发展提供有力保障。例如,加大财政补贴力度,对购买智能化、高端化农业机械的农户和企业给予一定比例的补贴;优化税收政策,对研发和生产智能化、高端化农业机械的企业给予税收减免等优惠。四是加强人才培养。重视农业机械智能化、高端化领域的人才培养工作。在高校和科研机构中设立相关专业和课程,培养一批既懂农业又懂机械的复合型人才,加强对现有农业机械从业人员的培训和技能提升,提高他们的专业素养和操作水平。五是推动产业升级。鼓励和支持农业机械企业向智能化、高端化方向发展,推动产业升级和转型,引导企业加大技术改造和设备更新投入,提高生产效率和产品质量。同时,加强产业链上下游企业的协同合作,形成完整的产业链和产业集群。六是建立示范推广基地。建立一批农业机械智能化、高端化的示范推广基地,展示先进技术和装备的应用效果,为农户和企业提供学习和交流的平台,通过示范推广,加速新技术、新装备的普及和应用。

参考文献

[1] Acemoglu, D. and Guerrieri, V., 2008, "Capital deepening and non-balanced economic growth", *Journal of Political Economy*, 116 (3): 467-498.

[2] Acemoglu, D. and Pascual, R., 2020, "Robots and jobs: Evidence from US labor markets", *Journal of Political Economy*, 128 (6): 2188-2244.

[3] Acemoglu, D., 2010, "When does labor scarcity encourage innovation?" *Journal of Political Economy*, 118 (6): 1037-1078.

[4] Adams, R. and Cuecuecha, A., 2010, "Household expenditure and investment in Guatemala", *World Development*, 38 (11): 1626-1641.

[5] Adams, R. H., 1998, "Remittances, investment, and rural asset accumulation in Pakistan", *Economic Development and Cultural Change*, 47 (1): 155-173.

[6] Ahmad, S., 1966, "On the JJ theory of induced invention", *Economic Journal*, 76 (302): 344-357.

[7] Ahn, C., Singh, I. and Squire, L., 1981, "A model of an agricultural household in a multicrop economy: The case of Korea", *Review of Economics and Statistics*, 63 (4): 520-525.

[8] Allen, R. C., 2009, *The British Industrial Revolution in Global Perspective*, London: Cambridge University Press.

[9] Alston, J. M. and Martin, W. J., 1995, "Reversal of fortune: immiserizing technical change in Agriculture", *American Journal of Agricultural Economics*, 77 (2): 251-259.

[10] Alvarez-Cuadrado, F. and Poschke, M., 2011, "Structural change out of agriculture: Labor push versus labor pull", *American Economic Journal: Macroeconomics*, 3 (3): 127-158.

[11] Amuedo, D. C. and Pozo, S., 2010, "Accounting for remittance and migration effects on children's schooling", *World Development*, 38 (12): 1747-1759.

[12] Arnott, R. J. and Gersovitz, M., 1986, "Social welfare underpinnings of urban bias and unemployment", *Economic Journal*, 96 (382): 413-424.

[13] Atkinson, B. and Stiglitz, J., 1969, "A new view of technological change", *Economic Journal*, 79 (315): 573-578.

[14] Bai, C., Hsieh, C. and Qian, Y., 2006, "The return to capital in China", *Brookings Papers on Economic Activity. Economic Studies Program*, 37 (2): 61-102.

[15] Banerjee, A. and Newman, A. F., 1998, "Information, the dual economy, and development", *Review of Economic Studies*, 65 (4): 631-653.

[16] Banerjee, B., 1991, "The determinants of migrating with a pre-arranged job and of the initial duration of urban unemployment: An analysis based on Indian data on rural-to-urban migrants", *Journal of Development Economics*, 36 (2): 337-351.

[17] Barham, B. and Boucher, S., 1998, "Migration, remittances, and inequality: Estimating the net effects of migration on income distribution", *Journal of Development Economics*, 55 (2): 307-331.

[18] Barnum, H. and Squire, L., 1979, *A Model of an Agricultural Household: Theory and Evidence* (Vol. 27), Johns Hopkins University Press.

[19] Barnum, N. and Squire, L., 1979, "An econometric application of the theory of the farm-household", *Journal of Development Economics*, 6 (1): 79-192.

[20] Barrett, B., Carter, R. and Timmer, P., 2010, "A century-long perspective on agricultural development", *American Journal of Agricultural Economics*, 92 (2): 447-468.

[21] Basu, S. and Weil, D. N., 1998, "Appropriate technology and

growth", *Quarterly Journal of Economics*, 113 (4): 1025-1054.

[22] Baumol, W. J., 1967, "Macroeconomics of unbalanced growth: The anatomy of urban crisis", *American Economic Review*, 57 (3): 415-426.

[23] Becker, G., 1965, "A Theory of the Allocation of Time", *The Economic Journal*, 75 (299): 493-517.

[24] Becker, S. O. and Ichino, A., 2002, "Estimation of average treatment effects based on propensity score", *Stata Journal*, 2 (4): 358-377.

[25] Beck, T., Pamuk, H. and Ramrattan, R. et al., 2018, "Payment instruments, finance and development", *Journal of Development Economics*, 133: 162-186.

[26] Beer, C. and Riedl, A., 2012, "Modelling spatial externalities in panel data: The Spatial Durbin model revisited", *Papers in Regional Science*, 91 (2): 299-318.

[27] Benjamin, D., 1992, "Household composition, labor markets, and labor demand: Testing for separation in agricultural household models", *Econometrica*, 60 (2): 287-322.

[28] Berglas, E., 1976, "On the theory of clubs", *American Economic Review*, 66 (2): 116-121.

[29] Besley, T. and Ghatak, M., 2010, "Property rights and economic development", in *Handbook of Development Economics* (Vol. 5, pp. 4525-4595). Elsevier.

[30] Böhm-Bawerk, E., 1890, *Capital and Interest: A Critical History of Economic Theory*, London: Macmillan.

[31] Binswanger, P., 1974a, "A cost function approach to the measurement of elasticities of factor demand and elasticities of substitution", *American Journal of Agricultural Economics*, 56 (2): 377-386.

[32] Binswanger, P., 1974b, "A microeconomic approach to induced innovation", *Economic Journal*, 84 (336): 940-958.

[33] Binswanger, P., Ruttan, W. and Ben-Zion, U. et al., 1978, *Induced Innovation, Technology, Institutions, and Development*, New

York: FAO.

[34] Bloom, N., Draca, M. and Van R., J., 2015, "Trade induced technical change? The impact of Chinese imports on innovation, IT and productivity", *Review of Economic Studies*, 83 (1): 87-117.

[35] Boadway, R., 1980, "A note on the market provision of club goods", *Journal of Public Economics*, 13 (1): 131-137.

[36] Brandt, L., Huang, J. and Li, G. et al., 2002, "Land rights in rural China: Facts, fictions and issues", *The China Journal*, 47: 67-97.

[37] Brandt, L., Rozelle, S. and Turner, M. A., 2004, "Local government behavior and property right formation in rural China", *Journal of Institutional and Theoretical Economics*, 160 (4): 627-662.

[38] Bryan, G. and Morten, M., 2019, "The aggregate productivity effects of internal migration: Evidence from Indonesia", *Journal of Political Economy*, 127 (5): 2229-2268.

[39] Buchanan, J. M., 1965, "An economic theory of clubs", *Economica*, 32 (125): 1-14.

[40] Cai, F. and Wang, M., 2008, "A counterfactual analysis on unlimited surplus labor in rural China", *China and World Economy*, 16 (1): 51-65.

[41] Cai, F., Wang, D. and Du, Y., 2002, "Regional disparity and economic growth in China: The impact of labor market distortions", *China Economic Review*, 13 (2): 197-212.

[42] Cao, K. and Birchenall, J. A., 2013, "Agricultural productivity, structural change, and economic growth in post-reform China", *Journal of Development Economics*, 104: 165-180.

[43] Caselli, F. and Coleman, J., 2001, "The U.S. structural transformation and regional convergence: A reinterpretation", *Journal of Political Economy*, 109 (3): 584-616.

[44] Chari, A., Liu, E. and Wang, S. et al., 2021, "Property rights, land misallocation, and agricultural efficiency in China", *Review of Economic Studies*, 88 (4): 1831-1862.

[45] Chayanov, A. V., 1926, *The Theory of Peasant Economy*, Oxford: Oxford University Press.

[46] Chen, B. and Lin, Y., 2014, "Development strategy, urbanization and the urban-rural income gap in China", *Social Science in China*, 35 (1): 5-20.

[47] Chenery, H., Sherman, R. and Moshe, S., 1986, *Industrialization and Growth: A Comparative Study*, New York: Oxford University Press.

[48] Chhetri, N., Chaudhary, P. and Tiwari, P. R. et al., 2012, "Institutional and technological innovation: Understanding agricultural adaptation to climate change in Nepal", *Applied Geography*, 33: 142-150.

[49] Chow, G., 1993, "Capital formation and economic growth in China", *Quarterly Journal of Economics*, 108 (3): 809-842.

[50] Collier, P. and Dercon, S., 2014, "African agriculture in 50 years: Smallholders in a rapidly changing world?" *World Development*, 63: 92-101.

[51] Conlisk, J., 1969, "A neoclassical growth model with endogenously positioned technical change frontier", *The Economic Journal*, 79 (314): 348-362.

[52] Damon, L., 2010, "Agricultural land use and asset accumulation in migrant households: The case of EI Salvador", *The Journal of Development Studies*, 46 (1): 162-189.

[53] Dasgupta, K., 1980, "Book Review: Induced innovation, technology, institutions, and development", *Indian Economic Review*. New Series, 15 (1): 85-87.

[54] Davis, J. and Lopez-Carr, D., 2014, "Migration, remittances and smallholder decision-making: Implications for land use and livelihood change in Central America", *Land Use Policy*, 36: 319-329.

[55] de Brauw, A. and Mueller, V., 2013, "Motives to remit: Evidence from tracked internal migrants in Ethiopia", *World Development*, 50: 13-23.

[56] de Brauw, A., Huang, J. and Rozelle, S. et al., 2002, "The evolution of China's rural labor markets during the reforms", *Journal of Comparative Economics*, 30 (2): 329-353.

[57] Decressin, J. and Fatas, A., 1995, "Regional labor market dynamics in Europe", *European Economic Review*, 39 (9): 1627-1655.

[58] Deininger, K., Ali, A. and Alemu, T., 2011, "Impacts of land certification on tenure security, investment, and land market participation: Evidence from Ethiopia", *Land Economics*, 87 (2): 312-334.

[59] Deininger, K. and Jin, S., 2005, "The potential of land rental markets in the process of economic development: Evidence from China", *Journal of Development Economics*, 78 (1): 241-270.

[60] Deininger, K., Jin, S. and Xia, F. et al., 2014, "Moving off the farm: Land institutions to facilitate structural transformation and agricultural productivity growth in China", *World Development*, 59: 505-520.

[61] de Janvry, A., Emerick, K. and Navarro, G. et al., 2015, "Delinking land rights from land use: Certification and migration in Mexico", *American Economic Review*, 105 (10): 3125-3149.

[62] Dekle, R. and Vandenbroucke, G., 2010, "Whither Chinese growth? A sectorial growth accounting approach", *Review of Development Economics*, 14 (3): 487-498.

[63] Dennis, N. and Íşcan, B., 2007, "Productivity growth and agricultural out-migration in the United States", *Structural Change and Economic Dynamics*, 18 (1): 52-74.

[64] Dinkelman, T. and Mariotti, M., 2016, "The long-run effects of labor migration on human capital formation in communities of origin", *American Economic Journal: Applied Economics*, 8 (4): 1-35.

[65] Durand, J., Kandel, W. and Parrado, A. et al., 1996, "International migration and development in Mexican communities", *Demography*, 33 (2): 249-264.

[66] Echevarria, C., 1997, "Changes in sectoral composition associated with

economic growth", *International Economic Review*: 431-452.

[67] Elhorst, P., 2010, "Applied spatial econometrics: Raising the bar", *Spatial Economic Analysis*, 5 (1): 9-28.

[68] Ercolani, G. and Wei, Z., 2011, "An empirical analysis of China's dualistic economic development: 1965-2009", *Asian Economic Papers*, 10 (3): 1-29.

[69] Fan, S. and Zhang, X., 2002, "Production and productivity growth in Chinese agriculture: New national and regional measures", *Economic Development and Cultural Change*, 50 (4): 819-838.

[70] Fan, S. G., 1991, "Effects of technological change and institutional reform on production growth in Chinese agriculture", *American Journal of Agricultural Economics*, 73 (2): 266-275.

[71] Fellner, W., 1961, "Two propositions in the theory of induced innovations", *The Economic Journal*, 71 (282): 305-308.

[72] Ferguson, J., 2013, "Declarations of dependence: labour, personhood, and welfare in southern Africa", *Journal of Royal Anthropological Institute*, 19 (2): 223-242.

[73] Fergusson, L., 2013, "The political economy of rural property rights and the persistence of the dual economy", *Journal of Development Economics*, 103: 167-181.

[74] Field, E., 2007, "Entitled to work: Urban property rights and labor supply in Peru", *Quarterly Journal of Economics*, 122 (4): 1561-1602.

[75] Fleisher, B., Robert, F. and Zhen, Y., 2011, "The lewis model applied to China: Editorial introduction to the symposium", *China Economic Review*, 22: 535-541.

[76] Foellmi, R. and Zweimüller, J., 2008, "Structural change, Engel's consumption cycles and Kaldor's facts of economic growth", *Journal of Monetary Economics*, 55 (7): 1317-1328.

[77] Freeman, M. and Haveman, M., 1977, "Congestion, quality deterioration, and heterogeneous tastes", *Journal of Public Economics*,

8 (2): 225-232.

[78] Funk, P., 2002, "Induced innovation revisited", *Econometrica*, 69 (273): 155-171.

[79] Gabor, D. and Brooks, S., 2017, "The digital revolution in financial inclusion: International development in the fintech era", *New Political Economy*, 22 (4): 423-436.

[80] Gao, X., Shi, X. and Fang, S., 2021, "Property rights and misallocation: Evidence from land certification in China", *World Development*, 147.

[81] Gavian, S. and Fafchamps, M., 1996, "Land tenure and allocative efficiency in Niger", *American Journal of Agricultural Economics*, 78 (2): 460-471.

[82] Ghebru, H. and Holden, S. T., 2015, "Technical efficiency and productivity differential effects of land right certification: A quasi-experimental evidence", *Quarterly Journal of International Agriculture*, 54 (1): 1-31.

[83] Goldsmith, P. D., Gunjal, K. and Ndarishikanye, B., 2004, "Rural-urban migration and agricultural productivity: The case of Senegal", *Agricultural Economics*, 31 (1): 33-45.

[84] Goldstein, M., Houngbedji, K. and Kondylis, F. et al., 2018, "Formalization without certification: Experimental evidence on property rights and investment", *Journal of Development Economics*, 132 (5): 57-74.

[85] Gollin, D., Lagakos, D. and Waugh, M. E., 2014, "Agricultural productivity differences across countries", *American Economic Review*, 104 (5): 165-170.

[86] Gollin, D., Parente, S. and Rogerson, R., 2002, "The role of agriculture in development", *American Economic Review*, 92 (2): 160-164.

[87] Gollin, D., 2014, "The lewis model: A 60-year retrospective", *Journal of Economic Perspectives*, 28 (3): 71-88.

[88] Goodwin, K. and Mishra, K., 2004, "Farming efficiency and the determinants of multiple job holding by farm operators", *American Journal of Agricultural Economics*, 86 (3): 722-729.

[89] Graham, S. and Temple, W., 2006, "Rich nations, poor nations: How much can multiple equilibria explain?" *Journal of Economic Growth*, 11 (1): 5-41.

[90] Habakkuk, J., 1962, *American and British Technology in the Nineteenth century: The Search for Labour-saving Inventions*, London, Cambridge University Press.

[91] Haji, J., 2007, "Production efficiency of smallholders' vegetable-dominated mixed farming system in eastern Ethiopia: A non-parametric approach", *Journal of African Economies*, 16 (1): 1-27.

[92] Harris, J. R. and Todaro, M. P., 1970, "Migration, unemployment and development: A two-sector analysis", *The American Economic Review*, 60 (1): 126-142.

[93] Hayami, Y. and Ruttan, V. W., 1971, *Agricultural Development: An International Perspective*, Baltimore, Md/London: The Johns Hopkins Press.

[94] Hayami, Y. and Ruttan, V. W., 1970, "Factor prices and technical change in agricultural development: The United States and Japan, 1880-1960", *Journal of Political Economics*, 78 (5): 1115-1141.

[95] Helpman, E. and Hillman, A. L., 1977, "Two remarks on optimal club size", *Economica*, 44 (175): 293-296.

[96] Hicks, J. R., 1963, *The Theory of Wages*, 2nd Edition (First Edition in 1932), London: Macmillan.

[97] Hillman, A. L., 1975, *The Theory of Clubs: A Technological Reformulation*, Foerder Institute for Economic Research, Tel-Aviv University.

[98] Holden, S. T., Deininger, K. and Ghebru, H., 2011, "Tenure insecurity, gender, low-cost land certification and land rental market participation in Ethiopia", *Journal of Development Studies*, 47 (1):

31-47.

[99] Honoré, B. E. , 1992, "Trimmed LAD and least squares estimation of truncated and censored regression models with fixed effects", *Econometrica: Journal of the Econometric Society*, 60 (3): 533-565.

[100] Hornbeck, R. and Naidu, S. , 2014, "When the levee breaks: Black migration and economic development in the American South", *The American Economic Review*, 104 (3): 963-990.

[101] Houssou, N. , Diao, X. and Cossar, F. et al. , 2013, "Agricultural mechanization in Ghana: Is specialized agricultural mechanization service provision a viable business model?" *American Journal of Agricultural Economics*, 95 (5): 1237-1244.

[102] Huffman, W. E. , 1980, "Farm and off-farm work decisions: The role of human capital", *The Review of Economics and Statistics*, 62 (1): 14-23.

[103] Ito, T. and Kurosaki, T. , 2009, "Weather risk, wages in kind, and the off-farm labor supply of agricultural households in a developing country", *American Journal of Agricultural Economics*, 91 (3): 697-710.

[104] Janvry, D. A. , Fafchamps, M. and Sadoulet, E. , 1991, "Peasant household behaviour with missing markets: Some paradoxes explained", *The Economic Journal*, 101 (409): 1400-1417.

[105] Ji, Y. , Hu, X. and Zhu, J. et al. , 2017, "Demographic change and its impact on farmers' field production decisions", *China Economic Review*, 43: 64-71.

[106] Ji, Y. , Yu, X. and Zhong, F. , 2012, "Machinery investment decision and off-farm employment in rural China", *China Economic Review*, 23 (1): 71-80.

[107] Jorgenson, D. , 1961, "The development of a dual economy", *The Economic Journal*, 6: 309-334.

[108] Kandilov, A. and Kandilov, I. , 2018, "The impact of bank branching deregulations on the US agricultural sector", *American Journal of*

Agricultural Economics, 100 (1): 73-90.

[109] Kemper, N., Ha, L. and Klump, R., 2015, "Property rights and consumption volatility: Evidence from a land reform in Vietnam", *World Development*, 71: 107-130.

[110] Kennedy, C., 1964, "Induced bias in innovation and the theory of distribution", *Economic Journal*, 74 (295): 541-547.

[111] Kimura, S., Otsuka, K., Sonobe, T. and Rozelle, S., 2011, "Efficiency of land allocation through tenancy markets: Evidence from China", *Economic Development and Cultural Change*, 59 (3): 485-510.

[112] Kislev, Y. and Peterson, W., 1981, "Induced innovations and farm mechanization", *American Journal of Agricultural Economics*, 63 (3): 562-565.

[113] Knight, F. H., 1924, "Some fallacies in the interpretation of social cost", *Quarterly Journal of Economics*, 38 (4): 582-606.

[114] Kongsamut, P., Rebelo, S. and Xie, D., 2001, "Beyond balanced growth", *Review of Economic Studies*, 68 (4): 869-882.

[115] Kung, J. K., 2022, "Choice of land tenure in China: The case of a county with quasi-private property rights", *Economic Development and Cultural Change*, 50 (4): 793-817.

[116] Kuroda, Y. and Yotopoulos, P. A., 1978, "A microeconomic analysis of production behavior of the farm household in Japan: A profit function approach", *Economic Review*, 29 (2): 116-129.

[117] Kuznets, S. and Thomas, D. S., 1964, *Population Redistribution and Economic Growth: United States, 1870-1950*, Philadelphia: American Philosophical Society.

[118] Kuznets, S., 1955, "Economic growth and income inequality", *American Economic Review*, 45 (1): 1-28.

[119] LaFave, D. and Thomas, D., 2016, "Farms, families, and markets: New evidence on completeness of markets in agricultural settings", *Econometrica*, 84 (5): 1917-1960.

[120] Latruffe, L. and Piet, L., 2014, "Does land fragmentation affect farm performance? A case study from Brittany, France", *Agricultural systems*, 129: 68-80.

[121] Lee, L. and Yu, J., 2012, "Spatial panels: Random components versus fixed effects", *International Economic Review*, 53 (4): 1369-1412.

[122] Leight, J., 2016, "Reallocating wealth? Insecure property rights and agricultural investment in rural China", *China Economic Review*, 40: 207-227.

[123] LeSage, J. P. and Pace, R. K., 2009, *Introduction to Spatial Econometrics (Statistics, Textbooks and Monographs)*, Boca Raton, CRC Press.

[124] Lewis, A., 1954, "Economic development with unlimited supplies of labour", *The Manchester School*, 22 (2): 139-191.

[125] Lin, Y., 1992, "Rural reform and agricultural growth in China", *American Economic Review*, 82 (1): 34-51.

[126] Lin, Y., 1988, "The household responsibility system in China's agricultural reform: A theoretical and empirical study", *Economic Development and Cultural Change*, 36 (3): 199-224.

[127] Lin, Y., 1987, "The household responsibility system reform in China: A peasant's institutional choice", *American Journal of Agricultural Economics*, 69 (2): 410-415.

[128] Liu, Y. and Shumway, C. R., 2009, "Induced innovation in U. S. agriculture: Time-series, direct econometric, and nonparametric tests", *American Journal of Agricultural Economics*, 91 (1): 224-236.

[129] Ma, L. and Tang, Y., 2020, "Geography, trade, and internal migration in China", *Journal of Urban Economics*, 11: 103-181.

[130] Martinez-Bravo, M., Miquel, G. and Qian, N. et al., 2017, "The rise and fall of local elections in China: Theory and empirical evidence on the autocrat's trade-off", NBER Working Paper (No. w24032).

[131] Mawyer, J. D., Cavinder, C. A., Vogelsang, M. M., et al., 2005, "Beyond remittances: The effects of migration on Mexican households", *International Migration Remittances & Development*, 90 (8): 2532-2539.

[132] McGuire, M., 1974, "Group segregation and optimal jurisdictions", *Journal of Political Economy*, 82 (1): 112-132.

[133] McGuire, M., 1972, "Private good clubs and public good clubs: Economic models of group formation", *Swedish Journal of Economics*, 74 (1): 84-99.

[134] McMillan, J., Whalley, J. and Zhu, L. J., 1989, "The impact of China's economic reforms on agricultural productivity growth", *Journal of Political Economy*, 97 (4): 781-807.

[135] Mendola, M., 2008, "Migration and technological change in rural households: Complements or substitutes?" *Journal of Development Economics*, 85 (1): 150-175.

[136] Mines, R. and de Janvry, A., 1982, "Migration to the United States and Mexican rural development: A case study", *American Journal of Agricultural Economics*, 64 (3): 444-454.

[137] Monte, F., Stephen, J. R. and Esteban, R., 2018, "Commuting, migration, and local employment elasticities", *American Economic Review*, 12: 3855-3890.

[138] Mullan, K., Grosjean, P. and Kontoleon, A., 2011, "Land tenure arrangements and rural-urban migration in China", *World Development*, 39.

[139] Mullan, K., 2011, "Land tenure arrangements and rural-urban migration in China", *World Development*, 39 (1): 123-133.

[140] Musgrave, R. A., 1939, "The voluntary exchange theory of public economy", *Quarterly Journal of Economics*, 53 (2): 213-237.

[141] Mushtaq, R. and Bruneau, C., 2019, "Microfinance, financial inclusion and ICT: Implications for poverty and inequality", *Technology in Society*, 59: 101-154.

[142] Newell, R. G., Jaffe, A. B. and Stavins, R. N., 1999, "The induced innovation hypothesis and energy-saving technological change", *Quarterly Journal of Economics*, 114 (3): 941-975.

[143] Newell, R. G., 2010, "The role of markets and policies in delivering innovation for climate change mitigation", *Oxford Review of Economic Policy*, 26 (2): 253-269.

[144] Newman, C., Tarp, F. and Van Den Broeck, K., 2015, "Property rights and productivity: The case of joint land titling in Vietnam", *Land Economics*, 91 (1): 91-105.

[145] Ngai, L., Christopher, P. and Jin, W., 2018, "China's mobility barriers and employment allocations", *Journal of the European Economic Association*, 5: 1617-1653.

[146] Nghiep, L. T., 1979, "The structure and changes of technology in prewar Japanese agriculture", *American Journal of Agricultural Economics*, 61 (4): 687-693.

[147] Nguyen, T., Cheng, E. and Findlay, C., 1996, "Land fragmentation and farm productivity in China in the 1990s", *China Economic Review*, 7 (2): 169-180.

[148] Niho, Y., 1974, "Population growth, agricultural capital, and the development of a dual economy", *American Economic Review*, 64 (6): 1077-1085.

[149] Nordhaus, W. D., 1973, "Some skeptical thoughts on the theory of induced innovation", *Quarterly Journal of Economics*, 87 (2): 209-219.

[150] Oakland, W. H., 1969, "Joint goods", *Economica*, 36 (143): 253-268.

[151] Olmstead, A. L. and Rhode, P., 1993, "Induced innovation in American agriculture: A reconsideration", *Journal of Political Economy*, 101 (1): 100-118.

[152] Olson, M., 1965, *The Logic of Collective Action: Public Goods and the Theory of Groups*, Massatichutee: Harvard University Press.

[153] Oseni, G. and Winters, P., 2009, "Rural nonfarm activities and agricultural crop production in Nigeria", *Agricultural Economics*, 40 (2): 189-201.

[154] Otsuka, K., 2013, "Food insecurity, income inequality, and the changing comparative advantage in world agriculture", *Agricultural Economics*, 44: 7-8.

[155] Pigou, A., 1920, *The Economics of Welfare*, London: Macmillan.

[156] Popp, D., 2002, "Induced innovation and energy prices", *American Economic Review*, 92 (1): 160-180.

[157] Qiao, F., 2017, "Increasing wage, mechanization, and agriculture production in China", *China Economic Review*, 46: 249-260.

[158] Qiu, T., Shi, X. and He, Q., et al., 2021, "The paradox of developing agricultural mechanization services in China: Supporting or kicking out smallholder farmers", *China Economic Review*, 69 (1): 101680.

[159] Rahman, S. and Rahman, M., 2009, "Impact of land fragmentation and resource ownership on productivity and efficiency: The case of rice producers in Bangladesh", *Land Use Policy*, 26 (1): 95-103.

[160] Ranis, G. and Fei, J. H., 1961, "A theory of economic development", *American Economic Review*, 51 (4): 533-565.

[161] Reardon, T., Taylor, J. E. and Stamoulis, K., et al., 2000, "Effects of non-farm employment on rural income inequality in developing countries: An investment perspective", *Journal of Agricultural Economics*, 51 (2): 266-288.

[162] Restuccia, D., 2004, "Barriers to capital accumulation and aggregate total factor productivity", *International Economic Review*, 45 (1): 225-238.

[163] Rizov, M., Gavrilescu, D. and Gow, H., et al., 2001, "Transition and enterprise restructuring: The development of individual farming in Romania", *World Development*, 29 (7): 1257-1274.

[164] Rosenbaum, P. and Rubin, D., 1983, "The central role of the

propensity score in observational studies for causal effects", *Biometrika*, 70 (1): 41-55.

[165] Rosenthal, S. S. and Strange, W. C., 2004, "Evidence on the nature and sources of agglomeration economies", *Handbook of Regional and Urban Economics*, 4: 2119-2171.

[166] Rostow, W., 1956, "The take-off into self-sustaining growth", *Economic Journal*, 66 (261): 25-48.

[167] Rozelle, S. and Li, G., 1998, "Village leaders and land-rights formation in China", *American Economic Review*, 88 (2): 433-438.

[168] Rozelle, S., Taylor, J. E. and de Brauw, A., 1999, "Migration, remittances, and agricultural productivity in China", *American Economic Review*, 89 (2): 287-291.

[169] Ruttan, V. W., 1997, "Induced innovation, evolutionary theory and path dependence: Sources of technical change", *Economic Journal*, 107 (444): 1520-1529.

[170] Ruttan, V. W., 2001, *Technology, Growth and Development: An Induced Innovation Perspective*, Oxford: Oxford University Press.

[171] Salter, W. E. G. and Reddaway, W. B., 1966, *Productivity and Technical Change*, London: Cambridge University Press.

[172] Samuelson, P. A., 1965, "A theory of induced innovation along Kennedy-Weiscker lines", *Review of Economics and Statistics*, 47 (4): 343-356.

[173] Samuelson, P. A., 1954, "The pure theory of public expenditure", *Review of Economics and Statistics*, 36 (4): 387-389.

[174] Sandler, T. and Tschirhart, J. T., 1980, "The economic theory of clubs: An evaluative survey", *Journal of Economic Literature*, 18 (4): 1481-1521.

[175] Schelling, T., 1969, "Models of segregation", *American Economic Review*, 59 (2): 488-493.

[176] Schultz, T., 1953, *The Economic Organization of Agriculture*, New York: McGraw-Hill.

[177] Scotchmer, S., 1985, "Profit-maximizing clubs", *Journal of Public Economics*, 27 (1): 25-45.

[178] Sen, A. K., 1962, "An aspect of Indian agriculture", *Economic Weekly*, 14 (4): 243-246.

[179] Shifa, A. B., 2013, "The dual policy in the dual economy: The political economy of urban bias in dictatorial regimes", *Journal of Development Economics*, 105: 77-85.

[180] Shi, H. and Yang, X., 1995, "A new theory of industrialization", *Journal of Comparative Economics*, 20 (2): 171-189.

[181] Song, Z., Storesletten, K. and Kjetil, Z., 2011, "Growing like China", *American Economic Review*, 101 (1): 201-241.

[182] Stark, O., 1991a, "Migration in less development countries: Risk, remittances and family", *Finance and Development*, 28 (4): 431-452.

[183] Stark, O., 1991b, *The Migration of Labor*, Cambridge, M. A.: Blackwell.

[184] Stigler, G. J., 1951, "The division of labor is limited by the extent of the market", *Journal of Political Economy*, 59 (3): 185-193.

[185] Takeshima, H., Pratt, A. N. and Diao X., 2013, "Mechanization and agricultural technology evolution, agricultural intensification in sub-Saharan Africa: Typology of agricultural mechanization in Nigeria", *American Journal of Agricultural Economics*, 95 (6): 1230-1236.

[186] Tan, S. H., Heerink, N. and Kruseman, G. et al., 2008, "Do fragmented landholdings have higher production costs? Evidence from rice farmers in Northeastern Jiangxi province, PR China", *China Economic Review*, 19 (3): 347-358.

[167] Taylor, J. E. and Adelman, I., 2003, "Agricultural household models: Genesis, evolution, and extensions", *Review of Economics of Household*, 1 (1-2): 33-58.

[188] Taylor, J. E. and Martin, P., 2001, "Human capital: Migration and

rural population change", In G. Rausser and B. Gardner (Eds.), *Handbook of Agricultural Economics*, New York: Elsevier, pp. 458-511.

[189] Taylor, J. E., Rozelle, S. and de Brauw, A., 2003, "Migration and incomes in source communities: A new economics of migration perspective from China", *Economic Development and Cultural Change*, 52 (1): 75-101.

[190] Tchamyou, V. S., Erreygers, G. and Cassimon, D., 2019, "Inequality, ICT and financial access in Africa", *Technological Forecasting and Social Change*, 139: 169-184.

[191] Temple, J., 2006, "Aggregate production functions and growth economics", *International Review of Applied Economics*, 20 (3): 301-317.

[192] Temple, J., 2005, "Dual economy models: A primer for growth economists", *The Manchester School*, 73 (4): 435-478.

[193] Thaler, R., 1980, "Toward a positive theory of consumer choice", *Journal of Economic Behavior and Organization*, 1 (1): 39-60.

[194] Thomas, D., Roberto, V. and Oluwakayode, A. et al., 2021, "Uber for tractors? Opportunities and challenges of digital tools for tractor hire in India and Nigeria", *World Development*, 144: 105480.

[195] Tiebout, C. M., 1956, "A pure theory of local expenditures", *Journal of Political Economy*, 64 (5): 416-424.

[196] Tiffen, M., 2003, "Transition in sub-Saharan Africa: Agriculture, urbanization and income growth", *World Development*, 31 (8): 1343-1366.

[197] Todaro, M. P., 1969, "A model of labor migration and urban unemployment in less developed countries", *The American economic review*, 59 (1): 138-148.

[198] Tombe, T. and Zhu, X., 2019, "Trade, migration, and productivity: A quantitative analysis of China", *American Economic Review*, 109 (5): 1843-1872.

[199] Townsend, R. M., 1994, "Risk and insurance in village India", *Econometrica*, 62 (3): 539-591.

[200] Varian, H. R., 2010, *Intermediate Microeconomics: A Modern Approach*, New York: WW Norton and Company.

[201] Vollrath, D., 2009, "How important are dual economy effects for aggregate productivity?" *Journal of Development Economics*, 88 (2): 325-334.

[202] Wang, H., Riedinger, J. and Jin, S., 2015, "Land documents, tenure security and land rental development: Panel evidence from China", *China Economic Review*, 36: 220-235.

[203] Wang, S. and Benjamin, F., 2019, "Labor mobility barriers and rural-urban migration in transitional China", *China Economic Review*, 53: 211-224.

[204] Wang, X. B., Yamauchi, F. and Otsuka, K., et al., 2016, "Wage growth, landholding, and mechanization in Chinese agriculture", *World Development*, 86: 30-45.

[205] Welch, F., 2000, "Growth in women's relative wages and in inequality among men: One phenomenon or two?" *American Economic Review*, 90 (2): 444-449.

[206] Whalley, J. and Zhao, X. L., 2013, "The contribution of human capital to China's economic growth", *China Economic Policy Review*, 2 (1): 1350001.

[207] Wiseman, J., 1957, "The theory of public utility price: An empty box", *Oxford Economic Papers*, 9 (1): 56-74.

[208] World Bank, 2014, *East Asia's Changing Urban Landscape*, Washington D. C.

[209] World Bank, 2017, *Reaping Richer Returns*, Washington, D. C.

[210] World Bank, 2003, *Rural Poverty Report*, Washington, D. C.

[211] World Bank, 1996, *The Chinese Economy: Fighting Inflation, Deepening Reforms*, Washington, D. C.

[212] Yamauchi, F., 2016, "Rising real wages, mechanization and growing

advantage of large farms: Evidence from Indonesia", *Food Policy*, 58: 62-69.

[213] Yang, J., Huang, Z. and Zhang, X. et al., 2013, "The rapid rise of cross-regional agricultural mechanization services in China", *American Journal of Agricultural Economics*, 95 (5): 1245-1251.

[214] Yang, J., Wang, H. and Jin, S. et al., 2016, "Migration, local off-farm employment, and agricultural production efficiency: Evidence from China", *Journal of Productivity Analysis*, 45 (3): 247-259.

[215] Yao, Y., 1999, "Rural industry and labor market integration in eastern China", *Journal of Development Economics*, 59 (2): 463-496.

[216] Young, A., 2003, "Gold into base metals: Productivity growth in the People's Republic of China during the reform period", *Journal of Political Economy*, 111 (1): 1220-1261.

[217] Young, A., 1928, "Increasing returns and economic progress", *Economic Journal*, 38 (152): 527-542.

[218] Young, A., 1995, "The tyranny of numbers: Confronting the statistical realities of the East Asia growth experience", *Quarterly Journal of Economics*, 110 (3): 641-680.

[219] Yue, B. and Sonoda, T., 2012, "The effect of off-farm work on farm technical efficiency in China", Working Paper, Nagoya University, Japan.

[220] Zhang, K. and Song, F., 2003, "Rural-urban migration and urbanization in China: Evidence from time-series and cross-section analyses", *China Economic Review*, 14 (4): 386-400.

[221] Zhang, Q., Ma, Q. and Xu, X., 2004, "Development of land rental markets in rural Zhejiang: Growth of off-farm jobs and institution building", *The China Quarterly*, 180: 1050-1072.

[222] Zhang, X., Yang J. and Reardon T., 2017, "Mechanization outsourcing clusters and division of labor in Chinese agriculture", *China Economic Review*, 43: 184-195.

[223] Zhao, Y., 1999, "Leaving the countryside: Rural-to-urban migration decisions in China", *American Economic Review*, 89 (2): 281-286.

[224] Zhu, K. and Prosterman, R., 2007, "Securing land rights for Chinese farmers: A leap forward for stability and growth", *Cato Development Policy Analysis Series*, (3).

[225] 〔美〕阿弗里德·马歇尔，2013，《经济学原理》，廉运杰译，华夏出版社。

[226] 蔡昉，2003，《城乡收入差距与制度变革的临界点》，《中国社会科学》第5期。

[227] 蔡昉，2013，《理解中国经济发展的过去、现在与未来——基于一个贯通的长期理论框架》，《经济研究》第11期。

[228] 蔡昉，2022，《刘易斯转折点——中国经济发展阶段的标识性变化》，《经济研究》第1期。

[229] 蔡昉，2010，《人口转变、人口红利与刘易斯转折点》，《经济研究》第4期。

[230] 蔡昉、王德文，1999，《中国经济增长可持续性与劳动贡献》，《经济研究》第10期。

[231] 蔡昉，2001，《中国人口流动方式与途径（1990~1999年）》，社会科学文献出版社。

[232] 蔡键、唐忠、朱勇，2017，《要素相对价格、土地资源条件与农户农业机械服务外包需求》，《中国农村经济》第8期。

[233] 曹博、赵芝俊，2017，《技术进步类型选择和我国农业技术创新路径》，《农业技术经济》第9期。

[234] 曹芳芳、程杰、武拉平等，2020，《劳动力流动推进了中国产业升级吗？——来自地级市的经验证据》，《产业经济研究》第1期。

[235] 曹光乔、吴萍，2023，《如何把小农户"服务好""带动好"——基于农机社会化服务视角》，《农业经济问题》第10期。

[236] 曹阳、胡继亮，2010，《中国土地家庭承包制度下的农业机械化——基于中国17省（区、市）的调查数据》，《中国农村经济》第10期。

[237] 钞小静、沈坤荣，2014，《城乡收入差距、劳动力质量与中国经济增长》，《经济研究》第6期。

[238] 陈斌开、陈思宇，2018，《流动的社会资本——传统宗族文化是否影响移民就业？》，《经济研究》第3期。

[239] 陈飞、刘宣宣，2021，《土地确权、要素偏向性技术变革与产业结构转型》，《统计研究》第10期。

[240] 陈飞、卢建词，2014，《收入增长与分配结构扭曲的农村减贫效应研究》，《经济研究》第2期。

[241] 陈飞、翟伟娟，2015，《农户行为视角下农地流转诱因及其福利效应研究》，《经济研究》第10期。

[242] 陈江华、罗明忠，2018，《农地确权对水稻劳动密集型生产环节外包的影响——基于农机投资的中介效应》，《广东财经大学学报》第4期。

[243] 陈涛、杨佳怡、陈池波，2022，《农业机械化促进农民增收的作用机制与路径：基于农业生产环节的可分性》，《华中农业大学学报》（社会科学版）第6期。

[244] 陈锡文，2024，《当前推进乡村振兴应注意的几个关键问题》，《农业经济问题》第1期。

[245] 陈义媛，2019，《中国农业机械化服务市场的兴起：内在机制及影响》，《开放时代》第3期。

[246] 陈宇峰、朱荣军，2018，《能源价格高涨会诱致技术创新吗？》，《经济社会体制比较》第2期。

[247] 陈媛媛、傅伟，2017，《土地承包经营权流转、劳动力流动与农业生产》，《管理世界》第11期。

[248] 陈媛媛、张竞、周亚虹，2022，《工业机器人与劳动力的空间配置》，《经济研究》第1期。

[249] 陈昭玖、胡雯，2016，《农地确权、交易装置与农户生产环节外包——基于"斯密—杨格"定理的分工演化逻辑》，《农业经济问题》第8期。

[250] 陈志刚、曲福田，2003，《农地产权制度变迁的绩效分析——对转型期中国农地制度多样化创新的解释》，《中国农村观察》第

2 期。
[251] 程令国、张晔、刘志彪，2016，《农地确权促进了中国农村土地的流转吗》，《管理世界》第 1 期。
[252] 程令国、张晔、刘志彪，2016，《农地确权促进了中国农村土地的流转吗》，《管理世界》第 1 期。
[253] 程名望、贾晓佳、俞宁，2018，《农村劳动力转移对中国经济增长的贡献（1978~2015 年）：模型与实证》，《管理世界》第 10 期。
[254] 仇童伟、何勤英、罗必良，2021，《谁更能从农机服务中获益——基于小麦产出率的分析》，《农业技术经济》第 9 期。
[255] 仇叶，2017，《小规模土地农业机械化的道路选择与实现机制——对基层内生机械服务市场的分析》，《农业经济问题》第 2 期。
[256] 慈鸿飞，2007，《农地产权制度选择的历史和逻辑——论国家与农民二元产权》，《江海学刊》第 4 期。
[257] 崔红志、刘亚辉，2018，《我国小农户与现代农业发展有机衔接的相关政策、存在问题及对策》，《中国社会科学院研究生院学报》第 5 期。
[258] 丁玲、钟涨宝，2017，《农村土地承包经营权确权对土地流转的影响研究——来自湖北省土地确权的实证》，《农业现代化研究》第 3 期。
[259] 丁志国、赵宣凯、赵晶，2015，《直接影响与空间溢出效应：中国城市化进程对城乡收入差距的影响路径识别》，《数量经济技术经济研究》第 9 期。
[260] 董涵英，1986，《土地经营规模与农业机械化》，《中国农村经济》第 8 期。
[261] 董欢，2015，《农业机械化的微观行为选择及其影响因素——基于农户禀赋及种植环节的实证分析》，《农村经济》第 7 期。
[262] 董洁芳、李斯华，2015，《中国农业机械作业服务主体发展现状及趋势分析》，《中国农业机械化学报》第 6 期。
[263] 都阳、蔡昉、屈小博等，2014，《延续中国奇迹：从户籍制度改

革中收获红利》，《经济研究》第 8 期。

[264] 段成荣、程梦瑶，2018，《深化新时代人口迁移流动研究》，《人口研究》第 1 期。

[265] 段亚莉、何万丽、黄耀明，2011，《中国农业机械化发展区域差异性研究》，《西北农林科技大学学报》（自然科学版）第 6 期。

[266] 樊士德，2011，《劳动力流动对欠发达地区产出效应的测算》，《中国农村经济》第 8 期。

[267] 范剑勇、王立军、沈林洁，2004，《产业集聚与农村劳动力的跨区域流动》，《管理世界》第 4 期。

[268] 方师乐、韩诗卉、徐欣南，2024b，《电商发展与农村共同富裕》，《数量经济技术经济研究》第 2 期。

[269] 方师乐、黄祖辉，2019，《新中国成立 70 年来我国农业机械化的阶段性演变与发展趋势》，《农业经济问题》第 10 期。

[270] 方师乐、黄祖辉、徐欣南，2024a，《数字金融发展的包容性增长效应——农户非农创业的视角》，《农业技术经济》第 12 期。

[271] 方师乐、赖慧颖、黄祖辉等，2023，《农地产权稳定性与农村劳动力资源配置——农业生产率提升的视角》，《浙江大学学报》（人文社会科学版）第 11 期。

[272] 方师乐、倪汤顺，2024，《积分入学政策、技能偏向与流动人口居留意愿》，《经济社会体制比较》第 8 期。

[273] 方师乐、史新杰、高叙文，2020，《非农就业、农业机械投资和农业机械服务利用》，《南京农业大学学报》（社会科学版）第 1 期。

[274] 方师乐、卫龙宝、伍骏骞，2018a，《非农就业视角下城镇化对农业机械化的影响》，《经济理论与经济管理》第 11 期。

[275] 方师乐、卫龙宝、史新杰，2018b，《中国特色的农业机械化路径研究——俱乐部理论的视角》，《农业经济问题》第 9 期。

[276] 方师乐、卫龙宝、伍骏骞，2017，《农业机械化的空间溢出效应及其分布规律——农业机械跨区服务的视角》，《管理世界》第 11 期。

[277] 方师乐，2017，《中国农业机械化的发展历史：资源禀赋、路径

变迁和政策取向》,《"三农"决策要参》第33期。

[278] 冯明,2017,《农民工与中国高储蓄率之谜——基于搜寻匹配模型的分析》,《管理世界》第4期。

[279] 付江涛、纪月清、胡浩,2016,《新一轮承包地确权登记颁证是否促进了农户的土地流转——来自江苏省3县(市、区)的经验证据》,《南京农业大学学报》(社会科学版)第1期。

[280] 盖庆恩、朱喜、史清华,2014,《劳动力转移对中国农业生产的影响》,《经济学》(季刊)第3期。

[281] 高帆、秦占欣,2003,《二元经济反差:一个新兴古典经济学的解释》,《经济科学》第1期。

[282] 高鸣、宋洪远,2014,《粮食生产技术效率的空间收敛及功能区差异》,《管理世界》第7期。

[283] 高叙文、方师乐、史新杰等,2021,《农地产权稳定性与农地生产率——基于新一轮农地确权的研究》,《中国农村经济》第10期。

[284] 高彦彦、周勤、郑江淮,2012,《为什么中国农村公共品供给不足》,《中国农村观察》第6期。

[285] 公茂刚、张梅娇,2022,《承包地"三权分置"与农业补贴对农业机械化的影响研究——基于PSM-DID方法的实证分析》,《统计研究》第4期。

[286] 郭峰、王靖一、王芳等,2020,《测度中国数字普惠金融发展:指数编制与空间特征》,《经济学》(季刊)第4期。

[287] 郭克莎,2001,《城市化与工业化关系之我见》,《光明日报》8月21日。

[288] 郭克莎,2002,《工业化与城市化关系的经济学分析》,《中国社会科学》第2期。

[289] 郭熙保、苏甫,2013,《速水佑次郎对农业与发展经济学的贡献》,《经济学动态》第3期。

[290] 韩家彬、张书凤、刘淑云等,2018,《土地确权、土地投资与农户土地规模经营——基于不完全契约视角的研究》,《资源科学》第10期。

[291] 韩庆龄，2019，《小农户经营与农业社会化服务的衔接困境——以山东省M县土地托管为例》，《南京农业大学学报》（社会科学版）第2期。

[292] 郝大明，2015，《1978~2014年中国劳动配置效应的分离与实证》，《经济研究》第7期。

[293] 何爱、徐宗玲，2010，《菲律宾农业发展中的诱致性技术变革偏向：1970~2005》，《中国农村经济》第2期。

[294] 何凌霄、南永清、张忠根，2016，《农业劳动力老龄化是否必然导致家庭农业经营收益下降？——基于村公共品供给的视角》，《南京农业大学学报》（社会科学版）第2期。

[295] 何欣、蒋涛、郭良燕等，2016，《中国农地流转市场的发展与农户流转农地行为研究——基于2013~2015年29省的农户调查数据》，《管理世界》第6期。

[296] 何悦、王鸿飞，2021，《玉米产业节本增效的潜力及途径——基于要素偏向性技术进步视角》，《科技管理研究》第12期。

[297] 侯方安、李斯华，2015，《中国农业机械化与城镇化关系的协整分析》，《中国农业机械化学报》第2期。

[298] 胡雯、张锦华、陈昭玖，2020，《农地产权、要素配置与农户投资激励："短期化"抑或"长期化"》，《财经研究》第2期。

[299] 胡雯、张锦华、陈昭玖，2019，《小农户与大生产：农地规模与农业资本化——以农机作业服务为例》，《农业技术经济》第6期。

[300] 胡霞、周旭海、罗崇佳，2022，《农户采纳农机社会化服务对耕地撂荒的抑制效应研究》，《宁夏社会科学》第1期。

[301] 胡新艳、陈小知、米运生，2018，《农地整合确权政策对农业规模经营发展的影响评估——来自准自然实验的证据》，《中国农村经济》第12期。

[302] 胡新艳、许金海、陈文晖，2022，《农地确权方式与农户农业服务外包行为——来自PSM-DID准实验的证据》，《南京农业大学学报》（社会科学版）第1期。

[303] 胡新艳、杨晓莹，2017，《农地流转中的禀赋效应及代际差异》，

《华南农业大学学报》（社会科学版）第 1 期。

[304] 胡新艳、朱文珏、罗必良，2016，《产权细分、分工深化与农业服务规模经营》，《天津社会科学》第 4 期。

[305] 胡雪枝、钟甫宁，2012，《农村人口老龄化对粮食生产的影响——基于农村固定观察点数据的分析》，《中国农村经济》第 7 期。

[306] 胡雪枝、钟甫宁，2013，《人口老龄化对种植业生产的影响——基于小麦和棉花作物分析》，《农业经济问题》第 2 期。

[307] 胡祎、张正河，2018，《农机服务对小麦生产技术效率有影响吗》，《中国农村经济》第 5 期。

[308] 胡永泰，1998，《中国全要素生产率：来自农业部门劳动力再配置的首要作用》，《经济研究》第 3 期。

[309] 宦梅丽、侯云先、吕静，2022，《农机作业服务对中国粮食生产技术效率的影响：基于共同前沿方法的考察》，《农林经济管理学报》第 2 期。

[310] 黄斌、高强，2021，《农地确权对农机社会化服务的影响——来自黄淮海农区的经验证据》，《资源科学》第 6 期。

[311] 黄枫、孙世龙，2015，《让市场配置农地资源：劳动力转移与农地使用权市场发育》，《管理世界》第 7 期。

[312] 黄红光、白彩全、易行，2018，《金融排斥、农业科技投入与农业经济发展》，《管理世界》第 9 期。

[313] 黄季焜、冀县卿，2012，《农地使用权确权与农户对农地的长期投资》，《管理世界》第 9 期。

[314] 黄炎忠、罗小锋，2020，《跨区作业如何影响农机服务获取》，《华中农业大学学报》（社会科学版）第 4 期。

[315] 黄益平、黄卓，2018，《中国的数字金融发展：现在与未来》，《经济学》（季刊）第 4 期。

[316] 黄宇虹、樊纲治，2020，《土地确权对农民非农就业的影响——基于农村土地制度与农村金融环境的分析》，《农业技术经济》第 5 期。

[317] 黄宗智，2000，《长江三角洲小农家庭与乡村发展》，中华书局出

版社。

[318] 黄祖辉、邵峰、朋文欢，2013，《推进工业化、城镇化和农业现代化协调发展》，《中国农村经济》第 1 期。

[319] 黄祖辉、王建英、陈志钢，2014，《非农就业、农地流转与土地细碎化对稻农技术效率的影响》，《中国农村经济》第 11 期。

[320] 纪月清，2010，《非农就业与农业机械支持的政策选择研究》，博士学位论文，南京农业大学。

[321] 纪月清、王亚楠、钟甫宁，2013，《我国农户农机需求及其结构研究——基于省级层面数据的探讨》，《农业技术经济》第 7 期。

[322] 纪月清、钟甫宁，2013，《非农就业与农户农业机械服务利用》，《南京农业大学学报》（社会科学版）第 5 期。

[323] 简新华、黄锟，2010，《中国城镇化水平和速度的实证分析与前景预测》，《经济研究》第 3 期。

[324] 蒋文强、王金武，2016，《黑龙江省水稻生产机械化影响因素研究》，《农业机械化研究》第 10 期。

[325] 焦长权、董磊明，2018，《从"过密化"到"机械化"：中国农业机械化革命的历程、动力和影响（1980~2015 年）》，《管理世界》第 10 期。

[326] 柯文静、周林毅，2022，《农地确权、生产托管服务与种植结构的"趋粮化"》，《云南农业大学学报》（社会科学）第 2 期。

[327] 孔祥智、李愿，2024，《社会化服务推动农业强国建设的机理、实践与策略》，《改革》第 6 期。

[328] 孔祥智，2016，《农业供给侧结构性改革的基本内涵与政策建议》，《改革》第 2 期。

[329] 孔祥智、张琛、张效榕，2018，《要素禀赋变化与农业资本有机构成提高——对 1978 年以来中国农业发展路径的解释》，《管理世界》第 10 期。

[330] 雷丽芳、许佳贤、李聿财等，2021，《土地确权对农村劳动力转移的影响》，《福建农林大学学报》（哲学社会科学版）第 6 期。

[331] 李德彬，1987，《中华人民共和国经济史简编》，湖南人民出版社。

[332] 李航，2013，《诱致性技术进步下的农业生产率增长——中国2001~2011年省级面板数据的分析》，《求索》第5期。

[333] 李虹韦、钟涨宝，2020，《农地经营规模对农户农机服务需求的影响——基于资产专用性差异的农机服务类型比较》，《农村经济》第2期。

[334] 李洪波、袁鹏、罗建强，2022，《乡村内生型农机服务市场形成机理及其运行机制研究》，《农业经济问题》第1期。

[335] 李江一、仇童伟、李涵，2021，《农地确权影响农户收入的内在机制检验——基于中国家庭金融调查的面板证据》，《南京农业大学学报（社会科学版）》第4期。

[336] 李江一，2020，《农地确权对农民非农业劳动参与的影响》，《经济科学》第1期。

[337] 李宁、何文剑、仇童伟等，2017，《农地产权结构、生产要素效率与农业绩效》，《管理世界》第3期。

[338] 李宁、汪险生、陆华良，2021，《新型农业经营主体农机作业服务的双重角色及其动态转变：一个初步的分析框架》，《农业经济问题》第2期。

[339] 李宁、汪险生、王舒娟等，2019，《自购还是外包：农地确权如何影响农户的农业机械化选择》，《中国农村经济》第6期。

[340] 李佩、罗必良，2022，《农机作业服务市场的"本地化"及其"价格悖论"》，《华中农业大学学报》（社会科学版）第3期。

[341] 李强、张林秀，2017，《农户模型方法在实证分析中的运用——以中国加入WTO后对农户的生产和消费行为影响分析为例》，《南京农业大学学报》（社会科学版）第1期。

[342] 李实，2021，《共同富裕的目标和实现路径选择》，《经济研究》第11期。

[343] 李实、杨一心，2022，《面向共同富裕的基本公共服务均等化：行动逻辑与路径选择》，《中国工业经济》第2期。

[344] 李斯华，2012，《发展农业机械社会化服务，推进农业现代化进程》，《中国农业信息》第18期。

[345] 李斯华，2004，《我国跨区机收的发展现状、效益分析及对策研

究》,《农业机械化研究》第 1 期。

[346] 李文溥、熊英,2015,《"刘易斯拐点"的一个理论证伪——基于产品市场的视角》,《经济研究》第 5 期。

[347] 李显刚,2013,《现代农业机械专业合作社是创新农业经营主体的成功探索》,《农业经济问题》第 9 期。

[348] 李宪翔、丁鼎、高强,2021,《小农户如何有机衔接全程机械化——基于农机社会化服务的视角》,《农业技术经济》第 4 期。

[349] 李哲、李梦娜,2018,《新一轮农地确权影响农户收入吗?——基于 CHARLS 的实证分析》,《经济问题探索》第 8 期。

[350] 李周,2019,《农民流动:70 年历史变迁与未来 30 年展望》,《中国农村观察》第 5 期。

[351] 廖文梅、袁若兰、王璐等,2020,《社会化服务、农地确权对农业生产效率的影响研究》,《农业现代化研究》第 6 期。

[352] 林坚、李德洗,2013,《非农就业与粮食生产:替代抑或互补——基于粮食主产区农户视角的分析》,《中国农村经济》第 9 期。

[353] 林文声、秦明、苏毅清等,2017a,《新一轮农地确权何以影响农地流转?——来自中国健康与养老追踪调查的证据》,《中国农村经济》第 7 期。

[354] 林文声、秦明、王志刚,2017b,《农地确权颁证与农户农业投资行为》,《农业技术经济》第 12 期。

[355] 林文声、王志刚、王美阳,2018,《农地确权、要素配置与农业生产效率——基于中国劳动力动态调查的实证分析》,《中国农村经济》第 8 期。

[356] 刘承芳、张林秀、樊胜根,2002,《农户农业生产性投资影响因素研究——对江苏省六个县市的实证分析》,《中国农村观察》第 4 期。

[357] 刘凤芹,2006,《农业土地规模经营的条件与效果研究:以东北农村为例》,《管理世界》第 9 期。

[358] 刘进、贾杰斐、许庆,2023,《农机购置补贴如何影响小农户农机社会化服务获得——基于全国农村固定观察点数据的分析》,

《中国农村经济》第 2 期。

[359] 刘明，2012，《基于宏观视角的中国农业劳动力转移影响因素分析》，《中国农村经济》第 12 期。

[360] 刘荣茂、马林靖，2006，《农户农业生产性投资行为的影响因素分析——以南京市五县区为例的实证研究》，《农业经济问题》第 12 期。

[361] 刘守英、王一鸽，2018，《从乡土中国到城乡中国——中国转型的乡村变迁视角》，《管理世界》第 10 期。

[362] 刘淑云、韩家彬、刘玉丰，2021，《农地确权对农户耕地质量保护投资的影响研究》，《农业经济与管理》第 6 期。

[363] 刘西川、杨奇明、陈立辉，2014，《农户信贷市场的正规部门与非正规部门：替代还是互补》，《经济研究》第 11 期。

[364] 刘祥琪、陈钊、赵阳，2012，《程序公正先于货币补偿：农民征地满意度的决定》，《管理世界》第 2 期。

[365] 刘洋、颜华，2021，《县域金融集聚、农业机械化与农民收入增长——基于河南省县域面板数据的经验分析》，《农业技术经济》第 12 期。

[366] 刘毓芸、徐现祥、肖泽凯，2015，《劳动力跨方言流动的倒 U 型模式》，《经济研究》第 10 期。

[367] 刘玥汐、许恒周，2016，《农地确权对农村土地流转的影响研究——基于农民分化的视角》，《干旱区资源与环境》第 5 期。

[368] 刘运梓、宋养琰，1980，《农业机械化是农业现代化的核心和基本内容?》，《社会学辑刊》第 2 期。

[369] 卢华、胡浩，2015，《土地细碎化增加农业生产成本了吗?——来自江苏省的微观调查》，《经济评论》第 5 期。

[370] 鲁永刚、张凯，2019，《地理距离、方言文化与劳动力空间流动》，《统计研究》第 3 期。

[371] 陆铭、陈钊，2004，《城市化、城市倾向的经济政策与城乡收入差距》，《经济研究》第 6 期。

[372] 吕彦彬、王富河，2004，《落后地区土地征用利益分配——以 B 县为例》，《中国农村经济》第 2 期。

[373] 罗必良、仇童伟，2018，《中国农业种植结构调整："非粮化"抑或"趋粮化"》，《社会科学战线》第 2 期。

[374] 罗必良，2017，《科斯定理：反思与拓展——兼论中国农地流转制度改革与选择》，《经济研究》第 11 期。

[375] 罗必良、李玉勤，2014，《农业经营制度：制度底线、性质辨识与创新空间》，《农业经济问题》第 1 期。

[376] 罗必良，2008，《论农业分工的有限性及其政策含义》，《贵州社会科学》第 1 期。

[377] 罗必良，2016，《农地确权、交易含义与农业经营方式转型——科斯定理拓展与案例研究》，《中国农村经济》第 11 期。

[378] 罗必良，2017，《农业家庭经营：走向分工经济》，中国农业出版社。

[379] 罗必良、张露，2020，《中国农地确权：一个可能被过高预期的政策》，《中国经济问题》第 5 期。

[380] 罗丹、李文明、陈洁，2017，《粮食生产经营的适度规模：产出与效益的二维视角》，《管理世界》第 1 期。

[381] 罗美娟、申小亮，2021，《农地确权与农村劳动力就业选择——基于 CLDS 数据的实证分析》，《南方人口》第 5 期。

[382] 罗明忠、邓海莹，2020，《风险偏好何以影响农机社会化服务契约选择？——以小麦收割环节为例》，《农林经济管理学报》第 1 期。

[383] 罗象谷，1985，《农业机械化是农业的根本出路吗？》，《中国农村经济》第 7 期。

[384] 马草原，2009，《非农收入、农业效率与农业投资——对中国农村劳动力转移格局的反思》，《经济问题》第 7 期。

[385] 马述忠、胡增玺，2022，《数字金融是否影响劳动力流动？——基于中国流动人口的微观视角》，《经济学》（季刊）第 1 期。

[386] 〔美〕曼昆，2015，《经济学原理》（微观经济分册），梁小民、梁砾译，北京大学出版社。

[387] 冒佩华、徐骥、贺小丹等，2015，《农地经营权流转与农民劳动生产率提高：理论与实证》，《经济研究》第 11 期。

[388] 孟盟、于冷，2024，《服务与自营：农机技术采纳方式如何影响家庭劳动力配置——基于 CFPS 农户微观调查数据》，《农业技术经济》第 6 期。

[389] 米运生、杨天健、黄斯韬，2019，《产品异质性与农地确权的投资激励——基于 9 省农户的随机抽样数据分析》，《农林经济管理学报》第 2 期。

[390] 缪小林、王婷、高跃光，2017，《转移支付对城乡公共服务差距的影响——不同经济赶超省份的分组比较》，《经济研究》第 2 期。

[391] 倪国华、蔡昉，2015，《农户究竟需要多大的农地经营规模？——农地经营规模决策图谱研究》，《经济研究》第 3 期。

[392] 农业部南京农业机械化研究所，2001~2021，《中国农业机械化年鉴》，中国农业科学技术出版社。

[393] 农业部，2008，《中国农业机械化发展 2007 年跨入中级阶段》，http：//www.gov.cn/gzdt/2007-12/26/content_ 844126.htm。

[394] 潘越、杜小敏，2010，《劳动力流动、工业化进程与区域经济增长——基于非参数可加模型的实证研究》，《数量经济技术经济研究》第 5 期。

[395] 彭代彦、文乐，2016，《农村劳动力老龄化、女性化降低了粮食生产效率吗——基于随机前沿的南北方比较分析》，《农业技术经济》第 2 期。

[396] 彭国华，2015，《技术能力匹配、劳动力流动与中国地区差距》，《经济研究》第 1 期。

[397] 彭克强、刘锡良，2016，《农民增收、正规信贷可得性与非农创业》，《管理世界》第 7 期。

[398] 彭澎、周力，2022，《中国农村数字金融发展对农户的收入流动性影响研究》，《数量经济技术经济研究》第 6 期。

[399] 钱龙、洪名勇，2016，《非农就业、农地流转与农业生产效率变化》，《中国农村经济》第 12 期。

[400] 钱文荣、李宝值，2013，《初衷达成度、公平感知度对农民工留城意愿的影响及其代际差异——基于长江三角洲 16 城市的调研数

据》,《管理世界》第 9 期。

[401] 秦立建、张妮妮、蒋中一，2011,《土地细碎化、劳动力转移与中国农户粮食生产——基于安徽省的调查》,《农业技术经济》第 11 期。

[402] 阮建青、张晓波、卫龙宝，2011,《不完善资本市场与生产组织形式选择——来自中国农村产业集群的证据》,《管理世界》第 8 期。

[403] 商务印书馆辞书研究中心，2016,《新华词典》, 商务印书馆。

[404] 沈可、章元，2013,《中国的城市化为什么长期滞后于工业化?——资本密集型投资倾向视角的解释》,《金融研究》第 1 期。

[405] 苏发金，2012,《工业化、城镇化与农业现代化:基于 VAR 模型的分析》,《统计与决策》第 11 期。

[406] 苏荟，2013,《资源禀赋对农业技术诱致性选择研究——以兵团棉花滴灌技术为例》,《科研管理》第 2 期。

[407] 苏卫良、刘承芳、张林秀，2016,《非农就业对农户家庭农业机械化服务影响研究》,《农业技术经济》第 10 期。

[408] 孙福田，2004,《农业机械化对农业发展的贡献及农业机械化装备水平的研究》, 博士学位论文, 东北农业大学。

[409] 孙健，2000,《中国经济通史 (下卷)》, 中国人民大学出版社。

[410] 孙琳琳、杨浩、郑海涛，2020,《土地确权对中国农户资本投资的影响——基于异质性农户模型的微观分析》,《经济研究》第 11 期。

[411] 孙学涛、于婷、于法稳，2022,《数字普惠金融对农业机械化的影响——来自中国 1869 个县域的证据》,《中国农村经济》第 2 期。

[412] 谭海鸣、姚余栋、郭树强等，2016,《老龄化、人口迁移、金融杠杆与经济长周期》,《经济研究》第 2 期。

[413] 唐超、罗明忠、张苇锟，2019,《农地确权方式如何影响农村劳动力农内转移?——基于农业分工的调节效应》,《华中农业大学学报》(社会科学版) 第 5 期。

[414] 唐超、邱海兰，2020，《农地整合确权对农村劳动力农内转移的影响评估——基于农地流转的中介效应》，《农村经济》第 8 期。

[415] 陶素敏、曹光乔、应瑞瑶等，2023，《农机制造业发展与农业生产技术效率——基于"空间溢出"和"后发追赶"效应的研究》，《中国农村经济》第 10 期。

[416] 陶艳梅，2011，《建国初期土地改革述论》，《中国农史》第 1 期。

[417] 田传浩、贾生华，2004，《农地制度、地权稳定性与农地使用权市场发育：理论与来自苏浙鲁的经验》，《经济研究》第 1 期。

[418] 田富强、胡钢、田富利，2006，《麦客民俗研究》，《西北工业大学学报》（社会科学版）第 2 期。

[419] 田鸽、张勋，2022，《数字经济、非农就业与社会分工》，《管理世界》第 5 期。

[420] 田国强，2015，《经济学在中国的发展方向和创新路径》，《经济研究》第 12 期。

[421] 田国强，2001，《一个关于转型经济中最优所有权安排的理论》，《经济学》（季刊）第 1 期。

[422] 汪昌云、钟腾、郑华懋，2014，《金融市场化提高了农户信贷获得吗？——基于农户调查的实证研究》，《经济研究》第 10 期。

[423] 汪雨雨、姚万军、张文，2019，《农户模型下农户消费行为与农业生产间的关系——基于 10490 户农户的横截面数据分析》，《经济问题探索》第 4 期。

[424] 王波、李伟，2012，《中国农业机械化演进轨迹与或然走向》，《改革》第 5 期。

[425] 王春超、叶琴，2014，《农民工多维贫困的演进——基于收入和教育维度的考察》，《经济研究》第 12 期。

[426] 王建英、陈志钢、黄祖辉等，2015，《转型时期土地生产率与农户经营规模关系再考察》，《管理世界》第 9 期。

[427] 王静、霍学喜，2014，《交易成本对农户要素稀缺诱致性技术选择行为影响分析——基于全国七个苹果主产省的调查数据》，《中国农村经济》第 2 期。

[428] 王丽莉、乔雪，2020，《我国人口迁移成本、城市规模与生产

率》,《经济学》(季刊)第 1 期。

[429] 王欧、唐轲、郑华懋,2016,《农业机械对劳动力替代强度和粮食产出的影响》,《中国农村经济》第 12 期。

[430] 王士海、王秀丽,2018,《农村土地承包经营权确权强化了农户的禀赋效应吗?——基于山东省 117 个县(市、区)农户的实证研究》,《农业经济问题》第 5 期。

[431] 王颂吉、白永秀,2013,《城乡要素错配与中国二元经济结构转化滞后:理论与实证研究》,《中国工业经济》第 7 期。

[432] 王伟新、殷徐康、王晨光等,2024,《农地产权稳定性与农业低碳发展——基于新一轮农地确权的考察》,《中国土地科学》第 8 期。

[433] 王新利、赵琨,2014,《黑龙江省农业机械化水平对农业经济增长的影响研究》,《农业技术经济》第 6 期。

[434] 王许沁、张宗毅、葛继红,2018,《农机购置补贴政策:效果与效率——基于激励效应与挤出效应视角》,《中国农村观察》第 2 期。

[435] 王跃梅、姚先国、周明海,2013,《农村劳动力外流、区域差异与粮食生产》,《管理世界》第 11 期。

[436] 王子阳,2022,《获取有道:农业规模经营主体保障农机服务的实践及其支撑机制——基于苏北 H 镇的田野调查》,《农业经济问题》第 1 期。

[437] 卫龙宝、胡慧洪、钱文荣等,2003,《城镇化过程中相关行为主体迁移意愿的分析——对浙江省海宁市农村居民的调查》,《中国社会科学》第 5 期。

[438] 卫龙宝、伍骏骞、王恒彦,2013,《工业化、城市化与农业现代化发展——基于 171 个国家 1961~2011 年的面板数据分析》,《社会科学战线》第 9 期。

[439] 魏素豪、卢洋啸,2023,《农机服务主体双重角色动态转变的理论逻辑与现实检验——以华北平原农机服务专业户为例》,《农业经济问题》第 10 期。

[440] 魏素豪、唐忠,2022,《农机外包作业服务为什么由盛转衰——

基于交易风险对农户农机采纳行为影响的解释》,《农业技术经济》第 12 期。

[441] 温杰、张建华,2010,《中国产业结构变迁的资源再配置效应》,《中国软科学》第 6 期。

[442] 温涛、陈一明,2020,《数字经济与农业农村经济融合发展:实践模式、现实障碍与突破路径》,《农业经济问题》第 7 期。

[443] 温涛、朱炯、王小华,2016,《中国农贷的"精英俘获"机制:贫困县与非贫困县的分层比较》,《经济研究》第 2 期。

[444] 文华成,2014,《中国农业劳动力女性化:程度、成因与影响》,《人口学刊》第 4 期。

[445] 吴华,2017,《公办教育能够保障教育公平吗?——基于"俱乐部模型"的观察与分析》,《华东师范大学学报》(教育科学版)第 2 期。

[446] 伍骏骞、方师乐、李谷成等,2017,《中国农业机械化发展水平对粮食产量的空间溢出效应分析——基于跨区作业的视角》,《中国农村经济》第 6 期。

[447] 伍骏骞、阮建青、徐广彤,2017,《经济集聚、经济距离与农民增收:直接影响与空间溢出效应》,《经济学》(季刊)第 1 期。

[448] 伍山林,2016,《农业劳动力流动对中国经济增长的贡献》,《经济研究》第 2 期。

[449] 〔美〕西奥多·舒尔茨,2006,《改造传统农业》,梁小民译,商务印书馆。

[450] 向晶、钟甫宁,2018,《农村人口转移、工业化和城镇化》,《农业经济问题》第 12 期。

[451] 项南,1980,《从当前农业机械化问题的争论说起》,《农业经济问题》第 6 期。

[452] 谢杰,2012,《工业化、城镇化在农业现代化进程中的门槛效应研究》,《农业经济问题》第 4 期。

[453] 谢天成、施祖麟,2015,《中国特色新型城镇化概念、目标与速度研究》,《经济问题探索》第 6 期。

[454] 徐大伟、段姗姗、刘春燕,2022,《"三化"同步发展的内在机制

与互动关系研究——基于协同学和机制设计理论》,《农业经济问题》第 2 期。

[455] 徐建国、张勋,2016,《农业生产率进步、劳动力转移与工农业联动发展》,《管理世界》第 7 期。

[456] 徐清华、张广胜,2022,《农业机械化对农业碳排放强度影响的空间溢出效应——基于 282 个城市面板数据的实证》,《中国人口·资源与环境》第 4 期。

[457] 徐晓新、张秀兰,2016,《将家庭视角纳入公共政策——基于流动儿童义务教育政策演进的分析》,《中国社会科学》第 6 期。

[458] 徐秀英,2011,《完善和发展农业机械跨区作业的思考》,《农业机械化研究》第 6 期。

[459] 许佳贤、皮婷婷、郑逸芳,2022,《农地确权对农户土地转出的影响机理研究——交易成本和禀赋效应的双重中介作用》,《中国农业资源与区划》第 1 期。

[460] 许庆、尹荣梁、章辉,2011,《规模经济、规模报酬与农业适度规模经营——基于中国粮食生产的实证研究》,《经济研究》第 3 期。

[461] 许庆、章元,2005,《土地调整、地权稳定性与农民长期投资激励》,《经济研究》第 10 期。

[462] 许新华,2012,《企业诱致性技术创新:原理与实现途径》,《企业经济》,第 3 期。

[463] 许秀川、李容、李国珍,2017,《小规模经营与农户农机服务需求——一个两阶段决策模型的考察》,《农业技术经济》第 9 期。

[464] 许召元、李善同,2008,《区域间劳动力迁移对经济增长和地区差距的影响》,《数量经济技术经济研究》第 2 期。

[465] 〔英〕亚当·斯密,2011,《国民财富的性质和原因的研究》,王亚南译,商务印书馆。

[466] 闫桂权、何玉成、张晓恒,2022,《数字普惠金融发展能否促进农业机械化——基于农机作业服务市场发展的视角》,《农业技术经济》第 1 期。

[467] 杨波、王向楠、邓伟华,2020,《数字普惠金融如何影响家庭正

规信贷获得？——来自 CHFS 的证据》，《当代经济科学》第 6 期。

[468] 杨广亮、王军辉，2022，《新一轮农地确权、农地流转与规模经营——来自 CHFS 的证据》，《经济学》（季刊）第 1 期。

[469] 杨宏力、李宏盼，2020，《农地确权对农民收入的影响机理及政策启示》，《经济体制改革》第 4 期。

[470] 杨金阳、周应恒、黄昊舒，2016，《农地产权、劳动力转移和城乡收入差距》，《财贸研究》第 6 期。

[471] 杨进、陈志钢，2016，《劳动力价格上涨和老龄化对农村土地租赁的影响》，《中国农村经济》第 5 期。

[472] 杨进，2015，《中国农业机械化服务与粮食生产》，博士学位论文，浙江大学。

[473] 杨进、钟甫宁、陈志钢等，2016，《农村劳动力价格、人口结构变化对粮食种植结构的影响》，《管理世界》第 1 期。

[474] 杨青、贾杰斐、刘进等，2023，《农机购置补贴何以影响粮食综合生产能力？——基于农机社会化服务的视角》，《管理世界》第 12 期。

[475] 〔澳〕杨小凯、黄有光，1999，《专业化与经济组织》，经济科学出版社。

[476] 杨小凯、张永生，2003，《新兴古典经济学与超边际分析》，社会科学文献出版社。

[477] 杨振宇、张程，《东迁、自选择与劳动力溢价："孔雀东南飞"背后的故事》，《经济学》（季刊）第 4 期。

[478] 叶剑平、丰雷、蒋妍、罗伊·普罗斯特曼等，2010，《2008 年中国农村土地使用权调查研究——17 省份调查结果及政策建议》，《管理世界》第 1 期。

[479] 叶剑平、罗伊·普罗斯特曼、徐孝白等，2000，《中国农村土地农户 30 年使用权调查研究——17 省调查结果及政策建议》，《管理世界》第 2 期。

[480] 尹志超、刘泰星、张诚，2020，《农村劳动力流动对家庭储蓄率的影响》，《中国工业经济》第 1 期。

[481] 应瑞瑶、何在中、周南等，2018，《农地确权、产权状态与农业长期投资——基于新一轮确权改革的再检验》，《中国农村观察》第 3 期。

[482] 游和远、吴次芳，2010，《农地流转、禀赋依赖与农村劳动力转移》，《管理世界》第 3 期。

[483] 于建嵘、石凤友，2012，《关于当前我国农村土地确权的几个重要问题》，《东南学术》第 4 期。

[484] 于立、姜春海，2003，《中国乡镇企业吸纳劳动就业的实证分析》，《管理世界》第 3 期。

[485] 余泳泽、潘妍，2019，《高铁开通缩小了城乡收入差距吗？——基于异质性劳动力转移视角的解释》，《中国农村经济》第 1 期。

[486] 余友泰，1987，《农业机械化工程》，中国展望出版社。

[487] 袁益，2020，《文化差异与中国农村人口流动意愿——基于"稻米理论"的视角》，《中国农村经济》第 10 期。

[488] 〔英〕约翰·斯图亚特·穆勒，2013，《政治经济学原理》，金镝译，华夏出版社。

[489] 张琛、彭超、钟真等，2017，《农户加入农民合作社对粮食生产率的影响：一个农户模型及实证分析》，《中国合作经济评论》第 2 期。

[490] 张海峰、林细细、梁若冰等，2019，《城市生态文明建设与新一代劳动力流动——劳动力资源竞争的新视角》，《中国工业经济》第 4 期。

[491] 张航空，2015，《人口流动对中国不同省份人口老龄化的影响》，《人口学刊》第 1 期。

[492] 张晖、吴霜、张燕媛等，2020，《加入合作社对种粮大户农机投资及服务供给行为的影响分析》，《中国农村观察》第 2 期。

[493] 张吉鹏、黄金、王军辉等，2020，《城市落户门槛与劳动力回流》，《经济研究》第 7 期。

[494] 张莉、何晶、马润泓，2017，《房价如何影响劳动力流动？》，《经济研究》第 8 期。

[495] 张莉、金江、何晶等，2018，《农地确权促进了劳动力转移

吗？——基于 CLDS 数据的实证分析》，《产业经济评论》第 5 期。

[496] 张丽、李容，2020，《农机服务发展与粮食生产效率研究：2004~2016——基于变系数随机前沿分析》，《华中农业大学学报》（社会科学版）第 2 期。

[497] 张丽、李容，2021，《农机作业服务是否影响粮食全要素生产率——基于农业分工的调节效应》，《农业技术经济》第 9 期。

[498] 张露、罗必良，2018，《小农生产如何融入现代农业发展轨道？——来自中国小麦主产区的经验证据》，《经济研究》第 12 期。

[499] 张敏、黄英、周智，2016，《中国农业机械化的空间异质性与影响因素分析》，《农业机械化研究》第 8 期。

[500] 张清津，2024，《农业服务业发展：路径与趋势》，《中国农村经济》第 5 期。

[501] 张桃林，2011，《加快科技创新，发展现代农业》，《求是》第 18 期。

[502] 张勋、刘晓、樊纲，2014，《农业劳动力转移与农户储蓄率上升》，《经济研究》第 4 期。

[503] 张勋、万广华，2016，《中国的农村基础设施促进了包容性增长吗？》，《经济研究》第 10 期。

[504] 张永峰、路瑶，2021，《农地确权与异质性农业投资：理论逻辑与实证检验》，《农林经济管理学报》第 5 期。

[505] 张岳、周应恒，2021，《数字普惠金融、传统金融竞争与农村产业融合》，《农业技术经济》第 9 期。

[506] 张在一、杜锐、毛学峰，2018，《我国诱致性农业技术创新路径——基于十种农作物劳动力节约技术变革的研究》，《中国软科学》第 9 期。

[507] 张宗毅、杜志雄，2018，《农业生产性服务决策的经济分析——以农机作业服务为例》，《财贸经济》第 4 期。

[508] 张宗毅、刘小伟、张萌，2014，《劳动力转移背景下农业机械化对粮食生产贡献研究》，《农林经济管理学报》第 6 期。

[509] 赵春江、李瑾、冯献等，2023，《关于我国智能农机装备发展的

几点思考》,《农业经济问题》第 10 期。

[510] 赵德起,2008,《农民农地产权优化的理论探索及路径选择》,《农业经济问题》第 10 期。

[511] 赵德昭、许和连,2012,《FDI、农业技术进步与农村剩余劳动力转移——基于"合力模型"的理论与实证研究》,《科学学研究》第 9 期。

[512] 赵晓峰、赵祥云,2018,《新型农业经营主体社会化服务能力建设与小农经济的发展前景》,《农业经济问题》第 4 期。

[513] 甄小鹏、凌晨,2017,《农村劳动力流动对农村收入及收入差距的影响——基于劳动异质性的视角》,《经济学》(季刊)第 3 期。

[514] 郑黎义,2010,《劳动力外出务工对农户农业生产的影响》,博士学位论文,浙江大学。

[515] 郑淋议、钱文荣、李烨阳,2020,《农村土地确权对农户创业的影响研究——基于 CRHPS 的实证分析》,《农业技术经济》第 11 期。

[516] 郑旭媛、徐志刚,2016,《资源禀赋约束、要素替代与诱致性技术变迁——以中国粮食生产的机械化为例》,《经济学》(季刊)第 1 期。

[517] 郑有贵,2022,《农村工业、乡镇企业在夹缝中发展的实现机制——着眼于促进农村产业融合发展启示的研究》,《毛泽东邓小平理论研究》第 1 期。

[518] 钟春平、陈三攀、徐长生,2013,《结构变迁、要素相对价格及农户行为——农业补贴的理论模型与微观经验证据》,《金融研究》第 5 期。

[519] 钟甫宁、纪月清,2009,《土地产权、非农就业机会与农户农业生产投资》,《经济研究》第 12 期。

[520] 钟丽娜、吴惠芳、梁栋,2021,《集体统筹:小农户与现代农业有机衔接的组织化路径——黑龙江省 K 村村集体土地规模经营实践的启示》,《南京农业大学学报》(社会科学版)第 2 期。

[521] 钟宁桦,2011,《农村工业化还能走多远?》,《经济研究》第 1 期。

[522] 钟真、胡珺祎、曹世祥，2020，《土地流转与社会化服务："路线竞争"还是"相得益彰"？——基于山东临沂 12 个村的案例分析》，《中国农村经济》，第 10 期。

[523] 钟真、黄斌、李琦，2020，《农村产业融合的"内"与"外"——乡村旅游能带动农业社会化服务吗》，《农业技术经济》第 4 期。

[524] 钟真、刘世琦、沈晓晖，2018，《借贷利率、购置补贴与农业机械化率的关系研究——基于 8 省 54 县调查数据的实证分析》，《中国软科学》第 2 期。

[525] 周宏、王全忠、张倩，2014，《农村劳动老龄化与水稻生产效率缺失——基于社会化服务的视角》，《中国人口科学》第 3 期。

[526] 周晶、陈玉萍、阮冬燕，2013，《地形条件对农业机械化发展区域不平衡的影响——基于湖北省县级面板数据的实证分析》，《中国农村经济》第 9 期。

[527] 周晶、丁士军，2013，《1991~2011 年湖北农业机械化发展时空分异研究》，《经济地理》第 8 期。

[528] 周娟，2017a，《基于生产力分化的农村社会阶层重塑及其影响——农业社会化服务的视角》，《中国农村观察》第 5 期。

[529] 周娟，2017b，《土地流转背景下农业社会化服务体系的重构与小农的困境》，《南京农业大学学报》（社会科学版）第 6 期。

[530] 周黎安，2007，《中国地方官员的晋升锦标赛模式研究》，《经济研究》第 7 期。

[531] 周利、廖婧琳、张浩，2021，《数字普惠金融、信贷可得性与居民贫困减缓——来自中国家庭调查的微观证据》，《经济科学》第 1 期。

[532] 周孝坤、冯钦、廖嵘，2010，《农村剩余劳动力转移影响因素的实证研究》，《统计与决策》第 16 期。

[533] 周颖刚、蒙莉娜、卢琪，2019，《高房价挤出了谁？——基于中国流动人口的微观视角》，《经济研究》第 9 期。

[534] 周振、孔祥智，2019，《农业机械化对我国粮食产出的效果评价与政策方向》，《中国软科学》第 4 期。

[535] 周振、马庆超、孔祥智，2016a，《农业机械化对农村劳动力转移

贡献的量化研究》，《农业技术经济》第 2 期。

[536] 周振、穆娜娜，2015，《农业机械化对中国粮食增产的影响研究》，《中国物价》第 11 期。

[537] 周振、张琛、彭超等，2016b，《农业机械化与农民收入：来自农业机械具购置补贴政策的证据》，《中国农村经济》第 2 期。

[538] 朱建军、胡继连，2015，《农地流转的地权配置效应研究——基于 CHARLS 数据》，《农业技术经济》第 7 期。

[539] 朱建军、徐宣国、郑军，2023，《农机社会化服务的化肥减量效应及作用路径研究——基于 CRHPS 数据》，《农业技术经济》第 4 期。

[540] 朱振亚、王树进，2009，《农业劳动力膳食能量节省与农业机械化水平之间的协整分析——以江苏省为例》，《中国农村经济》第 11 期。

[541] 庄晋财、李玥，2022，《乡土性赊销制度对小农户农机服务选择的影响效应研究》，《农业技术经济》第 2 期。

后 记

2011年我以重庆大学本科专业第一的成绩毕业，后又以面试第一的成绩被保送至浙江大学农林经济管理系攻读硕士学位（后于2012年转博），至今我在农经圈已经摸爬滚打了10年有余，其中一大半的时间投身于中国的农业机械化研究。我本科阶段攻读的是国际经济与贸易专业，当时一心想的是进入国际组织从事"高大上"的国际化工作，成为一个"地球人"，最后花这么多的时间和精力去研究农业机械化这个看似无聊甚至是有点"土"的东西，10多年之前的我是无论如何也想不到的，中途我也曾一度陷入深深的迷茫和自我怀疑，但10多年之后在完成这部书稿后，我才深刻体会到，这是多么幸运的一件事！

作为一个准"90后"，我和大多数同龄人一样，见证了中国经济逐渐发展的过程。从我出生到博士毕业，中国的国内生产总值整整增长了48倍！可以说，这是人类历史上从未有过的速度，这让我亲眼看到了两个完全不一样的中国。在那个年代，改革开放的春风刮进了每个人的骨子里，最流行的两个词就是"进城"和"入世"，凡是与"城市化"和"国际化"沾点边的东西大家都热衷。

我外公是一个知识分子，他是80年代初最早进城的那批人，我出生在安徽的一个小城镇，虽说小时候的生活算不上养尊处优，但除了学习，我几乎没有干过什么重活、吃过什么苦头。那个时候，农村给我的印象就是我们一家好不容易走出来的地方，以后也绝不能再回去，那个时候几乎所有的"城里人"都和我抱有同样的想法。倘若我不曾学习农经，现在可能还是有这种狭隘的想法。

为什么说我是幸运的，因为我"误入"的这个专业让我更好地读懂了中国，不仅是中国的风土人情，更是中国经济的全貌。现代中国的经济改革发端于农村，1978年是中国改革开放的起点，当时超过80%的人是农村人，2021年依然有35%的人口是农村户籍，如果对中国的农村一无所知，仅用西方经济学的那套理论去解释中国经济发展，最终只能是坐井观天。

后 记

如果说农经于我已经是偏门，那么农业机械化这个领域就是偏门中的偏门。我读博那时，大家研究的都是土地、劳动力、农村金融这样的问题，但是命运的安排总在冥冥之中。有一天，我去听杨进师兄做报告，那时他刚从美国访学归来，又是新晋的《美国农业经济杂志》作者，意气风发。他讲的就是中国农业机械跨区服务这个主题，我当时听得聚精会神，这是多么有意思的一个领域！但当时我也没多想，毕竟那个时候我还只是低年级博士生。真正带我进入这个领域的是我的同门师兄伍骏骞，他有天对我说："师乐，我有个idea，数据都整理好了，要不要一起写？"得知是我早就感兴趣的农业机械化主题，我二话没说就答应了，殊不知最后竟然做成了我的博士论文。

这是我之所以说自己幸运的第二层含义，我找到了一个让我感兴趣而且非常具有理论意义和现实价值的研究领域。我是干劲十足的，因为我知道这是个机会，农业机械跨区服务这个现象虽然早就存在，但学术界对此的理论研究尚处在萌芽阶段，恰逢空间计量经济学在当时刚开始流行，这两者又可以完美对接，一拍即合！《管理世界》《中国农村经济》《农业经济问题》，国内顶尖的3本发农经领域论文的期刊，我一口气发了6篇文章。别人惊叹我成长速度之快，而我知道这是顺理成章的事情，因为当时能把中国式农业机械化的理论内涵和由此产生的技术外溢说清楚的学者，全国也找不出来几个，而这又是多么有意思和有意义的东西！所以说，偏门有偏门的好处。

博士毕业后，我怀着一颗感恩和敬畏的心，依然深耕于这个领域。我对博士论文进行了较大幅度的修改，最后形成了此书稿，可以说是十年磨一剑。随着研究的深入，我对中国农业机械化进程的理解也逐渐加深，想做出一些"中国特色"的东西出来，当今中国，需要这份理论自信、文化自信。我始终认为，中西结合才符合"中庸"这一中华传统文化的精髓，所以本书虽然研究的是"中国特色"的问题，但运用了大量西方经济学的研究方法。在书稿撰写的过程中，每当我尝试对一些问题进行深入探讨时，就会意识到自己功底的欠缺，虽然我已博士毕业，自认为处在这一领域的研究前沿，但内心依然诚惶诚恐。

我最欣赏的诗人苏轼曾说过，"莫听穿林打叶声，何妨吟啸且徐行"。未来，我将继续在农业机械化这一研究领域发光发热。